W0085660

EIN MUTIGER WEG
FÜR FRAUEN

IMPULSE AUS DEM FILM
COURAGEOUS

PRISCILLA SHIRER

LUQS
VERLAG

Copyright © 2011 by Kendrick Bros., LLC

B&H Publishing Group, 27 Ninth Avenue North, Nashville, TN 37234-0188, U.S.A.

Originally published in English under the title *The Resolution for Women*

All rights reserved

Übersetzung aus dem Amerikanischen: Monika Herold, Hameln

Lektorat: Das Gute Wort, Günzburg

Umschlaggestaltung: Designbüro Oetjen, Lemgo

Fotorechte Umschlag: www.Fotolia.com, www.rubberball.com, © Yuri Arcurs/Fotolia.com, © WavebreakMediaMicro/Fotolia.com, © PicturenetCorp/Fotolia.com, © auremar/Fotolia.com

Teile von Layout und Design des Umschlags: © 2011 Sony Pictures Home Entertainment

Alle Rechte © 2012 der deutschen Ausgabe bei **LUQS** Verlag, Burgthann

ISBN 978-3-940158-53-6
2. Auflage, Dezember 2012

Nachdruck, auch auszugsweise, nur mit schriftlicher Genehmigung des Verlags.

Wenn nicht anders vermerkt wurde für Bibelzitate die Revidierte Elberfelder Bibel verwendet: Revidierte Elberfelder Bibel (Rev. 26) © 1985/1991/2006, SCM R.Brockhaus im SCM-Verlag GmbH & Co. KG, Witten

Sonstige verwendete Bibelausgaben:

Neues Leben. Die Bibel © 2002/2006, SCM R.Brockhaus im SCM-Verlag GmbH & Co. KG, Witten (Neues Leben)

Bibeltext der Schlachter © 2000 Genfer Bibelgesellschaft. Wiedergegeben mit freundlicher Genehmigung. Alle Rechte vorbehalten. (Schlachter)

Einheitsübersetzung der Heiligen Schrift © 1980 Katholische Bibelanstalt GmbH, Stuttgart (Einheitsübersetzung)

Printed in the EU

Dieses Buch ist den mutigen und kompromisslosen Frauen gewidmet, die mein Leben maßgeblich geprägt haben:

meiner Mutter Lois,
meinen Großmüttern Evelyn und Eileen
und meinen Tanten Ruth Ann, Bernice und Beverly.

Besondere Anerkennung gilt auch den folgenden Personen:

Meinem Mann Jerry und meinen Jungs Jackson, Jerry und Jude. Mein größtes, vorrangiges Bestreben ist es, euch als Ehefrau und Mutter ein Segen zu sein. Ich bete, dass ihr einmal mit Überzeugung von mir sagen könnt, dass ich eine kompromisslose, hingegebene Frau war. Ich habe euch knalleheiß lieb.

Jennifer und das Team von B&H Publishing. Selten hat man das Vorrecht, mit Menschen arbeiten zu können, die darauf bedacht sind, die schwierige Gratwanderung zwischen Geschäft und Dienst zu schaffen. Ich danke euch für eure kompromisslose Haltung gegenüber unseren Prioritäten. Wir schätzen euch sehr und sind dankbar für unsere Zusammenarbeit.

Alex und Stephen Kendrick. Ich bin noch immer überwältigt, dass Gott mir erlaubt hat, in dieser wichtigen Arbeit mit euch zusammenzuarbeiten. Jerry und ich sind so dankbar für eure Vision. Eure Integrität ist für uns sehr ermutigend. Es ist ein Segen, euch als Freunde zu haben.

Lawrence. Ich schätze dich für dein besonderes Talent als Schriftsteller, aber ich bewundere dich für alle die Eigenschaften, die bei mir noch im Entwicklungsstadium sind: Geduld, Demut und geistliche Sensibilität. Du ahnst nicht, welche Inspiration du für mich bist. Danke, dass du mich in diesem Projekt unterstützt hast. Es war ein recht abenteuerlicher Weg, aber jeder Augenblick war die Reise wert.

Zuletzt gilt mein Dank auch all meinen Freunden – den jüngeren wie den älteren, den Singles und den Verheirateten, mit oder ohne Kinder –, die mir für dieses Vorhaben ihre Ansichten, persönlichen Erfahrungen und Erkenntnisse mitgeteilt haben. Danke dass ihr mir Einblicke in euer Leben gewährt habt und mich die Dinge aus eurer Perspektive sehen habt lassen. Ich danke euch für die vielen Stunden, in denen ihr über meine Fragen nachgedacht und sogar die „fast fertigen" Kapitel des Manuskripts gelesen habt. Ohne euch hätte dieses Buch in dieser Form nicht entstehen können. Eure Lebenserfahrungen haben dieses Buch enorm bereichert.

Inhalt

Inhalt

Vorwort

Nach einem Jahr des Gebets schenkte Gott mir die Vision für den Film *Courageous* und für die begleitenden Bücher für Männer und Frauen. Wir fragten uns, was wohl geschehen würde, wenn die Männer und Frauen dieser Generation sich ganz entschieden dazu entschließen würden, für das zu leben, was wirklich im Leben zählt. Was könnte geschehen, wenn wir die Lasten unserer Vergangenheit loswürden, unsere Überzeugungen klarer definierten und dann danach strebten, unser ganzes Leben in kompromissloser Hingabe an Gott, unsere Ehe, unsere Kinder zu leben? Viele großartige Männer und Frauen, die wir aus der Schrift und der jüngsten Geschichte kennen, haben ihre ganz persönlichen Entschlüsse gefasst und danach gelebt. Jetzt bist du an der Reihe!

Während der Entstehung des Buches *Ein mutiger Weg für Männer* baten wir Gott um Weisung, wer das Buch für die Frauen schreiben sollte. Er führte uns unmissverständlich zu Priscilla Shirer. Ihre einzigartige Berufung, ihr Verständnis der Heiligen Schrift und ihr persönliches Zeugnis zeigen in vorbildlicher Weise eine Treue und Hingabe, die über Generationen hinausreicht.

Priscilla begann dieses Projekt unter leidenschaftlichem Gebet und mit der Gewissheit, dass Gott die Frauen beruft, in eine neue Phase einzutreten. Frauen, die ihr volles Potenzial und ihre Berufung ausleben. Frauen, deren Leben Freude und Erfüllung widerspiegelt und die für ihre Glaubenstreue in allen Bereichen ihres Lebens bekannt sind. Frauen, die verstanden haben, dass damit eine Disziplin und Opferbereitschaft einhergehen, die nur möglich sind, weil sie dem Wort Gottes erlauben, sie zu verändern, und weil sie dem Geist Gottes die Kontrolle über ihr Leben geben.

Dieses Buch wird dich bewegen und herausfordern. Es wird das Beste in dir hervorbringen. Es wird dich an deinen unschätzbaren Wert und an die wundervollen Gründe erinnern, warum Gott dich erschaffen hat. Es wird dir helfen, den jetzigen Abschnitt deines Lebens anzunehmen, indem du klar definierst, was dir in dieser Phase am wichtigsten ist. Dieses Buch wird dich ermutigen, inspirieren, vielleicht auch provozieren und aufwühlen. Es wird dir jedoch immer helfen, die verbindlichen Entscheidungen zu treffen, die den Segen und die Freude eines an Gott ausgerichteten Lebensstils bewirken.

Beim Lesen dieses Buch wirst du feststellen, dass du deine Entscheidungen und Ansichten ganz neu zu überdenken beginnst. Du wirst deine Weltanschauung weiterentwickeln und deine Auffassung über die verschiedenen Zielsetzungen deines Lebens verändern. Genau das erhoffen wir uns. Wir glauben, dass dieses Buch dein Leben, deine Ehe, deine Kinder und Freundschaften dauerhaft revolutionieren kann. Warum? Weil es auf biblischen Wahrheiten basiert und das Wort Gottes lebendig und wirkungsvoll ist.

Natürlich kannst du das nicht in deiner eigenen Kraft tun. Das solltest du dir gleich zu Beginn ganz getrost eingestehen. Allerdings wünscht sich jeder Mensch, dass etwas Besseres in ihm steckt, als momentan sichtbar ist. Indem wir an Gottes Hand gehen und uns von ihm führen lassen, ist die Freisetzung dieser Qualitäten nicht nur möglich, sondern definitiv erreichbar! Er hat uns verheißen, das gute Werk zu vollenden, das er in uns angefangen hat (vgl. Phil 1,6).

Wenn Priscilla ihre ganz persönlichen Geschichten erzählt, wirst du sicher in jedem Kapitel mit ihr lachen, weinen oder zustimmend mit dem Kopf nicken. Ebenso wirst du aber auch gelegentlich zusammenzucken, wenn der Herr die Wahrheiten dieses Buches gebraucht, um deinen Charakter zu formen und dich zur geistlichen Reife zu bringen. Aber fürchte dich nicht davor. Das gehört zu dem Weg, auf dem du zu einer Frau wirst, die Gott gefällt – zu einer atemberaubenden Frau.

Suche dir also einen Platz in deinem Zuhause und Tagesablauf, wo du Ruhe findest, dieses Buch zu genießen. Öffne dein Herz, deinen Verstand und vielleicht sogar dein Notizbuch. Bitte den Heiligen Geist, dir zu helfen, Gottes Prinzipien vollkommen in dein tägliches Leben zu integrieren. Bete vor jedem Kapitel und lass Gott durch die Schriftstellen und Zeugnisse dieses Buches zu dir reden.

Und nun sei gespannt darauf, was er aus der Frau machen wird, die du bisher kanntest. Vermutlich werden gewisse Veränderungen erkennbar – gute, für die es an der Zeit ist. All das geschieht zu seiner Ehre!

Also, schnall dich an! Gott macht sich an die Arbeit!

Möge der Segen des Herrn dich begleiten!

Alex Kendrick
Stephen Kendrick

Die Erklärung –
ein revolutionierender Lebensstil

Die Erklärung beinhaltet 13 Entschlüsse, die deinen bisherigen Lebensstil revolutionieren, sprich grundlegend umgestalten.

Der Begriff Entschluss meint:

    a. die bewusste Festlegung, eine Handlung, eine Vorgehensweise oder einen Ablauf durchzuführen

    b. die innere Einstellung oder Qualität einer Entscheidung, die Zielstrebigkeit eines Vorhabens

Ich gebe offen zu, dass ich mit Entschlüssen recht vorsichtig bin. Ehrlich gesagt stoße ich mich schon an dem Wort und seiner Bedeutung.

Vielleicht liegt es an meiner eher spontanen, unbeschwerten Persönlichkeit, dass mir der Gedanke missfällt, mich an eine Reihe von Entscheidungen zu binden, denen ich mich trotz schwindender Begeisterung verpflichtet fühle, denn genau das wird passieren. Der Gedanke, einen Plan zu Papier zu bringen und dafür zur Rechenschaft gezogen zu werden, scheint mir einfach zu endgültig und zu festzementiert zu sein, erschreckt mich etwas.

Möglicherweise liegt es auch daran, dass ich bereits einige meiner vielen Ziele und Versprechen nicht weiterverfolgt oder gehalten habe. Sei es der Entschluss, eine Diät zu machen, Sport zu treiben, mit meinem Geld zu haushalten, Prioritäten zu setzen, ausgewogen zu leben oder einfach meine Aufgabenliste bis zum Abend abgehakt zu haben. Wenn man nur oft genug versagt, hat man schon keine Lust mehr, es erneut anzugehen.

Dennoch denken Millionen von uns jedes Jahr, etwa Mitte Dezember, wieder an neue Entschlüsse und Vorsätze, die wir fassen sollten, selbst wenn diese neuen Pflänzchen und hochgesteckten Ideale nichts weiter als ein kurzes Gastspiel auf der Bühne unserer Gedanken geben. Aus unterschiedlichen Gründen beschließt der eine oder andere unter uns letztendlich, dass es doch nicht der Mühe wert ist. Dennoch finden manche Menschen die Kraft, gute

Vorsätze zu fassen, sich zusammenzunehmen und mit einer Reihe neuer Pläne im Schlepptau zielstrebig ins neue Jahr zu preschen.

Ich bin immer beeindruckt von der Gewissenhaftigkeit jener Menschen, die ihre Versprechen halten, sei es zum Jahreswechsel oder zu irgendeinem anderen Zeitpunkt. Je länger es dauert, bis ihre Investitionen greifbare Dividenden abwerfen, desto beeindruckter bin ich, was sie bis dahin erreicht haben. Auch davon, was ich erreicht habe, wenn ich bei meinen Entschlüssen geblieben bin. Trotz meiner zuerst ablehnenden Haltung gegenüber dem Wort Entschluss, schätze ich bewusst getroffene Entscheidungen.

Genau genommen treffe ich jeden Tag Entscheidungen. Du übrigens auch.

Ob du dir dessen bewusst bist oder nicht, entscheidest du dich jeden Tag, Menschen auf eine bestimmte Art und Weise zu behandeln, bestimmte Aktivitäten beizubehalten, einen bestimmen Lebensstil zu führen, eine bestimmte Art von Mensch zu sein, oder eben *nicht* eine bestimmte Art von Mensch zu sein. Wie auch immer, du triffst Entscheidungen – ob du sie nun laut aussprichst oder nur in Gedanken triffst. Über deinem Leben hängt ein detailliert beschriebenes Banner, beschriftet mit der Tinte deiner eigenen Entscheidungen. Andere können es lesen, selbst wenn du es nicht kannst.

Du bist *bereits jetzt* eine Frau, die Entscheidungen trifft.

Entscheidungen und Entschlüsse haben dich zu der Frau gemacht, die du heute bist. Sie bestimmen, wie du heute lebst und formen schon jetzt deine Zukunft.

Da wir ohnehin jeden Tag Entscheidungen treffen, stellt sich weniger die Frage, ob wir das auch in Zukunft wagen sollten, sondern vielmehr ob wir nicht lieber ganz bewusst gezielte Entscheidungen treffen sollten. Wir müssen darauf achten, dass das Banner, das über unserem Leben weht und der Welt verkündet, wer wir sind, tatsächlich auch wiedergibt, was wir sein wollen und Dinge in uns und um uns herum verbessert.

Darum geht es in diesem Buch.

Ich halte es für wichtig, dir das bereits auf den ersten Seiten mitzuteilen. Dir soll klar sein, worauf du dich einlässt. Es mag ja sein, dass du lieber aussteigen und dieses Buch zuklappen möchtest, statt dich weiter darin zu vertiefen. Dieses Buch ist nicht als unterhaltsame Lektüre gedacht. Tatsächlich ist einiges darin überhaupt nicht vergnüglich. Vermutlich findest du es zuweilen ein wenig unbequem und überführend. Jedes einzelne Kapitel und Thema wird dich zu einer Entscheidung drängen: Will ich oder will ich nicht? Tu ich es oder tu ich es nicht? Kann ich oder kann ich nicht? Du musst dich entscheiden!

Aber ich bete schon im Vorfeld dafür, dass du dich entscheidest, dich mit mir auf diesen Weg zu begeben, denn ich bin davon überzeugt, dass es die Reise wert ist:

Selbst wenn du kein sehr entschlussfreudiger Typ bist.

Selbst wenn du mit jemandem zusammen bist, der weder respektiert, was du tust, noch die Absicht hat, eigene Entscheidungen zu treffen.

Selbst wenn du nicht ganz überzeugt davon bist, dass irgendetwas aus diesem Buch auch nur die geringste Veränderung in dein momentanes Leben bringt.

Selbst wenn dir überhaupt nicht danach ist und deine bisherigen Erfahrungen dich nicht zu weiteren Entscheidungen ermutigen.

Komm mit mir auf diese revolutionäre Reise der Veränderung durch unsere *Erklärung*, die jeden Schritt wert ist, den wir gemeinsam gehen. Warum ist das so?

Erstens, weil diese Beschlüsse von Gott sind. Anders als gute Neujahrsvorsätze, sind sie direkt auf die von Gott selbst aufgestellten Prinzipien gegründet. Sie wiegen mehr als die Vorsätze, die du nur für dich selbst fasst. Sie sind umgürtet mit der Kraft des Heiligen Geistes, um dich zu ermutigen, zu trösten, auszurüsten und dich mit der Kraft auszustatten, die du brauchst, um sie umzusetzen. Im Grunde genommen sind es *seine* Beschlüsse für dich.

Zweitens, weil diese Beschlüsse Auswirkungen auf die Menschen haben, die dir nahestehen. Wenn du verheiratet bist, betreffen sie deinen Mann. Wenn du Mutter bist, betreffen sie deine Kinder. Wenn du unverheiratet bist, betreffen sie deine Freunde und deine Familie. Selbst wenn scheinbar niemand deine Bemühungen, eine entschlussfreudige Frau zu werden, bewundert oder aktiv unterstützt, hast du es letztendlich mit Gott zu tun und du triffst Entscheidungen, die auf sein Wort gegründet sind. Die Folge sind tief greifende Auswirkungen in deinem Leben, was wiederum von deinen Mitmenschen wahrgenommen wird. Das größte Wunder von allen ist manchmal das Wunder, das in deinem Herzen geschieht – die Veränderung, die in dir stattfindet und dich immer wieder von Neuem überrascht, wenn sie sich in jeder Faser deines Lebens ausbreitet. Die Wirkung eines veränderten Menschen auf sein näheres Umfeld kann überwältigend sein.

Vielleicht bist du beim Lesen dieses Buches versucht, frustriert und anklagend mit dem Finger auf andere zu zeigen. „Was ist mit meinem Mann? Wieso braucht *er* sich nicht zu verändern? Warum geht es immer nur darum, was *ich* tun sollte, und nicht, was meine Familie, meine Kinder, meine Arbeitskollegen und Freunde tun sollten? Sind sie nicht ebenso ein Teil der Gleichung?" Vielleicht würdest du angesichts der scheinbar einseitigen Konversation, die wir gleich führen werden, am liebsten die Augen verdrehen.

Also muss ich eines gleich klarstellen: Dieses Buch *ist* einseitig. Es ist absichtlich und ganz bewusst dazu bestimmt, *nicht* die Aktivitäten (oder auch die Passivität) deiner Familie oder der Menschen, die mit dir leben, arbeiten oder mit denen du zur Gemeinde gehst, unter die Lupe zu nehmen. Ich werde nichts ansprechen, was deinen Mann oder sein Verhalten betrifft. Hier geht es darum, was *du* von diesem Tag an tun wirst und wie *du* dich durch die Gnade Gottes verändern wirst. Das hier ist *Ein mutiger Weg für Frauen*. Genauer gesagt für eine Frau. Für dich!

Gott hat in seinem unfehlbaren Zeitplan dieses Buch gerade jetzt in dein Leben gebracht. Das allein zählt. Du bist aufgerufen, die schwierige, jedoch notwendige Entscheidung zu treffen, den Kapiteln mit ihren jeweiligen Themen mit einer gewaltigen Portion Mut zu begegnen. Dazu gehört auch eine beachtliche Bereitschaft, nach innen zu blicken und nicht nach außen, sowie die beständige Zuversicht, dass der Heilige Geist dich stärkt und ausrüstet, die einzelnen Punkte dieser *Erklärung* durchzuziehen, ganz gleich wie unmotiviert dein Mann oder deine Mitmenschen scheinbar sind, deinem Beispiel zu folgen.

Nimm dir also einen Augenblick Zeit, dich im Stillen zu brüsten. Nur zu! Das würdest du doch am liebsten tun, oder? Klopf dir auf die Schulter. Gratuliere dir selbst! Feiere die Superfrau, die du wohl sein musst, um sich an ein Buch wie dieses zu wagen. Ein Buch, das von jedem, der es liest, eine radikale Reaktion erwartet. Nichts weniger.

Hast du das gemacht? Gut.

Jetzt krieg dich wieder ein und lass uns weitermachen.

Es gibt viel zu tun und viele Entscheidungen zu treffen.

Ich bin mir sehr wohl bewusst, dass das Leben dir selten mal drei ruhige Stunden gönnt, die du mit einer gemütlichen Decke über den Knien für dich allein hast. Solch geruhsame Augenblicke finden wir für gewöhnlich in Werbekatalogen und Tagträumereien, nicht aber im Alltag. Also habe ich dieses Buch ganz bewusst in kleine Abschnitte unterteilt, die deinen realistischen Lesezeiten wohl eher entsprechen. Ich hoffe, du musst es nie zur Hand nehmen und dich fragen: *Wo war ich doch gleich?* Jeder Abschnitt birgt seine eigene Erkenntnis. Ein eigenständiger, neuer Gedanke – genau richtig für dich in diesem Augenblick.

Ich wünsche mir, dass du dieses Buch langsam und zielgerichtet liest. Also nicht mit der Absicht, es schnell durchzulesen, sondern um dich mit jedem Abschnitt intensiv zu beschäftigen. Am Ende eines jeden Abschnitts oder Kapitels findest du Fragen oder Anregungen zum Nachdenken, dazu ganz praktische Vorschläge, die du für dich umsetzen kannst. Nimm dir die Zeit, die du brauchst, vielleicht sogar einen ganzen Tag, das Gelesene gleich in den Alltag zu integrieren. Noch mal – widerstehe dem Drang, das Buch einfach durchzulesen. Erwäge stattdessen sorgfältig, wie du zu jedem Vorschlag, zu jedem biblischen Prinzip stehst. Dann nimm dir Zeit, das umzusetzen, was du soeben für dein Leben beschlossen hast. Diese Fragen eignen sich auch gut für kleinere Gruppen oder regelmäßige Freundestreffen. So kannst du die betreffenden Punkte mit mehreren Glaubensschwestern durcharbeiten und über deine Fortschritte Rechenschaft ablegen. Diese Vorgehensweise macht die *Erklärung* zu einer Art Revolution, die dein Leben völlig umkrempelt.

Schließlich werden die Erfahrungen, die wir gemeinsam in den einzelnen Abschnitten machen, uns zu einer Entscheidung führen: der Formulierung eines neuen Punktes in deiner *Erklärung*. Vielleicht ein Versprechen. Oder eine Handlung. Vielleicht auch ein Ziel, nach dem wir unser Leben ausrichten, bis wir noch mehr entsprechend des Willens Gottes und seiner Wünsche geformt sind. Ich werde dich auffordern, sie unter Gebet zu lesen, laut auszusprechen und dann mit deinem Namen zu unterschreiben. Vielleicht wäre es auch gut, diese Entschlüsse in Anwesenheit deiner Familie oder einer Gruppe gottesfürchtiger Freunde zu treffen. Sie können dir eventuell dabei helfen (und du ihnen), dich gemäß deiner Versprechen zu verändern. Du versprichst damit keinesfalls, perfekt und fehlerfrei zu sein. Du verpflichtest dich lediglich dazu, einen Anfang zu wagen – dich in die Richtung zu bewegen, in welche die betreffende Erklärung dich weist.

In diesem Buch findest du 13 Entschlüsse:

DIE ERKLÄRUNG

ICH GELOBE feierlich vor Gott, die jetzige Phase meines Lebens anzunehmen und so viel Zeit wie möglich dafür einzusetzen. Ich werde dem Drang widerstehen, diese Phase schleunigst hinter mich zu bringen oder zu umgehen. Stattdessen beschließe ich, in einer Haltung der Zufriedenheit zu leben.

ICH WERDE mich inmitten einer feministisch geprägten Gesellschaft für Gottes Modell von Frausein stark machen. Ich werde es meinen Töchtern vorleben und lehren sowie meine Söhne ermutigen, es zu unterstützen.

ICH WERDE mich über meine gottgegebene Einzigartigkeit freuen und die Besonderheiten wertschätzen, die er in andere hineingelegt hat.

ICH WERDE als eine Frau leben, die Gott verantwortlich ist und seinem Wort die Treue hält.

ICH WERDE danach streben, meine Stärken, meine Zeit und meine Fähigkeiten den vorrangigen Aufgaben zu widmen, die Gott mir in dieser Phase meines Lebens anvertraut hat.

ICH WERDE eine Frau sein, die intensiv zuhört und wohlüberlegt redet. Ich werde mich für die Belange meiner Mitmenschen einsetzen und sie höher achten als mich selbst.

ICH WERDE allen vergeben, die mir Unrecht getan haben, und mich mit den Menschen versöhnen, denen ich Unrecht getan habe.

ICH WERDE keine üblen Einflüsse – selbst wenn sie noch so gerechtfertigt erscheinen – in mir oder meiner Familie dulden, sondern ein Leben in Reinheit anstreben.

ICH WERDE danach streben, das Recht zu halten, liebevoll und barmherzig mit anderen umzugehen und demütig vor Gott mein Leben zu führen.

ICH WERDE meinem Mann treu sein und ihn mit meinem Verhalten und meinen Worten ehren, um dem Namen des Herrn Ehre zu bereiten. Ich werde mich bemühen, meinem Mann eine Partnerin zu sein, die ihm entspricht, und ihm helfen, sein gottgegebenes Potenzial zu entfalten.

ICH WERDE meinen Kindern ganz praktisch zeigen, wie sie Gott mit ihrem ganzen Herzen, mit ihrer ganzen Seele und mit all ihrer Kraft lieben können. Ich werde sie lehren, Autorität anzuerkennen und verantwortungsvoll zu leben.

ICH WERDE für ein friedvolles Zuhause sorgen, wo jeder die Gegenwart Gottes spüren kann – nicht nur durch praktische Liebesbezeugungen, sondern auch durch mein freundliches und dankbares Verhalten.

ICH WILL meine Entscheidungen mit dem Blick auf zukünftige Auswirkungen treffen. Dabei denke ich auch an die, die nach mir kommen.

Es spielt keine Rolle, wie gut du dich in den einzelnen Bereichen schon entwickelt hast oder in was für einem Lebensabschnitt du dich gerade befindest. Der Herr fordert dich immer heraus zu wachsen, denn seine Fähigkeiten, dein Leben strahlender und überfließender zu machen, sind absolut grenzenlos. Je mehr du wächst, desto besser kann seine Kraft durch dich fließen, dein Herz zufriedenstellen und die Welt verändern.

Diese Revolution wird dein Leben in jeder Hinsicht verändern!

Ich bin zuversichtlich, liebe Weggefährtin im Herrn, dass sich dein Leben durch diese Seiten ganz bewusst verändern wird. Mit Gottes Hilfe und durch deine Hingabe.

Bist du bereit?

Dann lass uns loslegen!

Priscilla

TEIL EINS
SO BIN ICH

ERSTAUNLICH ZUFRIEDEN

❧

Der Entschluss, zufrieden zu sein

Jeder Bissen zählt

„Es wird ein gutes Jahr für dich werden, meine Liebe. Sechsunddreißig ist ein groß-artiges Alter!"

Sechsunddreißig.

Es war Ende Dezember und ich würde in Kürze dieses Alter erreicht haben. Mir gegenüber saß eine Freundin, die dieses Jahrzehnt längst hinter sich gelassen hatte. Ich beobachtete, wie ihre braunen Augen bei der Erinnerung an diese Zeit in einem Anflug von Begeisterung aufleuchteten.

Ich weiß nicht genau, was es war, aber irgendetwas an ihren Worten traf mich zutiefst. Vielleicht war es die Art und Weise, wie sie es sagte. Vielleicht war es der Ausdruck ihrer Augen, als sie mich ansah. Vielleicht war es auch das leichte Schmunzeln, das die Mundwinkel ihrer schmalen Lippen umspielte. Was auch immer es war, es traf mich tief, erregte meine Aufmerksamkeit, setzte sich in meinen Gedanken fest und brachte mich zum Nachdenken.

Ich dachte aus ihrer Sicht über meinen bevorstehenden Geburtstag nach. Gelegentlich hatten wir über die Ereignisse diskutiert, die sie in ihren Zwanzigern erlebt hatte. Ebenso über die Überraschungen, die ihre Dreißigerjahre für sie bereitgehalten hatten und über die dankbar begrüßte Sesshaftigkeit, die sie sicher in ihr viertes Jahrzehnt geleitet hatte. Sie war jetzt seit fünfund-zwanzig Jahren verheiratet, hatte drei wundervolle Kinder großgezogen und die unberechenbaren Höhen und Tiefen des Lebens, die beinahe jeder bis zur Vollendung des fünfzigsten Lebensjahres durchmacht, gut überstanden. Sie hatte Enttäuschungen erlebt, aber auch unglaublich viel Freude und lebte jetzt ein erfülltes Leben mit tiefen Freundschaften und einem noch tieferen Glauben.

Doch hier im Restaurant, an diesem weihnachtlich dekorierten Tisch, den ein köstlicher Schokoladenkuchen zierte, über den wir beide gierig herfielen, machte sie den Eindruck einer vollkommen zufriedenen Frau. Sie strich sich die blonden Strähnen aus den Augen, neigte leicht den Kopf zur Seite und erzählte mir, dass die Phase, in die ich nun eintreten würde, eine gute Phase sei und dass ich sie erwartungsvoll annehmen und den damit verbundenen Segen genießen sollte. Die Kinder seien jetzt ein wenig selbstständiger, die Ehe ein bisschen gereifter und der Körper noch einigermaßen straff.

Jawohl. Die Erinnerung an diese Zeit ihres Lebens brachte sie zum Lächeln. Es war eine gute Zeit gewesen.

Mit dieser einfachen Bemerkung machte sie sich wieder an ihren Kuchen und führte genüsslich die von flüssiger Schokolade triefende Gabel zum Mund.

Sie bemerkte meine Reaktion nicht. Sie nahm nicht wahr, dass ihre Bemerkung mich mit voller Wucht traf – wie ein Baseballspieler, der ausholt und einen grandiosen Treffer landet. Mit einer spontanen Handbewegung hatte sie mein Herz auf das Spielfeld der Überführung katapultiert. Ihre Bemerkung, mit der sie in vielerlei Hinsicht den Schritt in die nächste Phase meines Lebens beschrieb, stellte das genaue Gegenteil all meiner Erwartungen dar.

Weißt du, ich bin jemand, der oft vorausläuft und fast automatisch das tut, was die momentane Situation von mir erfordert. Mein Herz und mein Körper sind sich nicht immer einig. Anstatt jeden Augenblick, jedes Jahr, jede Gelegenheit und jeden Schritt auf dieser Reise zu genießen, bin ich ständig übereifrig bestrebt, die nächste Sache anzugehen, die natürlich immer aufregender aussieht als das, was ich momentan tue. Selten bin ich mit meiner gegenwärtigen Situation zufrieden.

Eine mentale Inventur offenbarte mir schnell die Fakten und präsentierte mir reichlich Beweise für die Vermutung, dass ich die meiste Zeit meines Lebens nicht bewusst gelebt hatte. Als Teenager eilte ich mit Vollgas dem Erwachsenwerden entgegen. Als unverheiratete Studentin konnte ich es nicht erwarten, in einer verbindlichen Beziehung zu leben und mit dem College fertig zu werden, damit das Leben „so richtig beginnen" konnte. Mit einem liebevollen Ehemann an meiner Seite genoss ich die ersten Jahre unserer Ehe, doch schon bald nagte in mir eine gewisse Unzufriedenheit, weil wir noch kinderlos waren. Als dann die Kinder da waren, wurden die

Nächte lang und die Tage noch viel länger. Bei jedem Kind betete ich, dass es schneller Schlafenszeit würde, als ich es vom Tag zuvor in Erinnerung hatte. Ich war mir zwar dieser Jahre als Studentin, als Ehefrau, als Mutter – als Frau – bewusst, jedoch gab es herzlich wenig, an das ich mich so richtig gut erinnern konnte. Auch erinnerte ich mich kaum an Gefühle, die bestimmte Begebenheiten in meinem Leben begleitet hatten. Warum war das so? Weil ich zwar *da*, aber doch nicht richtig *dabei* war.

Kurz vor Vollendung meines 35. Lebensjahres fiel mir auf, dass ich mich auf dieses Jahr auch nicht so richtig eingelassen hatte. O ja, ich hatte es schon zum großen Teil genossen, aber ich hatte mich nicht darin geaalt, hatte es nicht ausgekostet, nicht gepflegt, nicht gefeiert und wertgeschätzt für das, was es eigentlich war: das einzige fünfunddreißigste Lebensjahr, das ich je erleben würde. Nun war es beinahe schon vorbei und vor mir erstreckte sich ein weiteres Jahr, gefüllt mit all den Dingen, Menschen, Ereignissen, Beziehungen und Meilensteinen, die es zu einer einmaligen Lebenserfahrung machen würden – meiner einzigen Chance, in diesem Alter und Lebensabschnitt ich selbst zu sein. Nur im kommenden Jahr würde mein Mann genau so sein, wie er jetzt ist. Nur in diesen flüchtigen Momenten würden meine Kinder genau so reden, aussehen und handeln wie jetzt. Wenn ich aber diesen Zeitabschnitt nur hektisch durchlaufen würde, um die Dinge zu umgehen, die ich nicht mochte, würde ich gleichzeitig alles verpassen, was mir daran gefällt.

Ich erkannte, dass ich unbewusst alle Menschen um mich herum und die Erfahrungen, die ich machte, abwertete, wenn ich so durchs Leben stürmte. Ich konnte die wichtige Bedeutung, die sie meinem Leben gaben, in diesem Augenblick nicht wertschätzen, weil ich nicht begriffen hatte, dass ich Verantwortung dafür trug, die mir von Gott anvertrauten Geschenke wertzuschätzen und zu pflegen. Anstatt das Vorrecht zu genießen, ein Segen für meinen Mann, meine Kinder und meine Freunde zu sein, hatte ich ihnen vermittelt, dass ich mir wünschte, sie würden sich ändern und sich eiligst darum bemühen, jemand anders zu sein. Jemand, der sich mehr auf meiner Linie bewegt und versteht, was ich will und brauche. Jemand, der sich beeilt, alles zu tun, um mich glücklicher zu machen, als es momentan der Fall war.

So war ich. Ich hatte es immer nur auf den nächsten Augenblick abgesehen, auf den nächsten Monat, das nächste Ereignis und mir selten das Privileg zugestanden, mit Leib und Seele an den Geschehnissen teilzunehmen, die sich an diesem Tag ereigneten.

Mit dem letzten Bissen bei dieser vielleicht aufschlussreichsten Verabredung zu Kaffee und Kuchen, wurde mir bewusst, dass dieses Gefühl einen Namen hatte: Unzufriedenheit. Sie erscheint einfach an der Tür – wie bei mir –, drängt sich herein und fühlt sich wie zu Hause. Aber anstelle eines kurzen, seltenen Besuchs, weigert sie sich zu gehen. Sie verteilt ihr Gepäck überall im Haus und füllt jede freie Ecke, die du eigentlich vor solchen Eindringlingen geschützt geglaubt hast. Aber sie kommt und lauert dir auf. Sie beraubt dich deiner Jahre. Ehe du dich versiehst, verpasst du die Freuden dieser Lebensabschnitte, das Wachstum, das entsteht, wenn man sich durch Schwierigkeiten kämpft, das süße und herzhafte Geschmackserlebnis beim Entstehen von Erinnerungen.

Ich schreckte aus meinen Tagträumen auf und sah auf meinen Teller. Es war kein Bissen mehr übrig. Nur noch Spuren von Schokoladensirup neben ein paar mickrigen Kuchenkrümeln, gesprenkelt von winzigen Sahnetupfern. Kurz entschlossen begann ich alles zusammenzukratzen, was übrig war. Ich wollte nichts von diesem köstlichen Erlebnis zurücklassen. Mmmmmh. Es war den Aufwand wert. Es schmeckte so gut wie der erste Bissen.

Ich war froh, dass ich nichts von dem verpasst hatte, was auf meinem Teller war.

Ich beschloss, nie wieder etwas in meinem Leben zu verpassen.

   Überlege sorgfältig, was die Bibel über Zufriedenheit sagt:

- ♦ Wahrer Glaube und die Fähigkeit, mit wenigem zufrieden zu sein, sind tatsächlich ein großer Reichtum (1 Tim 6,6; Neues Leben).

- ♦ Deshalb wollen wir zufrieden sein, solange wir nur genug Nahrung und Kleidung haben (1 Tim 6,8; Neues Leben).

- ♦ Hängt euer Herz nicht ans Geld und begnügt euch mit dem, was ihr habt. Denn Gott hat gesagt: „Ich werde dich nie verlassen und dich nicht im Stich lassen" (Hebr 13,5; Neues Leben).

§ Welche Situationen oder Lebensabschnitte hast du viel zu eilig durchlaufen?

§ Was wolltest du zu hastig erreichen?

§ Welche guten Erfahrungen hast du verpasst, weil du versucht hast, die schwierigen schnell hinter dich zu bringen?

§ Was kannst du heute anders machen? Wie kannst du die „Reste auf dem Teller zusammenkratzen", um all das Gute in deinem Leben zu sammeln und endlich das Abenteuer deines Lebens zu genießen?

Das Geheimnis

Meine Jungs mögen Geheimnisse. Wir haben sogar ein richtiges Spiel entwickelt, das sich nur darum dreht. Manchmal, wenn ihre Freunde zu Besuch sind, stellen wir uns alle in einer Reihe auf. Der Erste in der Reihe flüstert seinem Hintermann ein Geheimnis zu, das dann weitergegeben wird, bis es beim Letzten angekommen ist. Fast immer wird das, was zuerst mitgeteilt wird, falsch verstanden, falsch ausgelegt oder unterwegs irgendwie manipuliert. Aus irgendwelchen Gründen wird die Botschaft am Schluss nie richtig wiedergegeben.

Aus der derzeitigen Position der Frauen unserer heutigen Kultur schließe ich, dass hier genau das Gleiche passiert ist. Die Beschreibung, die wir als Geheimnis unserer Zufriedenheit wahrnehmen, klingt deutlich anders als das, was zuerst darüber gesagt und über viele Jahrhunderte hinweg weitergegeben wurde.

Die Definition von Glück und Zufriedenheit, die wir heute hören, erzieht uns schon seit Langem dazu, *nicht* glücklich zu sein. Sie besagt, dass wir etwas anderes, etwas Besseres oder Zusätzliches benötigen, bevor wir das Leben so genießen können, wie es eigentlich sein sollte. Also bombardiert uns die Werbung mit Vorschlägen, die nur so triefen von Empfehlungen, die unseren Appetit anregen und unsere Geschmacksnerven reizen sollen. Sie ermutigen uns, das Alte loszuwerden und etwas Neues zu erwerben, quasi unzufrieden zu sein mit dem, was wir bereits besitzen.

Wenn du unverheiratet bist, solltest du die Sicherheiten einer Ehe haben.

Wenn du verheiratet bist, solltest du die Freiheiten einer Ledigen haben.

Wenn du in einer Wohnung wohnst, solltest du endlich ein Eigenheim besitzen.

Wenn du ein Eigenheim besitzt, sollte es größer sein als das, was du bereits hast.

Verstehst du, was ich meine?

Deine Kleidung sollte von *diesem* bestimmten Hersteller sein.

Deine äußere Erscheinung sollte *jenem* Trend entsprechen.

Deine Kinder sollten mehr wie *diese* Kinder sein.

Dein Maß an Erfolg wird an *diesen* Maßstäben gemessen. Die negativen Auswirkungen sind unvermeidlich. Ständig gefüttert von dieser Kost aus unbefriedigten Wünschen, entwickeln wir fast zwangsläufig eine Verachtung für unsere momentane Situation. Wenn wir erst einmal in diesem Teufelskreis gefangen sind, fühlen wir uns unvollkommen und minderwertig. Unglücklich. Ungeordnet. Unerfüllt.

Unzufrieden.

Genau das ist der Grund, weshalb eine zufriedene Frau eine so bemerkenswerte Frau ist. Sie fällt einfach auf in einer Welt, die von einer verwässerten Version des eigentlichen Geheimnisses lebt. Sie hat das wirkliche Geheimnis erkannt. Dies zeigt sich an dem Frieden, der Gelassenheit, der ausgeglichenen und ermutigenden Ausstrahlung und der geheimnisvollen Entspanntheit, die sie umgibt. Allein ihre Gegenwart vermittelt jedem Szenario, das sie betritt, und jedem Menschen, dem sie begegnet, einen Hauch von Erfrischung.

Die Einzigartigkeit einer Frau, die beschlossen hat, zufrieden zu sein mit dem, was sie hat, wer sie ist und wo sie lebt, ist ebenso ungewöhnlich und bemerkenswert wie Schnee zur Weihnachtszeit in Texas. Sie hat das leise Flüstern eines Geheimnisses erfasst, das durch die Zeitalter weitergegeben wurde, und sie hat sich entschieden, dessen Wahrheiten zu vertrauen und ihr Leben danach auszurichten. Sie ist eine Frau mit Sinn für das Wesentliche, weil sie eine zufriedene Frau ist. Eine Frau, die sich entschieden hat, Zufriedenheit über ihren Unmut zu stellen.

Genau wie die Person, die das Geheimnis zuerst in Worte gefasst hat.

Zufriedenheit war keine einzigartige Gabe, die nur dem Apostel Paulus zuteilwurde. Sie war nicht automatisch Teil seiner Persönlichkeit. Sie war eine Fertigkeit, die er erwählt, erlernt und perfektioniert hatte, um sie dann in seinem turbulenten Leben anzuwenden. Als Ergebnis konnte er mit biblischer Überzeugung sagen: „Ich habe gelernt, mit dem zufrieden zu sein, was ich habe" (siehe Phil 4,11; Neues Leben).

Er hat gelernt.

Er hat erkannt.

Er hat sich die Fähigkeit angeeignet.

Er hat sie weiterentwickelt.

Er hat sie perfektioniert.

Alles fing mit einem „Geheimnis" an (vgl. Phil 4,12). Ein Geheimnis, das ihn stark und glaubwürdig machte, selbst wenn seine äußeren Lebensbedingungen kaum zu einem einigermaßen angenehmen, entspannten Leben beitrugen. Mangel und Enttäuschung waren ihm wohlbekannt. Er wurde geschlagen, gesteinigt und von seinen Feinden vehement verfolgt. Als er diese Worte in einem Brief an die Christen der antiken mazedonischen Stadt Philippi niederschrieb, war er sogar im Gefängnis und blickte bereits dem Tod ins Auge. Er erduldete die schwierigsten Umstände, die ein Mensch sich vorstellen kann. Die Dinge standen gar nicht gut um ihn.

Er verschloss nicht die Augen vor der Realität. Er gab bereitwillig zu, dass es nicht gut aussah. Er ritt aber auch nicht auf der Verfolgungsschiene, indem er sich wie ein Märtyrer benahm und eine gewisse Befriedigung daraus zog, mehr durchzumachen als alle anderen.

Er kannte ganz einfach ein Geheimnis. Dieses Geheimnis gab ihm Frieden und Gelassenheit in den Klauen seiner unheilvollen Schwierigkeiten. Ein Geheimnis, nach dem auch wir uns ausstrecken können, das wir ergreifen und festhalten können, wenn es mal richtig schwierig wird. Vielleicht auch nur dann, wenn es mal nicht so läuft, wie wir es uns wünschen. Es ist der Schlüssel, eine wahre Freudenflut in unseren Herzen freizusetzen – eine Flut, die in uns tobt, ganz gleich was um uns herum geschieht.

Hier ist Paulus' Geheimnis: Er hatte *beschlossen*, zufrieden zu sein.

Nicht, dass ich etwas gebraucht hätte! Ich habe gelernt, mit dem zufrieden zu sein, was ich habe. Ob ich nun wenig oder viel habe, ich habe gelernt, mit jeder Situation fertig zu werden: Ich kann einen vollen oder einen leeren Magen haben, Überfluss erleben oder Mangel leiden. Denn alles ist mir möglich durch Christus, der mir die Kraft gibt, die ich brauche.

Philipper 4,11-13; Neues Leben

Das griechische Wort, das er ursprünglich in Vers 11 benutzte, um unser bekanntes Wort „zufrieden" als eine innere Genügsamkeit zu beschreiben, bedeutet: eine Zufriedenheit, die wir unabhängig von den Umständen in den Tiefen des persönlichen Wandels mit Gott finden. Wenn wir dieses „Geheimnis" ausgraben und anwenden, kann es uns ein volles Maß an Freude und emotionaler Stabilität in jeder Lebenslage bescheren, ganz gleich wie inhaltslos oder besorgniserregend sie auch sein mag.

Das gilt nicht nur für Paulus.

Sondern auch für dich und mich.

Das versetzt Frauen wie dich und mich in die Lage, unglaublich frei zu sein.

Wenn du zu dem Schluss gekommen bist, dass alles, was du zur Verfügung hast, genug und angemessen ist, ja dass selbst Gott es als ausreichend erachtet, dann bist du bereit und gerüstet, die Aufgaben, die diese besondere Zeit in deinem Leben an dich stellt, zu meistern. Paulus beschreibt es so:

> *Er wird euch großzügig mit allem versorgen, was ihr braucht.*
> *Ihr werdet haben, was ihr braucht, und ihr werdet sogar noch etwas übrig*
> *behalten, das ihr mit anderen teilen könnt.*
>
> 2. Korinther 9,8; Neues Leben

Eines führt zum anderen. Je mehr du glaubst, dass Gottes Gnade für dich im Überfluss vorhanden ist, desto überzeugter wirst du sein, dass du immer alles haben wirst, was du brauchst. Je sicherer du dir bist, dass du niemals Mangel leiden wirst, desto bereitwilliger wirst du dich selbst und deinen Besitz loslassen können, wenn es erforderlich ist, denn du hast die Gewissheit, dass Gott deine Vorräte immer wieder aufstocken wird.

Darauf kannst du dich verlassen. Du kannst deinem Gott vertrauen, dass er dich mit allem versorgt, was du brauchst, um seine Ziele hervorragend zu meistern. Wenn du also etwas nicht hast – was auch immer es sein mag –, dann nur deshalb, weil du es nicht brauchst. Vielleicht möchtest du es gerne haben, aber du brauchst es nicht, um das zu erreichen, was er heute für dein Leben für wichtig hält. Sonst hätte er es dir gegeben. Er liebt dich zu sehr und wird „denen nichts Gutes vorenthalten, die tun, was recht ist" (Ps 84,12; Neues Leben).

Ganz gleich was Gott dir gegeben oder nicht gegeben hat, er hat seine Gründe dafür. Gründe, die vielleicht nur er kennt, auf die du aber blindlings vertrauen kannst. Für jede Entscheidung, die du treffen musst, für jede Aufgabe, die du erfüllen musst, für jede Beziehung, um die du dich kümmern musst – einfach für jede Situation deines Alltagslebens –, hält Gott bereit einen entsprechenden oder sogar überfließenden Vorrat an Gnade für dich bereit. Wenn du dem nicht zustimmen kannst, fehlt dir entweder die angemessene Wertschätzung für das, was du hast, oder aber du tust Dinge, die du momentan nicht tun solltest.

Man kann Menschen, die glauben, sie hätten Mangel und Defizite, sehr leicht erkennen. Sie geizen mit ihrer Zeit. Sie sind selbstsüchtig mit ihrem Besitz. Sie sind sehr sparsam mit ihrer Energie. Nur widerwillig investieren sie sich in das Leben anderer Menschen, weil sie befürchten, sie hätten danach nicht mehr genug für sich selbst übrig. Nicht genug Zeit, Energie, Talent, Geld, Fähigkeiten oder Geduld. Sie benehmen sich wie mein zwei Jahre alter Sohn, der nicht mit seinen Freunden teilen will aus Furcht davor, dass er dann nicht mehr genug für sich selbst hat.

Wenn wir uns jedoch so verhalten, bleibt „jedes gute Werk", das Paulus erwähnt – also die wirklich wichtigen Aufgaben und Beziehungen des Lebens, die sowohl uns als auch andere segnen –, vernachlässigt und ungetan. Es ist uns nicht möglich, an irgendetwas teilzuhaben, geschweige denn etwas vorzüglich zu erledigen, wenn wir bereits im Vorfeld glauben, wir hätten nicht die richtige Menge, nicht die richtige Marke, nicht die richtige Art von Besitz, den wir einbringen könnten. Also wird „das Werk" von uns nicht ausgeführt und uns entgehen die zahlreichen Segnungen, die dieses Werk uns bringen würde – die Auswirkungen, die Erinnerungen, die Lektionen und die Erfahrungen, die Gott miteinander verwebt, damit sie zu einem wichtigen Teil unserer Lebensgeschichte werden.

Gott hat dir bereits genug gegeben. Das tut er immer.

Wenn du und ich uns entscheiden, das zu erkennen und auf seine beständige Versorgung vertrauen, sind wir in der Lage, so aktiv am Leben teilzunehmen wie nie zuvor. Wir werden das Leben endlich voll ausschöpfen können.

Du hast nun ein Geheimnis entdeckt.

Jetzt kannst du es weitergeben.

§ *Eine zufriedene, genügsame Frau ist sich ihrer Bedürfnisse bewusst, aber auch dessen, was Gott schon vorbereitet hat, um sie zu stillen. Beginne den Prozess zu deiner Zufriedenheit mit einer Liste. Gib einer Seite den Titel „Meine Nöte" und der anderen „Gottes Versorgung". Dann trage ein, wie Gott den einzelnen*

Nöten gerade begegnet. Bewahre die Liste immer griffbereit auf, falls du mal wieder dazu neigst, unzufrieden zu werden.

✆ Welche Absichten verfolgt Gott möglicherweise damit, dass er dir einige der Dinge, die du dir wünschst, aber nicht besitzt, nicht zuteilwerden lässt? Was will er hinsichtlich deines Charakters verändern oder was will er in deiner Beziehung zu ihm verankern?

Überfließender Segen

Gebt, und es wird euch gegeben werden: ein gutes, gedrücktes und gerütteltes und
überlaufendes Maß wird man in euren Schoß geben; denn mit demselben Maß,
mit dem ihr messt, wird euch wieder gemessen werden.

Lukas 6,38

„*Bitte die Maßangaben genau einhalten.*" So stand es auf meiner Rezeptkarte. Die
Betonung lag auf dem Wort *genau*. Eine Freundin hatte mir eine ganze Liste
mit Anweisungen gegeben, und sie verriet mir nicht nur ihre Vorgehensweise
für das beste selbst gebackene Brot, das ich je gegessen habe, sie gab mir auch
ein Glas von dem Vorteig dafür, den ich im Kühlschrank aufbewahren sollte.
Nun hatte ich die Gelegenheit, mich mit ihren Backfähigkeiten zu messen
und meine Familie mit selbst gebackenem Brot zu überraschen. *Diese Art*
selbst gebackenes Brot. Es sollte genau wie ihr Brot werden.

Einmal pro Woche hole ich den Vorteig aus dem Kühlschrank – ein blub-
berndes, flüssiges Gebräu, das als Grundlage für ihr legendäres Brot dient. Dann
breite ich das zerfledderte Stück Papier aus, das sie mir gegeben hat, und folge
sorgfältig den Anweisungen. „Die sind extrem wichtig", teilte sie mir mit.

Sie hatte ja so recht damit.

So ein Brot ist ziemlich launisch. Es hat ein Problem mit seiner Einstellung. Du weißt nie so genau, was es vorhat. Eine kleine Blase während des
Vorbereitungsprozesses kann verhindern, dass der Teig vernünftig aufgeht
oder das Brot seine schöne goldbraune Kruste bekommt. Man muss sehr
vorsichtig sein.

Mit der Zeit haben meine Kinder angefangen, mir gelegentlich dabei zu
helfen. Sie rückten ihre Stühle an den Tresen und machten sich eifrig daran,
mit ihren bloßen Händen den klebrigen Teig zu bearbeiten. Vor dem Kneten

musste jedoch das Mehl hinzugefügt werden. Genau gesagt sechs Tassen davon. Es müssen aber *genau* sechs Tassen sein. Inzwischen kann ich diesen Teil meinem sechsjährigen Sohn anvertrauen, der mit seinen eigenen Augen gesehen hat, welche Stimmungsschwankungen so ein Teigkloß an den Tag legen kann, wenn er zu viel oder zu wenig Mehl bekommen hat. Er hat eine Art Wissenschaft daraus gemacht – eine Lukasevangelium-6,38-Wissenschaft: „ein gutes, gedrücktes und gerütteltes und überlaufendes Maß".

Er taucht den Messlöffel in den luftdichten Mehlbehälter und holt ein „gutes Maß" heraus. Die Portion, die er herausholt, ist nicht knapp bemessen. Zum Glück hält er den Messbecher über den Behälter, weil das Mehl bereits über den Rand rieselt. Er weiß jedoch, wie wichtig es ist, die exakte Menge unter die vorhandenen Zutaten zu mischen, die bereits angerührt sind und in der Schüssel gleich neben ihm bereitstehen. Und so schließen sich seine kurzen Finger fest um den Griff und schütteln sanft den Messbecher.

Ich hatte ihm beigebracht, dass durch das Schütteln die Hohlräume ausgefüllt werden und dadurch mehr Platz zum Nachfüllen des Mehls entsteht. Wenn er es lange genug rüttelt, kann er sicher sein, dass jeder Quadratzentimeter seines Messbechers seinem Zweck entsprechend ausgefüllt ist.

Schließlich legt er seine Hand auf den Becher und klopft sanft auf das Mehl, damit es auch wirklich ein „gedrücktes" Maß ist. Die unvermeidliche Folge ist, dass jetzt mehr Mehl in den Becher passt. Also füllt er nach dieser Vorgehensweise immer weiter Mehl hinein, bis er schließlich zu dem Schluss kommt, dass er jetzt so voll wie möglich ist. Dann schüttet er das Mehl in die Rührschüssel.

Das macht er sechs Mal. Er taucht den Becher ein, er schüttelt ihn und er presst das Mehl zusammen. Nur ein einziger Teil der biblischen Anleitung fehlt dabei. Es ist der Teil, der uns jeden Tag die Entscheidung abnötigt, Zufriedenheit über Unzufriedenheit zu stellen: „ein gutes, gedrücktes und gerütteltes und *überlaufendes* Maß".

Es hat den Anschein, dass Gott es mit seinem Belohnungsrezept nicht so genau nimmt. Seine Gaben sind überfließend. Er geizt nicht mit seiner Güte und ist immer großzügig, was seine Versorgung betrifft. Wenn du dich entscheidest, zu geben, verspricht er dir, mehr als genug zurückzugeben – mehr als du dir vorstellen kannst und mehr als das, womit du angefangen hast. Nicht nur ein gutes Maß, nicht nur ein gedrücktes und gerütteltes Maß – auch keines, das gerecht wäre oder das du verdient hättest! Nein, es ist ein Maß, das überläuft, eines, dessen Inhalt sein Empfänger nicht mehr fassen kann.

Ich will damit keinesfalls sagen, dass du dich auf Kosten der Beziehungen und Aufgaben, die in deinem Leben vorrangig sind, immer und ohne zu hinterfragen an etwas hingibst. Manchmal ist das beste und wirkungsvollste Wort ganz einfach *Nein*. Das müssen wir lernen. Wenn du dich aber bei anderen Gelegenheiten wirklich von Gott geführt weißt, musst du dir keine Sorgen machen über die scheinbar schwindelerregende Größe dessen, was du gibst, um den Auftrag angemessen zu erledigen. Wenn er die Sache gutheißt, kannst du dich vollkommen zufrieden und bedenkenlos ans Werk machen, denn er wird dir immer mehr zurückgeben, als du eingesetzt hast. Eine zufriedene, genügsame Frau ruht in der Gewissheit, dass sie genug zu geben hat, wenn sie aufgefordert ist, von ihrer Zeit, ihrer Liebe, ihrem Besitz oder von sich selbst zu geben. Sie freut sich schon auf die Erfüllung der Verheißung, einen gewaltigen Ertrag ihrer Investition zu bekommen.

Ich kann mir vorstellen, was du jetzt denkst, weil ich genauso gedacht habe …

- Ich habe zu wenige Kraftreserven.
- Mein Vorrat an Liebe ist so erschöpft, dass ich sicher bald ausgelaugt bin.
- Heute ist erst Dienstag und mein Quantum Geduld für diese Woche ist schon aufgebraucht.
- Mein Portemonnaie war noch nie so leer und meine finanziellen Nöte werden nicht weniger.

Doch gerade dann, wenn du dich vollkommen leer fühlst und scheinbar nichts zu geben hast, oder wenn du aufgrund deiner Situation meinst, nicht die geeignete Person dafür zu sein, hörst du, wie Gott dir zuflüstert: „Gebt, und es wird euch gegeben werden" (Lk 6,38).

Wenn er dann die Dividenden zusammenfasst, die er dir zurücksendet, wird er nicht knauserig sein. Er wird nicht den Überschuss abschöpfen oder sich an das „exakte" Maß halten. Der Anteil, den er dir zukommen lässt, wird mehr als nötig und unglaublich gut sein. Er wird rütteln und drücken, rütteln und drücken, damit auch wirklich keine Hohlräume mehr vorhanden sind, die seinem Segen eventuell noch Platz wegnehmen könnten. Dann wird er seine Gunst und Gnade so hoch anhäufen, dass es an den Seiten überläuft.

Es wird mehr sein, als du fassen kannst. Deine Hände und dein Herz werden versuchen, jeden Krümel aufzufangen, der von dem übervollen Behälter fällt, aber es ist einfach zu viel und quillt viel zu schnell über.

Zum Glück hast du einen Schoß. Denn dorthin wird der Überfluss fallen, den du nicht auffangen kannst – das Überschüssige, für das kein Platz mehr ist. Und es fließt einfach immer weiter.

Das ist der Lohn für eine Frau, die beschlossen hat, zufrieden zu sein.

Es gilt also: „Gib, und es wird dir gegeben werden: ein gutes, gedrücktes und gerütteltes und überlaufendes Maß wird man in deinen Schoß geben" (siehe Lk 6,38).

Anscheinend ist der beste Weg, mehr zu bekommen als du brauchst, das wenige herzugeben, das du glaubst, übrig zu haben – zur richtigen Zeit und auf die richtige Art und Weise. Ja, tatsächlich. Der beste Weg, erstaunlich zufrieden zu sein, ist, irrational auf Gottes Impulse zu reagieren, selbst wenn es dir aufgrund deines persönlichen Mangels als undurchführbar erscheint.

Setze die *Erklärung* um und fasse den Entschluss, zufrieden zu sein. Dann schaue in heiliger Erwartung himmelwärts und bereite dich mit gerafften, aufgehaltenen Röcken darauf vor, den Überfluss in die von dir vorbereiteten Rockbäusche zu empfangen. Erlebe diesen Augenblick ganz bewusst. Lass dich vollkommen los. Lass die Geschehnisse jedes einzelnen Tages sacken und sei auf Gottes überfließenden Segen vorbereitet.

§ *Was entdeckst du in deinem Herzen, wenn du das Maß deiner Bereitschaft, dich an etwas hinzugeben, überdenkst. Findest du dort Zufriedenheit oder eher Unzufriedenheit? Und wie äußert sich das?*

§ *Am Ende des vorigen Kapitels hast du eine Liste über Gottes Versorgung erstellt. Wähle eine Sache, die du aufgrund dieser Ressourcen sofort für jemanden tun könntest.*

§ *Schreibe auf, was du bei dieser Aussage denkst: „Manchmal ist das beste und wirkungsvollste Wort ganz einfach Nein. Das müssen wir lernen.*

Der Balanceakt

Ich hoffe, dir wurden die Augen geöffnet und du hast erkannt, wie vielen Nöten Gott in deinem Leben bereits begegnet ist, die du bisher ignoriert hast. Dennoch bin ich mir vollkommen bewusst, dass die Liste der unbefriedigten Bedürfnisse noch immer recht umfangreich sein kann. Vielleicht empfindest du den Weckruf Gottes, mit dem zufrieden zu sein, was er dir bereits geschenkt hat, ein wenig wie eine eingestandene Niederlage – als ob du dich mit dem gegenwärtigen Zustand, mit einem mittelmäßigen Leben abfinden müsstest. Vielleicht denkst du, die Entscheidung zur Zufriedenheit sei gleichzusetzen mit der Entscheidung, deine Wünsche und Sehnsüchte für die Zukunft zu unterdrücken und aufzuhören, dir mehr für dein Leben zu erhoffen.

Doch das Gegenteil ist der Fall. Zufriedenheit bedeutet, das Gleichgewicht zu finden, das Leben in diesem Augenblick zu genießen und doch voller Erwartung in die Zukunft zu blicken. Zufriedenheit ist der Wächter, damit unsere Wünsche nicht mit uns durchgehen. Sie ist der Schlüssel, dich von den Banden ungezähmter Begierden zu lösen, die in deinem Herzen aufwallen und unvermeidlich dein Leben kontrollieren. Sie machen dich zum Sklaven der Dinge, die du *nicht besitzt*, anstatt zu einem hingegebenen Teilhaber dessen, was du *tatsächlich tust*. Es ist die glaubensvolle Überzeugung, dass die Dinge, die Gott dir jetzt anvertraut hat, deine Dankbarkeit und Wertschätzung verdienen. Nicht nur weil sie für dich ausreichen, sondern weil sie *gut* sind.

Du wirst deine Begierden nicht los, indem du dich für Zufriedenheit entscheidest. Du bestehst ganz einfach darauf, dass sie den angemessenen, untergeordneten Platz in deinem Leben einnehmen und dich nicht herumkommandieren wie ein tyrannischer Diktator, der dich zwingt, dich seinen immer größer werdenden und ständig wechselnden Forderungen zu fügen. Es bedeutet, dass du deinen Sehnsüchten und Wünschen nicht länger erlaubst, dich zu kontrollieren und dich dessen zu berauben, was dir momentan gegeben ist. Sonst könnte es geschehen, dass du undankbar wirst und unfähig bist, das zu genießen, *was du hast*, weil Gott es nicht für angebracht hielt, dir *das* zu geben, *was du nicht hast*.

Diese Entscheidung für ein Leben in Zufriedenheit und Genügsamkeit ermöglicht es dir, dich mit Frieden und Leichtigkeit auf das Morgen zu freuen; ebenso eine angemessene Erwartungshaltung anstatt der Frustration und Gehetztheit, die wir sonst häufig im Hinblick auf die Zukunft empfinden. Sie ist dein Fahrschein für ein Leben mit Zielen und Ambitionen, begleitet von seinem expansiven, atemberaubenden Willen, ohne den Segen des Tages dafür opfern zu müssen.

In diesem *erstaunlich zufriedenen* Zustand empfängst du tatsächlich das Beste aus beiden Welten. Du erlaubst dir, die Dinge, die Persönlichkeit und das Leben, das du im Augenblick hast, so richtig zu genießen und gleichzeitig die Träume weiterzupflegen, die dein zukünftiges Wachstum und deine Belastbarkeit fördern.

So kann die Geschäftsfrau sich ausgiebig über die Erfolge des Tages freuen und zur gleichen Zeit hohe Erwartungen für den folgenden Tag hegen. Die Hausfrau lernt, im fröhlichen Chaos der momentanen Aufgaben aufzublühen und sich zugleich ruhig und gelassen auf die gemütlicheren Tage zu freuen, die die Zukunft für sie bereithält. Die unverheiratete Frau kann endlich ihre Unabhängigkeit genießen und muss nicht länger vorgeben, sie würde sie genießen. Genauso fröhlich kann sie auch gespannt sein, wie ein gemeinsames Leben mit ihrem Zukünftigen wohl aussehen mag. Sie muss weder die Hoffnung auf eine Heirat begraben noch in den bedrückenden Anflügen von Selbstmitleid und innerer Leere versinken.

Das Ganze ist ein Balanceakt. Eine heilige Gratwanderung. Eine echte Dankbarkeit für das, was der heutige Tag mit sich bringt und zugleich eine kontrollierte Erwartungshaltung für das, was der morgige Tag zu bieten hat.

In dieser sicheren und gesunden Haltung der Zufriedenheit ist es dir möglich, Wurzeln zu bilden und dich innerlich niederzulassen. Anstatt von ungezügelter Unzufriedenheit manipuliert zu werden, anstatt zuzulassen, dass diese Ruhelosigkeit dich in deinen Entscheidungen, deinen Beziehungen und bei sonstigen Gelegenheiten so beeinflusst, dass du nicht von Anfang an erkennst, dass du auf dem Holzweg bist, sorgt Zufriedenheit dafür, dass dein Verstand und deine Gedanken klar bleiben. Sie sind friedlich, beständig und ausgeglichen. Du bist glücklich, *hier* zu sein, und wenn Gott den richtigen Zeitpunkt für gekommen hält, bist du glücklich, *dort* zu sein.

Es ist der Entschluss, zufrieden und genügsam zu sein.

Es ist ein Entschluss, der dein Leben verändern wird.

§ *Lies dir noch einmal deine Antworten und Anmerkungen auf die Fragen dieses Abschnitts durch. Dann lies den Entschluss, den du gleich treffen wirst. Bete darüber. Lass dir Zeit damit. Komme zur Ruhe. Selbst wenn du von den Herausforderungen und Anforderungen des Lebens erschöpft bist, nimm dir einen Augenblick Zeit, um einmal tief durchzuatmen und auszukosten, was Gott dir anbietet, worum er dich bittet und was er dir verheißen hat, um es auch umsetzen zu können. Wenn du bereit bist, dann lies diese Erklärung laut vor. Vielleicht sogar in Anwesenheit einer Freundin, die dich auch in Zukunft unterstützen kann, dich daran zu halten. Dann unterschreibe sie mit deinem Namen.*

ERSTAUNLICH ZUFRIEDEN

Ich gelobe feierlich vor Gott, die jetzige Phase meines Lebens anzunehmen und so viel Zeit wie möglich dafür einzusetzen. Ich werde dem Drang widerstehen, diese Phase schleunigst hinter mich zu bringen oder zu umgehen. Stattdessen beschließe ich, in einer Haltung der Zufriedenheit zu leben.

_____

GANZ BEWUSST WEIBLICH

❧

Der Entschluss, sich für
das biblische Modell von Frausein einzusetzen

Der Zeitungsartikel

Die Reporterin der New York Times saß uns gegenüber in einem *Panera Bread Restaurant*. Überraschenderweise waren wir ganz entspannt, wofür ich sehr dankbar war.

Seit mein Mann und ich dieses Treffen vor Monaten arrangiert hatten, war ich ein wenig besorgt. Das hier war kein örtlicher Pressekanal oder Kabelsender mit eingeschränkter, demografischer Reichweite für eine kleine Zuhörergruppe. Es war die New York Times. Die „Graue Dame" mit ihren 160 Jahren. Sie wollten eine Geschichte, die die Rolle der Frau in Heim und Kirche darstellt. Aus irgendwelchen Gründen hatten sie beschlossen, in einem ausführlichen Artikel der Sonntagsausgabe Jerry und mich als Hauptfiguren vorzustellen.

Im Ernst?

Wir wussten nicht so recht, was wir davon halten sollten oder weshalb sie ein Ehepaar wie uns vorstellen wollten. Das Ganze roch ein wenig nach Falle. Vielleicht wollten sie uns als überholtes Relikt mit unzeitgemäßen Ansichten parodieren, als Menschen, die die Augen vor dem Fortschritt der modernen Frau von heute verschlossen haben. Ich konnte mir nur schwerlich ein Szenario vorstellen, durch das diese einflussreiche, säkulare Nachrichtenagentur uns und unsere Überzeugungen und Vorgehensweisen nicht als sonderbar und überholt darstellen würde.

Bereits Tage und Wochen vor diesem Treffen hatte ich darüber gebrütet, wie ich mich am besten darauf vorbereiten könnte. Ich war mir sicher, dass alles, was ich sagte, verdreht, missverstanden, aus dem Zusammenhang gerissen oder missverständlich wiedergegeben würde. Als die Verabredung näher rückte, wappnete ich mich innerlich, einem tyrannischen, antagonistischen, mürrischen und angriffslustigen Reporter zu begegnen, der nicht nur meine Ansichten über das Frausein im 21. Jahrhundert infrage stellen würde, sondern auch meine Ehe an sich.

Ich war ziemlich überrascht, als eine freundliche, dunkelhaarige Frau mit zierlicher Statur und breitem Lächeln mich umarmte, anstatt mir die Hand zu schütteln, und die Unterhaltung mit einem lockeren, ungezwungenen Geplänkel begann. Diese Reporterin war überhaupt nicht einschüchternd. Sie war einfach nur eine brillante Journalistin und Schriftstellerin, die selbst an der Schwelle zu einer neuen Eheschließung stand. Sie hatte diesen Auftrag zugegebenermaßen wegen der neuen Rolle angenommen, die sie bald selbst übernehmen würde, aber auch um ganz einfach ihren Pflichten als Reporterin nachzukommen. Ich war sehr angetan von der Art ihrer Fragen, angefangen bei unseren Ansichten über das Christentum, über Glaubensfragen und die Geschichte der Frau in der Kirche bis hin zu den Feinheiten unserer persönlichen Beziehung und meiner Stellungnahme zu einer biblisch begründeten Weiblichkeit in einer spätfeministischen Kultur. Es war leicht, sich mit ihr zu unterhalten, also entspannte ich mich und ließ mich auf die Unterhaltung ein.

Der Artikel erschien beinahe sechs Monate später. Die Überschrift lautete: „Die Hausfrauen Gottes" und der acht Seiten lange Artikel enthielt eine tiefgründige Abhandlung über Frauen im Allgemeinen, aber ausführlicher über unsere Ehe, unseren Dienst und darüber, wie unser Glaubenssystem – biblisch begründet auf der Rolle des Mannes als Oberhaupt und der Rolle der Frau als angepasste Partnerin – ganz praktisch in unserem Heim gelebt wurde.

Sie hatte ganz gute Arbeit geleistet und beide Seiten des Themas erläutert, wie es jeder gute Journalist tun würde. Die Menschen lasen das. Und sie reagieren darauf. Einige wussten unsere Freimütigkeit zu schätzen. Andere waren eher besorgt, dass ich mit solch antiquarischen Ansichten mich selbst, meine Stärken und meine Gaben auf ein eheliches und theologisches Gefängnis beschränken würde, dessen Schlüssel zur Freiheit nur in den feministischen Ideen und Prinzipien zu finden sei.

Die Debatte, die daraufhin folgte, wurde durch zahllose Blogeinträge und Kommentare auf Facebook angefacht. Dieses technische Forum ist zwar eher neuzeitlich und modern, der Interessenkonflikt jedoch nicht. Dieser Kampf tobt seit Jahrhunderten in den Herzen der Frauen. Einschließlich der christlichen Frauen. Während wir einerseits die vielen Rechte und Bestätigungen wertschätzen, die mutige Frauen in den vergangenen Jahren schwer erkämpft haben, wünschen wir uns gleichzeitig, die hochgeachtete Definition des Frauseins, wie es uns das Wort Gottes vermittelt, zu schützen. Das ist kein Rückzieher. Es ist vielmehr die Verpflichtung, den Einen zu ehren, der uns als Frau erschaffen hat, der uns am besten kennt und der immer wieder bewiesen hat, dass wir nur dann die absolute Erfüllung finden, wenn wir dem Plan, den er für uns entworfen hat, gehorsam sind.

Ein genauerer, objektiverer Blick zeigt uns, dass die Prinzipien und Ideale, für die Frauen über die Jahre in einem verzweifelten Versuch, eine gesunde Weiblichkeit neu zu definieren und wiederherzustellen, gekämpft haben, still und leise viel zu einseitig geworden sind. Natürlich haben die Aufschreie und Appelle dazu geführt, legitimierte Ungerechtigkeiten zu korrigieren. Ich meine damit die geringe Wertschätzung der Frau, die schon *immer* entgegen der biblischen Lehre und dem Herzen Gottes war. Doch haben viele – wenn nicht die meisten – dieser lautstarken Initiativen unser Geschlecht der Einzigartigkeit beraubt, zu der wir geschaffen wurden und die wir persönlich erfahren und repräsentieren sollen. Diese unabhängige, autonome und selbstbezogene Seite dieser Bewegung ist derart ausgeufert und zu einem Teil unserer kulturellen Denkweise geworden, dass wir oftmals den schädlichen Einfluss auf unser Handeln erst bemerken, wenn wir die zerstörerischen, chaotischen Konsequenzen zu tragen haben.

Die christliche Frau – eine Frau, die mit Stolz das Abzeichen der Weiblichkeit trägt, die ihr Vater ihr geschenkt hat – muss sich entscheiden, gegen den Strom zu schwimmen. Sie muss für ihre Überzeugungen einstehen und ihre Zuversicht in dem Einen gründen, der ihr diese ewigen Wahrheiten schriftlich hinterlassen hat. Sie muss zurückkehren zu Gottes Plan und seiner Definition von Frausein, damit sie mit Freude seine Segnungen empfangen, akzeptieren und erfahren kann.

Gottes Wege sind gut.

Alle seine Wege sind gut.

Du bist als von Gott erschaffene Frau dazu bestimmt, sowohl stark als auch verletzlich zu sein. Kraftvoll und doch sanft. Überaus tüchtig, dennoch bereit nachzugeben. Du bist intelligent, weise, kompetent, gleichwertig und selbstsicher im Umgang mit anderen, und doch zufrieden mit deiner gottgegebenen Rolle. Du bist ein Paradoxon – eine starke Mischung, die mit ihrer wohldosierten Energie überrascht, die mit ihrer geheimnisvollen Anmut andere inspiriert und anzieht, deren Lebensstil andere dazu bringt, ihre Einstellungen neu zu überdenken und zurechtzurücken. Du ziehst andere zu dem Gott, der eine Frau zu einem besonderen, tiefgründigen und faszinierenden Wesen macht.

Ganz bewusst weiblich.

Deine Bühne ist vielleicht nicht die *New York Times*. Sehr wahrscheinlich wird es meine auch nie wieder sein. Jedoch stehen wir alle tagtäglich auf einer Plattform, auf einem Posten, der uns jeden Morgen anvertraut wird, wenn wir die Beine aus dem Bett schwingen. Auf diesem Podium stehen wir täglich im Rampenlicht, wo das Leben, zu dem wir uns entschieden haben, die Schönheit einer biblischen Weiblichkeit entweder in beispielhafter Weise wiedergibt oder aber herabsetzt. Unsere Töchter werden entweder motiviert, sich danach auszustrecken oder sie zu bekämpfen. Unsere Söhne entweder ermutigt, sie wertzuschätzen oder sie auszunutzen.

Ja, diese Plattform wurde uns anvertraut. Folglich gibt es ein richtiges Publikum aus Freunden, Familie, Kindern, Arbeitskollegen und Bekannten, die uns beobachten. Nicht nur um zu sehen, wie wir äußerlich leben, sondern auch um unsere Einstellung zu diesem Leben zu prüfen.

Was für eine Art Frau wirst du sein?

Deine Antwort findest du im Herzen dieser *Erklärung.*

§ *Welche Bereiche haben die feministischen Ideale deiner Meinung nach bei Frauen beeinflusst?*

- ♦ die Kleidung
- ♦ das Verhalten
- ♦ ihre Entscheidungen

§ *Welche auffälligen Veränderungen hast du bei jungen Frauen bemerkt, die sich von dem biblischen Frauenbild abgewandt haben?*

§ *Welche biblischen Prinzipien des Frauseins empfindest du als einschnürend oder unterdrückend? Warum ist das so?*

§ *Bringe deine Bedenken über diesen Punkt im Gebet vor den Herrn, während du jetzt weiterliest. Bitte ihn, dir in dieser Zeit Antworten auf deine Bedenken zu geben und bekräftige die Prioritäten, die er für dich in diesem Bereich hat.*

Das Privileg, eine Frau zu sein

Kürzlich berichtete ein Nachrichtensender darüber, dass Agnostiker mindestens genauso viel über Gott wissen wie gläubige Menschen, wenn nicht sogar mehr. Man weiß nie so genau, was von solchen Studien zu halten ist, aber die Meinungsforscher hatten sich offenbar vor ein Kirchengebäude gestellt und die Menschen, die das Gebäude verließen, nach den Namen der ersten vier Bücher des Neuen Testaments gefragt. Die meisten wussten sie nicht.

Erschreckend, nicht wahr?

Ist es das wirklich?

In unserer Kultur werden christliche Veranstaltungen noch einigermaßen regelmäßig besucht und gefördert, dennoch ist es nicht besonders überraschend, dass unser Wissen um Gott und sein Wort traurigerweise ständig abnimmt. Und mancherorts ist dieser Mangel sogar noch offensichtlicher als das fehlende Wissen und die mangelnde Erkenntnis der biblischen Definition von Frausein. Der einzige Weg, unseren christlichen Glauben als Frau in einer von feministischen Idealen überschwemmten Kultur auszuleben und zu verfechten, besteht darin, klar zu erkennen, was dieser Glaube beinhaltet und uns ganz bewusst vor Augen halten, mit welcher Absicht Gott uns geschaffen hat.

Die Wurzel der feministischen Bewegung liegt in der Verschiedenartigkeit von Mann und Frau. Das ist noch immer eines der Hauptprobleme unserer modernen Gesellschaft. In der Schrift wird dieses Thema konkret angesprochen: Du bist nach Gottes Ebenbild geschaffen. „Und Gott schuf den Menschen nach seinem Bild ... als Mann und Frau schuf er sie" (1 Mose 1,27). Als Frau bist du nicht mehr und nicht weniger wert als dein männliches Gegenüber. Offensichtlich bist du anders, aber nur was deine Aufgaben und

Funktionen betrifft (das werde ich im nächsten Kapitel behandeln), jedoch nicht hinsichtlich deines Wertes.

Die Geschichte der Menschheit bezeugt uns seit Jahrhunderten, wie diese gottgegebene Wahrheit zu unangemessenen Vorstellungen und Vorurteilen verdreht wurde. Diese wiederum wurden durch unsere gesellschaftlichen Strukturen zu extremen Beispielen von Missbrauch und Unterdrückung ausgebaut. Das falsche Verständnis, es bestünde eine unterschiedliche Wertigkeit von Mann und Frau, hat bewirkt, dass viele Frauen schamlos ausgenutzt wurden. Ich bin ehrlich gesagt überrascht, dass es doch so lange gedauert hat, bis dieser kollektive Aufstand der Frauen gegen solch erniedrigende Vorurteile stattfand.

Du aber, liebe Schwester, bist in der Schöpfungsordnung nicht nur ein gleichwertiger Partner – Gott selbst hat dich als „gut" bezeichnet. Eigentlich sogar als „sehr gut" (siehe 1 Mose 1,31).

Du bist nicht nur „gut", sondern sogar *notwendig*.

Adam konnte nicht alleine die Aufgaben erfüllen, die der Schöpfer der Menschheit zugedacht hatte. Der Mensch brauchte einen Partner, jemanden, der ihm helfen würde, seinen Auftrag zu erfüllen. Ohne die Frau würden seine Bemühungen vergeblich sein.

Gott hat also von Anfang an hervorgehoben, wie wichtig die Frau ist. Sie ist 1. *gut*, weil sie nach seinem Ebenbild geschaffen ist und 2. *notwendig*, um Gottes Pläne auf der Erde umzusetzen. Schau dich einmal in dem Wirkungskreis um, in den der Herr dich gesetzt hat. Die Menschen und die Umstände, denen du begegnest, brauchen *dich*. Dein Einfluss, deine Erfahrung, deine Weisheit und dein weibliches Herz sind an diesen Schauplätzen unerlässlich, wenn die Resultate so ausfallen sollen, wie Gott es vorgesehen hat. Du bist kein Anhängsel, kein Nebengedanke, der kurzfristig unbemerkt wieder gestrichen werden kann. Ohne deine Beteiligung und deine Beiträge mangelt es an vielem. So hat Gott es eingerichtet.

Mit dem Sündenfall und dem Zerfall des menschlichen Allgemeinzustands wurde die Frau schnell abgewertet und in einen obskuren, zweitklassigen Status zurückversetzt. In den Geschichtsbüchern des Alten Testaments sehen wir selten, dass sie so wertgeschätzt, geachtet und behandelt wird, wie der Schöpfer es eigentlich vorgesehen hatte.

Jetzt tritt Jesus in Erscheinung. Mit dem Kommen des Messias im Neuen Testament hat Gott die signifikante Bedeutung der Frau wiederhergestellt.

Jesus Christus setzte durch seinen Lebensstil einer Kultur, die den Wert und die Bedeutung der Frau herabgestuft hatte, einiges entgegen. Als Mensch offenbarte er stattdessen das wahre Herz Gottes.

Im vierten Kapitel des Johannesevangeliums finden wir nur eine von vielen bemerkenswerten Situationen, in denen Christus seinen Respekt für die Frau und ihren natürlichen Wert ausdrückte:

> *Da kommt eine Frau aus Samaria, Wasser zu schöpfen.*
> *Jesus spricht zu ihr: „Gib mir zu trinken!"*
>
> Johannes 4,7

Das Erscheinen dieser Frau an dem Dorfbrunnen, wo Jesus zufällig saß, stellte ein riesiges Problem dar. Für Unkundige muss ich erklären, dass die traditionsbewusste jüdische Kultur der Antike den Kontakt zwischen Samaritern und Juden untersagt hatte. Was aber eine noch größere Tragweite hatte, war, dass ein Mann im ersten Jahrhundert niemals eine Frau in der Öffentlichkeit ansprach, nicht einmal seine eigene. Dass Jesus hier also mit dieser Frau sprach, war nicht nur in kultureller Hinsicht unschicklich, es wäre für eventuelle Zuschauer sogar höchst skandalös gewesen. Es war mehr als nur ein Verstoß gegen die Regeln – es war schockierend und schändlich.

Aber wir reden hier von Jesus – einem Revolutionär, der nie danach trachtete, sich geschmeidig den sozialen Richtlinien anzupassen. Er ging vielmehr dagegen an, um sie zu verändern und sowohl seiner als auch allen folgenden Generationen eine neue Weltordnung zu bringen. Genau das tat er hier. Er verwickelte sie nicht nur in ein belangloses Gespräch, er wollte auch ihre Meinung zu theologischen Fragen wissen. In der damaligen Zeit hätte ein Mann so etwas niemals einer einfachen Frau zugetraut. Trotz der herablassenden Haltung der Rabbiner und einer beinahe ungeteilten gesellschaftlichen Geringschätzung für Frauen, behandelte Jesus sie wie einen Menschen – wie einen intelligenten Menschen, wie jemanden, der zählte und der es genauso wert war, das „lebendige Wasser" des Messias zu trinken (Joh 4,10) wie jeder andere auch. In seiner Barmherzigkeit und Liebe bot er ihr ein Geschenk an, das sie in den Augen der meisten Menschen nicht verdient hätte: seine Gnade, seinen Schutz – sich selbst –, um sie zu reinigen, zu bewahren und zu stärken.

Jesus ließ durch sein Verhalten bei dieser göttlichen Verabredung keinen Zweifel aufkommen, dass Frauen nicht nur *wichtig* und *würdig*, sondern auch qualifiziert sind, etwas *anvertraut* zu bekommen. Er ließ ihr nicht nur das Geschenk der Errettung zuteilwerden, er vertraute ihr auch die Aufgabe an, seine Botschaft anderen Menschen mitzuteilen. Nach ihrer Begegnung mit Christus am Dorfbrunnen rannte sie nach Hause und erzählte allen, was ihr widerfahren war und drängte sie, zum Brunnen zu kommen und sich selbst ein Bild zu machen. Das Ergebnis? „Aus jener Stadt aber glaubten viele von den Samaritern an ihn um des Wortes der Frau willen" (Joh 4,39).

Wenn wir diese Wahrheiten aus dem Wort Gottes hören, sollten wir ein Verlangen bekommen, uns für die biblische Rolle der Frau in unserer unmoralischen Kultur stark zu machen. Weil er von uns sagt, dass wir …

… gut … notwendig … wichtig … wertvoll … und vertrauenswürdig sind.

Eine Frau zu sein, ist niemals ein Fluch, den man ertragen muss oder ein Wesensmerkmal, das man zu tolerieren hat. Es ist ein Geschenk, das geschätzt und geachtet werden muss. Gott hat für uns bestimmt, eine Beziehung zu ihm als Schöpfer und Vater zu haben und gemeinsam mit unserem männlichen Gegenüber die Liebesgeschichte des Verhältnisses Christi mit der Gemeinde offen darzulegen (Eph 5,22-31). Auf diese besondere Art und Weise können wir ihn und seine Liebe in einer unfreundlichen, kritischen und zerstörerischen Welt erfahren. Das ist unser Geschenk an unsere Generation und an die Welt, in der wir leben.

Siehe da! Welch ein Privileg, eine Frau zu sein!

§ *Wähle eine der vielen Rollen, die du momentan in deinem Leben spielst und notiere für jede einzelne, ob du …*

- ◆ dafür taugst
- ◆ dafür gebraucht wirst
- ◆ ein wichtiger Bestandteil bist
- ◆ würdig bist, Anteil daran zu haben
- ◆ vertrauenswürdig bist, deinen Part zu erfüllen

§ In welchen Situationen und von welchen Menschen wird deiner Meinung nach
der biblische Wert der Frau am meisten herausgefordert und hinterfragt?

§ Wie bringst du deinen Töchtern bei, ehrgeizig, gebildet und selbstsicher zu sein
und gleichzeitig den Lohn und den Segen von Unterordnung wertzuschätzen?
Erziehst du deine Jungs dazu, Frauen dieselbe Wertschätzung entgegenzubringen? Besprich ein paar kreative Vorgehensweisen mit guten Freunden.

Rollentausch

Ich muss ganz ehrlich zugeben, dass ich kaum etwas über Football weiß. Ich genieße es zwar, wenn ich die Jubelrufe und das Geplapper während eines NFL-Spiels im Hintergrund höre, wenn am Sonntagnachmittag der Duft des Abendessens durchs Haus zieht. Das erinnert mich an meine Jugendjahre. Ich muss jedoch gestehen, dass ich mir seither nie wieder ein ganzes Footballspiel angesehen habe … nicht ein Mal.

So viel weiß ich jedoch über den Profifootball: Die Spieler sind groß, sie haben riesige Muskelberge und sind unglaublich schnell. Sie zeigen an einem Spielnachmittag mehr Kraft und Athletik, als die meisten von uns in ihrem ganzen Leben zustande bringen. Aber so Respekt einflößend diese Jungs auch sind, sie sind nicht die mächtigsten Leute auf dem Spielfeld, wenn die Mannschaft sich aufstellt und auf das Spiel vorbereitet. Mich faszinieren immer die anderen Männer dort draußen – viele von ihnen wesentlich kleiner, älter und oft schon ein wenig kahl. Jeder von ihnen trägt ein schwarz-weiß gestreiftes Trikot. Sie stehen inmitten dieser Riesen, wedeln mit ihren gelben Flaggen und pfeifen. Meist sind diese Schiedsrichter nicht annähernd so groß wie die Sportler, mit denen sie das Spielfeld teilen. Dennoch wird das Spiel bei jedem einzelnen Kommando, jeder ihrer Anweisungen oder Entscheidungen unterbrochen. Jeder dieser stattlichen Männer wiegt mindestens 50 Kilogramm mehr, trotzdem halten sie bei deren Befehl sofort inne und folgen den Anweisungen.

Sie ordnen sich unter.

Stell dir vor, wie schwierig und unkontrolliert das Spiel verlaufen würde, wenn sie das nicht täten.

Wenn wir uns entscheiden, das biblische Modell von Weiblichkeit zu vertreten, müssen wir erkennen, dass Gottes Schöpfung nicht nur eine angeborene Wertschätzung für das weibliche Geschlecht beinhaltet, sondern auch eine festgelegte Ordnung. Menschliche Beziehungen sind nicht für einen ungehobelten Machtkampf angelegt, sondern vielmehr für eine selbstverständliche Akzeptanz klar definierter Rollen. Deshalb üben wir im Leben den größten Einfluss auf andere aus, wenn wir wissen, wie wir uns unsere eigene Willenskraft bewahren und zunutze machen können.

Überraschenderweise ist das nicht nur bei verheirateten Frauen ein Problem. Es geht hier um ein ganz allgemeines Prinzip. Selten wird eine *unverheiratete* Frau gefragt, wem sie unterstellt ist. Auch ein verheirateter *Mann* wird kaum gefragt, welcher Autorität er verantwortlich ist. Dennoch sollten wir uns *alle* diese unangenehme Frage stellen, denn letztendlich findet *jeder* von uns nur in Unterordnung die wahre Freiheit. Gemäß der Schrift verhält es sich so:

- Jeder Bedienstete soll sich seinem Herrn unterordnen – männlich wie weiblich (Kol 2,22).
- Jeder soll sich der Autorität seiner Regierung unterstellen – männlich wie weiblich (1 Petr 2,13).
- Jeder Gläubige soll sich seinen geistlichen Leitern unterordnen – männlich wie weiblich (1 Petr 5,5).
- Jedes Kind soll sich seinen Eltern unterordnen – männlich wie weiblich (Eph 6,1).
- Und ja, die Frau soll sich der Leiterschaft ihres Mannes unterstellen (Eph 5,22-23).

Wenn wir uns innerhalb dieser von Gott bestimmten Rollenverteilung unter einer rechtmäßigen Autorität bewegen, begeben wir uns unter die schützende Abdeckung des Herrn. Wir erfahren die Freiheit, die uns seine Wahrheit – und nur seine Wahrheit – zu bieten hat. Überschreiten wir diese Grenzen, haben wir bald ein Problem. So einfach ist das.

Du bist zweifellos stark und selbstständig, liebe Schwester, vielleicht selbstständiger und kompetenter als die Menschen, denen du dich unterordnen sollst. Du bist begabt und wirst gebraucht – du bist unverzichtbar. Du bist jemand nach dem Ebenbild Gottes. Dennoch wird all die Kraft, die in deiner Natur und in deiner Persönlichkeit strömt, nur dann zur vollen Entfaltung kommen, wenn du dich der rechtmäßigen, von Gott verordneten Autorität unterstellst. Wie der Profisportler, der ohne Weiteres den Schiedsrichter überwältigen könnte, wie der Angestellte, der tatsächlich organisierter ist als sein Chef, oder wie die Ehefrau, die offensichtlich eine überzeugendere Persönlichkeit besitzt als ihr Mann – sie alle müssen die Position respektieren, die der ihnen vorgesetzte Leiter innehat, ganz gleich für wie unzulänglich sie den anderen halten.

Die Weigerung, auf der vorgesehenen Spur zu bleiben und stattdessen die Fahrerposition einzunehmen, die uns nicht zusteht, führt unweigerlich zu Unzufriedenheit. Ich glaube tatsächlich, dass viel von der Enttäuschung, die Frauen erleben – die auch ich selbst erlebt habe – direkt auf die Weigerung zurückzuführen ist, uns an Gottes Modell des Frauseins anzupassen.

Gottes Ordnung ist ausschlaggebend – ganz gleich ob wir sie verstehen, ob wir mit ihr einverstanden sind oder ob wir sie überhaupt wollen. Wir werden nichts wirklich und vollständig genießen können, wenn wir nicht bereit sind, innerhalb unserer Position und unserer Grenzen zu bleiben.

Das ist einfach so.

Und ob du es glaubst oder nicht – es ist eine gute Sache.

Bei der ersten Welle der feministischen Bewegung im neunzehnten und zu Beginn des zwanzigsten Jahrhunderts sowie der zweiten großen Welle in den Sechzigerjahren galt das Grundanliegen jeder Initiative dem lautstarken Kampf um die Rechte der Frau. Obwohl einige dieser Rechte den Einsatz rechtfertigten, waren diese Bewegungen in erster Linie Kreuzzüge, um die Frau dem Mann nicht nur gleichzustellen, sondern sie *über* den Mann zu setzen. In manchen Fällen sogar über Gott. In all ihrem Bestreben nach Anerkennung hat jedoch keine dieser Bewegungen das wirkungsvollste Recht der Frau erkannt: das Recht, sich bereitwillig und würdevoll einer angemessenen Autorität zu unterstellen. Die Stärke einer Frau – eigentlich die wahre Stärke jedes Menschen – erweist sich dann am besten, wenn sie sich *nicht* in der Autorität einer gottgegebenen Leiterschaftsposition befindet, sondern in Unterordnung.

Selbst der mächtigste Mann, der je auf der Erde gelebt hat, verdeutlicht uns die Relevanz dieses Prinzips:

Obwohl er Gott war, bestand er nicht auf seinen göttlichen Rechten. Er verzichtete auf alles; er nahm die niedrige Stellung eines Dieners an und wurde als Mensch geboren und als solcher erkannt. Er erniedrigte sich selbst und war gehorsam bis zum Tod, indem er wie ein Verbrecher am Kreuz starb.

Philipper 2,6-8; Neues Leben

Wenn jemand, der so erhaben ist, so eine tiefe Demut aufbringen kann, um etwas viel, viel Größeres zu vollbringen, welche Ausrede wollen wir dann vorbringen, uns nicht genauso zu verhalten? Warum wollen wir nicht auf unsere angeblichen Rechte verzichten, um uns bereitwillig Gottes vorgesehenem Plan für die Menschen zur Verfügung zu stellen? Warum vertrauen wir nicht seiner Weisheit und Einsicht und geben ihm die Ehre – ganz gleich ob uns sein Plan gefällt oder nicht?

In unserer Kultur hat sich der Rollentausch bereits einen festen Platz gesichert. Die Auswirkungen sind niederschmetternd. Frauen haben die Autorität der Männer an sich gerissen und die Männer haben teilnahmslos ihre Rolle als Leiter vernachlässigt. Das Ergebnis sind zerrüttete Familien, unsichere häusliche Zustände, ungesunde Entwicklungen und problematische Vermächtnisse. Ehen zerbrechen, Wohnzimmer werden zu Kriegsschauplätzen. Verhärtete Fronten prallen aufeinander, entzünden sich, verletzen den anderen und ziehen jeden, der das mitbekommt, in Mitleidenschaft.

Doch Gott hat seine ursprünglichen Ansichten nicht geändert, nur weil aufgrund unserer eigensinnigen Missachtung seiner Struktur ein Chaos entstanden ist. Nur indem wir uns seinem Modell des Frauseins unterstellen, werden wir Frauen auch die Art Befreiung erfahren, die wir so verzweifelt anderswo suchen.

Ich verspreche dir, die Entscheidung zur Unterordnung bedeutet nicht, die weiße Fahne zu schwenken und dich mit einem herabgewürdigten Leben abzufinden, das deine Gaben und Talente abwertet. Ganz im Gegenteil, damit schaffst du die idealen Rahmenbedingungen, um dein wahres Potenzial zur vollen Entfaltung zu bringen. So, wie man ein Feuer am besten innerhalb der Begrenzung einer Feuerstelle genießen kann, wird sich auch deine Stärke am besten entfalten und den größten Nutzen bewirken, wenn du dich für die bewährten, sicheren Grenzen der von Gott errichteten Ordnung entscheidest.

Das ist die eigentliche Bedeutung von Unterordnung.

Unterordnung.

Da ist es wieder, dieses Wort. Das Wort, das selbst den Stärksten unter uns einen kalten Schauer den Rücken hinunterjagt. Je stärker, ehrgeiziger und selbstständiger du bist, desto eher bist du geneigt, bei diesem Gedanken innerlich zu erschaudern.

Unterordnung. Es bedeutet ganz einfach die Entscheidung, sich nach den Menschen, den Vorschriften und Prinzipien zu richten, die als Obrigkeiten für unser Leben bestimmt wurden.

Manche Menschen haben das missbraucht, da stimme ich zu. Manche haben das Prinzip falsch angewandt und somit dem Ehemann einen Freibrief gegeben, seine Frau zu bevormunden und sie wie einen Fußabtreter zu behandeln. Unsere instinktive Reaktion und unsere Wahrnehmung wurden durch den ständigen Einfluss des spätfeministischen Denkens beeinflusst und vermitteln uns den Eindruck, dass eine Frau, die sich unter die Autorität ihres Mannes stellt, in eine minderwertige Stellung verbannt wird.

Wäre dies Gottes ursprüngliche Absicht gewesen, warum hätte er dich dann so wertvoll erschaffen sollen (wie wir bereits im letzten Kapitel festgestellt haben), nur um dich dann wieder auf eine minderwertige Stufe herabzusetzen? Und warum sollte dann Jesus, der selbst in den Augen von Nichtgläubigen als höchst respektabel und mächtig galt, sich für ein Leben in absoluter Unterordnung entscheiden? Ein Leben, das er so beschrieb: „Denn ich tue immer, was ihm (dem Vater) gefällt" (Joh 8,29; Neues Leben – Klammer hinzugefügt).

Offensichtlich ist diese göttliche Verteilung der Rollen, der Grenzen und der Verantwortungsbereiche dafür angelegt, Segen in alle Richtungen zu verströmen. So wie Angestellte, Bürger, Gläubige und Kinder die größten Vorzüge genießen und die effektivste Arbeit verrichten, wenn sie sich bereitwillig und dankbar innerhalb der ihnen zugedachten Position und unter der angemessenen Autorität bewegen, so können auch Frauen ihr Leben in vollen Zügen ausschöpfen, wenn sie – im Vertrauen auf Gott – ihren Einfluss in Unterordnung ausüben.

Leider kommen nicht alle Leiter ihrer Verantwortung in einer guten Art und Weise nach. Wenn du verheiratet bist, ist es vielleicht dein Mann, der das nicht schafft. Aufgrund der Schwierigkeiten, die daraus resultieren, leiden du und deine Familie mehr oder weniger darunter. Jedoch wird dein Mann, so wie jeder Leiter in der von Gott geschaffenen Ordnung, dafür Rechenschaft ablegen, wie umsichtig, wie sorgfältig, wie hingegeben oder wie biblisch er mit seiner Rolle umgegangen ist.

Und du, liebe Schwester, wirst das auch.

Du bist genauso verantwortlich dafür, wie du mit deiner unterstellten Position umgegangen bist. Setze dein Vertrauen auf Gottes ewig treue Liebe und Güte, indem du ihm gehorchst, selbst wenn du dich lieber ganz anders verhalten würdest. Das soll natürlich nicht heißen, dass du jedem folgen sollst, der dich zur Sünde verleitet oder sich dir gegenüber missbräuchlich verhält. Wenn in deiner Ehe dein Gewissen und deine physische Sicherheit gefährdet sind, gehört es nicht zu den Verpflichtungen der Unterordnung, jeder Forderung nachzukommen, ohne sie infrage zu stellen. Verstehst du, was ich meine? Mache hier keinen Fehler, aber sei ehrlich zu dir selbst: Wie oft geht es bei deinem Widerstreben, jemandes Führung zu folgen, nur um gewisse Ansichten und Vorlieben, oder einfach nur um die allgemeine Weigerung, *überhaupt* dem nachzukommen, was jemand von dir erwartet?

Überdenke also noch einmal die Gefühle, die du bezüglich dieses Teils deiner Rolle als Frau empfindest. Stört dich der Gedanke, dich der Autorität eines anderen unterzuordnen? Wenn du verheiratet bist: Begehrst du dagegen auf? Wenn du unverheiratet bist: Nimmst du die Notwendigkeit ernst, eine biblische Einstellung zur Ehe anzustreben, solltest du eines Tages heiraten? Suchst du jetzt überhaupt – so wie du dein Leben führst –, nach einer geistlichen Abdeckung, indem du dich den Menschen gegenüber verantwortlich zeigst, die du respektierst und die dich durch ihre geistliche Reife mit starkem, hilfreichem Rat unterstützen können?

Auf jede Frau, die ihr Leben mit der Ordnung Gottes in Einklang bringt, wartet ein Ort der Freiheit und der Ruhe. Es ist an uns, die Lügen unserer Zeit zu entlarven und unsere Generation an die Schönheit und den wahren Wert einer Frau, die in göttlicher Unterordnung lebt, zu erinnern.

Das ist unser Entschluss.

§ *Um dich darauf vorzubereiten, den zweiten Punkt unserer Erklärung zu unterschreiben, lies folgende Aussage noch einmal: „Die Stärke einer Frau erweist sich nicht in der Demonstration ihrer Macht, sondern in der Fähigkeit, sich ihre Stärke unter der Autorität einer gottgegebenen Leiterschaft nutzbar*

zu machen." Denke sorgfältig darüber nach und lege dich fest, wie das ganz praktisch in deinem Leben aussehen soll. Mache diesen Schritt mit Zuversicht und wisse, dass du damit die Entscheidung triffst, dich Gottes ewigen, weisen Plänen anzupassen. Komme freimütig und setze deinen Namen unter diesen Punkt der Erklärung.

GANZ BEWUSST WEIBLICH

Ich werde mich inmitten einer feministisch geprägten Gesellschaft für Gottes Modell von Frausein stark machen. Ich werde es meinen Töchtern vorleben und lehren sowie meine Söhne ermutigen, es zu unterstützen.

_____

GANZ AUTHENTISCH

Der Entschluss, mich selbst und andere wertzuschätzen

Ein ausgefeiltes Design

Dienstagmorgen.

Das ist nicht nur ein Tag am Anfang der Woche. So lautet auch der Name eines nahe gelegenen Geschäfts, das tonnenweise Haushaltswaren zu Discounterpreisen vermarktet – ganz nach meinem Geschmack. Angefangen bei massiven Möbelstücken bis zu kleinem, dekorativem Schnickschnack findest du über die Gänge verteilt so ziemlich alles. Überall hängen plakative Schilder mit den Sonderpreisen. Genau aus diesem Grund war ich auch so begeistert, als unsere Innenarchitektin mit etlichen *Dienstagmorgen*-Tüten unsere fast fertig eingerichteten Büroräume betrat. Jede dieser Tüten war bis zum Rand gefüllt mit allen möglichen Dingen.

Wir hatten eine gut 200 Quadratmeter große Scheune und ein kleines Dreizimmerhäuschen renoviert, um sie als Büroräume für unseren Dienst und als Arbeits- und Studierzimmer für mich zu nutzen. Befreundete Nachbarn, Steve und Bridgette, hatten den ganzen Sommer damit verbracht, die Umbauten zu entwerfen, zu planen und zu organisieren. Sie kannten nicht nur bei den bautechnischen Details unsere Vorlieben, sondern auch unsere Schwäche für außergewöhnliche Schnäppchen. Wenn sie also zufällig irgendwelche Dekoartikel entdeckte, die nicht nur schön, sondern auch extrem günstig waren, konnte sie nicht widerstehen und kaufte sie.

Sobald Bridgette unsere Scheune bzw. unser Büro betrat, stürzten wir uns gemeinsam auf die Einkaufstaschen. Wir befühlten das Material, bewunderten die Farben, suchten geeignete Plätze für die Sachen und hielten jedes einzelne Teil hoch, um es genauer betrachten und beurteilen zu können. Wir hatten viel Spaß. Ich fühlte mich wie der Kandidat einer Fernsehsendung für

Neueinrichtungen. Jedes Teil war schöner als das andere. Jedes passte perfekt an den Platz, den Bridgette vor Augen hatte, als sie die Sachen kaufte.

Als wir bei der letzten Tasche angelangt waren, zeigte sie mir Gegenstände, die sie speziell für meine Arbeitsräume in dem kleinen Häuschen ausgewählt hatte. Wir hatten den winzigen Arbeitsbereich ganz bewusst in neutralen Farben gehalten. Also sehr schlicht, sehr neutral, denn ich hatte mich noch nicht entschieden, wie ich diese Räume gestalten wollte. Ich wusste noch nicht genau, was für eine Atmosphäre ich hier haben wollte. Sicherheitshalber ließ ich alles in Schiefergrau streichen. Der Fußboden, die Wandfarbe und die Arbeitsplatten waren alle in einem sauberen, klaren Cremebeige gehalten – ein perfekter Hintergrund für alle möglichen Möbel und Dekorationsgegenstände, die später noch hinzugefügt würden.

Aus diesem Grund war ich auch einigermaßen verunsichert, als Bridgette die letzte *Dienstagmorgen*-Tüte öffnete und eine einfache Stoffquaste hochhielt, die man an einen Türknauf oder Schubladenknopf hängen konnte. Sie war zweifellos schön. Feine Bändchen aus den unterschiedlichsten Materialien und Farbtönen entströmten einer kunstvollen Fassung, jedes einzelne mit einem Schimmer, der das natürliche, in den Raum eindringende Sonnenlicht einfing. Ich musste zugeben, dass es dort wirklich außerordentlich hübsch aussehen würde. Zudem war es extrem günstig, wie ich auf dem Preisschild entdeckte. Umgerechnet nicht einmal fünf Euro. Ein Grund mehr, es schön zu finden.

Aber irgendetwas störte mich daran. Ich saß inmitten des leeren, hallenden Wohnzimmerflurs und drehte die Quaste nachdenklich hin und her. Selbst als ich meinte, den richtigen Platz dafür gefunden zu haben, fühlte ich mich irgendwie unwohl bei dem Gedanken, sie zu behalten.

War es die Aufmachung der Quaste? Nein, ich fand sie wunderschön.

War es der Preis, der mich störte? Wohl kaum. Ich würde für diesen Preis nichts Vergleichbares finden.

Wenn es das nicht war, was dann?

Jetzt wusste ich es! Es war der erste Dekoartikel, den ich für meinen neuen Arbeitsplatz bekommen hatte und er hatte eine ganz bestimmte Farbgebung. Sehr hübsch, aber dennoch sehr markant. Würde ich ihn aufhängen, würde er meine sämtlichen folgenden Entscheidungen bezüglich der Dekoration bestimmen, mit der ich den ganzen Raum ausstatten wollte. Letztendlich würde ich alles absuchen müssen, um etwas Passendes dafür zu finden. Ich fand die Quaste zwar wunderschön, aber ich fühlte mich gleichzeitig nicht wohl bei dem Gedanken, alles andere auf etwas so Kleines und Unbedeutendes abstimmen zu müssen. Das erschien mir ein wenig abwegig, unverhältnismäßig und von hinten aufgezäumt. Ich stellte fest, dass ich ein paar grundlegende Entscheidungen treffen musste, bevor ich mich auf dieses kleine Detail festlegen konnte. Ich meine Dinge wie die Farbe, die Sitzgelegenheiten, die Teppiche, die Beleuchtung und die Wandbespannung. Einfach auffälligere Dinge, die wirklich wichtig waren. Dinge, die das Herzstück des Raumes ausmachen sollten.

Und keine Quaste.

Also gab ich sie zurück. So hübsch und günstig sie auch war, sie war mir einfach nicht wichtig genug, um meine ganze weitere Dekoration und jede weitere Entscheidung, die ich bezüglich dieses Zimmers treffen würde, nach ihr zu richten.

Nur zu schade, dass ich diese Einstellung nicht immer in meinem persönlichen Leben angewandt habe. Ich habe oft mein Selbstwertgefühl auf irgendwelche zweitklassige, inkonsequente Details oder Vermutungen gestützt. Wie ich aussah, in welche Clique ich passte oder wie ich den vorgegebenen gesellschaftlichen Maßstäben gerecht wurde – alles nur, um herauszufinden, was für eine Art Frau ich sein sollte und welchen Dingen ich die meiste Aufmerksamkeit und Zeit widmen sollte.

Immer wieder habe ich in meinem Leben so eine Quaste gekauft – viel öfter als ich zugeben möchte –, indem ich den Schwerpunkt auf niedrige, inkonsequente, belanglose und sogar völlig verkehrte und unangemessene Dinge legte, um die ich dann mein ganzes Leben arrangierte.

Aber das ging sicher nicht nur mir so. Vielleicht hast du irgendwo Bruchstücke falscher, weltlicher Ideologien oder Philosophien aufgeschnappt und hast daraufhin, um diesen Maßstäben zu entsprechen, deine Ansichten und letztendlich dich selbst geändert. Fühlst du dich gedrängt, die verzerrten gesellschaftlichen Beispiele und Ratschläge zu verkörpern, die du mit der Zeit angenommen hast, anstatt zu glauben, dass du genügst, so wie du bist? Vielleicht siehst du manches auch nicht im richtigen Verhältnis. Vielleicht bist du geprägt von einem einmaligen Ereignis oder einem momentanen Rückschlag und fühltest dich dadurch gezwungen, dein Leben darum herum zu bauen. Ehe du dich versiehst, wirst du von etwas kontrolliert, das überhaupt nicht das Recht hat, dich herumzukommandieren. Und jetzt manövrierst du dein Leben um eine Situation oder Idee herum, der du von Anfang an viel zu viel Spielraum gegeben hast.

Dieser Weg ist unausgewogen, von hinten aufgezäumt, unsinnig und falsch geordnet!

Wir müssen die größeren, weitreichenden Entscheidungen zuerst treffen. Wir müssen herausfinden, was wir mit dem Haus vorhaben, bevor wir überlegen, wohin wir die Dekoration hängen.

Deshalb ist diese *Erklärung* so wichtig für mich und für dich. Es geht um die Verpflichtung, uns selbst den wahren, echten Selbstwert zuzugestehen, der auf unseren von Gott gegebenem Wert, unseren Gaben und Fähigkeiten basiert. Wenn wir dieses grundlegende Problem erst einmal geklärt haben, wird alles andere angemessen zurechtgerückt werden. Dann haben wir die Freiheit, unser Leben auf dem aufzubauen, was wirklich zählt und alles andere auszusortieren.

Ich lege dir nahe, dass du etwas so Wichtiges wie dein Selbstwertgefühl nicht auf eine billige „Ein-Euro-Laden-Idee" gründest, die du auf einem philosophischen Flohmarkt ergattert hast, oder auf einer Wegwerfmeinung, die du in einer angesagten Tauschbörse gefunden hast. Das Leben, das du gerade renovierst, hält viel zu viel gottgegebenes Potenzial für dich bereit, als dass du dich in etwas so Niedriges verwurzeln solltest. Grabe tief und stütze dich auf die Wahrheit – die Wahrheit, wer du wirklich bist und was du der Welt zu bieten hast –, dann lass dein Leben um dieses unerschütterliche Wissen kreisen. Dieser Weg ist weder von hinten aufgezäumt, unausgewogen, noch unsinnig! Er ist beständig, sicher, vertrauenswürdig und stark – absolut entschlossen.

   § *Gibt es in deinem Leben irrelevante Zwischenfälle, die dein Selbstbild oder dein Selbstwertgefühl beeinflusst haben?*

   § *Hat sich der Dekorationsplan deines Lebens anders entwickelt, als du dir vorgestellt hattest?*

   § *Lies 1. Petrus 2,9-10 und schreibe die Aussagen auf, die deinen wertvollen Status ausdrücken. Nimm dir ernsthaft Zeit, diese Schriftstelle ausgiebig zu studieren und darüber zu meditieren, um tiefer in die offenbarten Wahrheiten einzutauchen.*

Von Gott erwählt

Gestern Abend sah ich im Fernsehen ein Interview mit einem weltbekannten Star. Sie sah wunderschön aus. Charmant. Ganz und gar die berühmte, erfolgreiche und gefeierte Persönlichkeit des öffentlichen Lebens, die wir alle von ihren Auftritten her kennen. Und gerade diese Frau, die von Millionen Menschen bewundert wird, die sich ein Vermögen, einen gesellschaftlichen Status und Berühmtheit erworben hat, sagte hier etwas völlig Unerwartetes. Auf eine Frage des Interviewers antwortete sie Folgendes: „Ich hatte noch nie ein gesundes Selbstbewusstsein. Ich habe keine Ahnung, wie man das bekommen kann. Ich versuche immer noch verzweifelt, das herauszufinden."

Wie bitte? Sie? Sie ist nicht mit sich zufrieden? Ich war schockiert. Eine so talentierte, angesehene Frau – sie war jetzt etwa Mitte fünfzig –, die fast nichts anderes kannte als eine prominente Sonderstellung einzunehmen, gab hier preis, welch inneren Kampf sie seit Jahren kämpfte: den jahrelangen Versuch, sich selbst zu entdecken und zu genießen.

Von Bekenntnissen wie diesem sowie aus unseren eigenen Kämpfen mit den gleichen Gefühlen wissen wir, dass sich unser wahres, dauerhaftes Selbstwertgefühl auf etwas gründen muss, das außerhalb des Sichtbaren und Äußerlichen ist.

Nicht nur auf *etwas*, sondern auf *jemanden*.

Höre die originalen Worte, die er zu einem jungen Mann spricht, der in ähnlicher Weise den Bezug zu einem gesunden Selbstverständnis verloren hatte.

Noch ehe ich dich im Mutterleib formte, habe ich dich ausersehen,
noch ehe du aus dem Mutterschoß hervorkamst, habe ich dich geheiligt,
zum Propheten für die Völker habe ich dich bestimmt.

Jeremia 1,5; Einheitsübersetzung

Lies diesen Vers noch einmal. Lass diese drei überwältigenden Aussagen auf dich wirken und höre mit den Ohren einer Tochter, die aufmerksam der Stimme ihres Vaters lauscht.

„Ich habe dich erwählt."

„Ich habe dich geheiligt."

„Ich habe dich bestimmt."

Das bist du in Wirklichkeit. Eine auserwählte Frau. Eine geheiligte Frau. Eine Frau mit Bestimmung. Es ist kein Zufall, dass du gerade in diesem Augenblick hier sitzt, dieses Buch in den Händen hältst und den ernsthaften Wunsch hegst, ein paar notwendige Entscheidungen zu treffen, die dein ganzes Leben umkrempeln werden. Es ist kein Zufall, dass du gerade jetzt in diesen Umständen lebst, mit diesen besonderen Problemen zu tun hast, während du dich innerhalb deiner auf dich zugeschnittenen Fähigkeiten und Möglichkeiten bewegst.

Gott hat dich geschaffen und dich an diesen Platz gestellt. Zu einem bestimmten Zweck.

1. *Er hat dich erwählt.* Du bist Teil eines von göttlicher Hand entworfenen, sorgfältig ausgearbeiteten und für die Ewigkeit relevanten Plans. Aus Gründen, die du vielleicht nicht ganz verstehst oder mit denen du nicht übereinstimmst, hat Gott dich als sein Eigentum auserwählt. Das war keine vorschnelle, halbherzige Entscheidung seinerseits. Es war eine ganz bewusste, gewollte Handlung von Gott selbst, die er nach sorgfältiger Überlegung und mit Weisheit traf.

Diese *Erwählung*, wie sie in unserem Vers beschrieben wird, setzt ein gewisses *Kennen* voraus. Deine Erwählung basierte auf einer tiefen, vertraulichen Kenntnis deines wahren Ichs. Selbst wenn du dir einfach nicht vorstellen kannst, warum Gott jemanden wie dich an bestimmten Aktivitäten teilhaben lassen will, hat er dafür seine guten Gründe. Er hat dich mit allem, was dazugehört, erwählt, an dem Werk teilzuhaben, das er zu diesem Zeitpunkt in der Geschichte vollbringen will. Wie ein Trainer, der umsichtig erwägt, welchen Läufer er in welchem Abschnitt eines Staffellaufs auf die Bahn schicken sollte, so hat sich auch Gott genau überlegt, für welchen Teil des Laufs er dich bestimmt hat.

Deshalb bist du jetzt hier. In genau *dieser* Situation.

Mit *dieser* Herausforderung.

Mit *diesem* Mann verheiratet.

Mit *diesen* Menschen befreundet.

Mit *diesem* Problem beschäftigt.

In genau *dieser* Nachbarschaft.

An der Spitze *dieses* Ausschusses.

An *dieser* Aktivität beteiligt.

Mutter genau *dieser* Kinder.

Mitten in *diesem* Leben.

Das ist nicht zufällig so geschehen, sondern du wurdest von *dem* Trainer *erkannt* und *auserwählt*, der dich eindeutig für geeignet, ausgerüstet und fähig hält, so erstaunliche Pläne mit einer so ausgefeilten Präzision auszuführen.

Du bist die eine, meine Liebe.

Du – bist – die – eine.

Diese überwältigende Erkenntnis brachte meine Freundin Anna eines Tages auf ihre Knie und löste eine wahre Tränenflut aus. Voll Dankbarkeit und Anbetung strömten die Tränen unablässig über ihr hübsches Gesicht und tropften bald schon von ihrem Kinn herab. Sie war kürzlich erst zurückgewiesen worden … wieder einmal. Es war ihre zweite geplatzte Verlobung und das hatte den letzten zarten Strohhalm ihres hauchdünnen Selbstwertgefühls zerbrochen, der in ihrem Herzen noch übrig geblieben war. Du kannst dir vorstellen, wie sie sich fühlte. Sie fühlte sich ungeliebt, verkannt und wertlos und glaubte, allen Grund dafür zu haben. Ihrer Ansicht nach war das nicht wiedergutzumachen und gab es wenig an ihr, das für jemanden attraktiv genug wäre. Jetzt nicht mehr. Nicht nach all dem. Wem muss man mehr als zwei Mal zeigen, dass niemand ihn will? Und das auf eine so demütigende, persönliche und verletzende Art und Weise?

Jedoch das Wort, das Jesus an seine Jünger, an Anna und an uns richtete, brachte überraschend viel Kraft und Frieden in ihr Leben – ebenso wie damals, als Gottes Wort an Jeremia erging: „Ihr habt nicht mich erwählt, sondern ich habe euch erwählt" (Joh 15,16). Sie hatte diesen Satz zuvor in der Schrift gelesen, aber noch nie so. Noch nie zuvor hatte der Geist Gottes ihn so beleuchtet, hervorgehoben und jedes Wort mit der Präzision göttlicher Klarheit verdeutlicht. *Ich habe dich erwählt.* Die Worte lagen auf Annas Herzen wie eine lindernde Salbe, bedeckten die klaffenden Wunden und erquickten die vertrocknete Landschaft ihres Herzens. Mit dieser Aussage begann eine neue erkenntnisreiche Reise für sie. Es sind jene Offenbarungen, die jeder von uns hören, empfangen und begrüßen muss, wenn wir jemals die Pläne, die der Herr für uns hat, umsetzen wollen. Dein Selbstwert, wie meiner, muss aus der Erfahrung dieser unverdienten vollkommenen Erwählung durch Gott kommen.

2. *Er hat dich geheiligt.* Du bist nicht wie die anderen Staffelläufer. Wenn du die ganze Zeit nur auf die Läuferin hinter oder vor dir schauen würdest und wünschtest, du hättest ihre Fähigkeiten und Talente, würdest du deinen eigenen Lauf vernachlässigen. Wir brauchen keine Einheitsläufer. Wir brauchen geheiligte Läufer. Hingegebene Läufer. Läufer, die sich ganz und gar ihrer bestimmten Aufgabe widmen und ihre einzigartige Rolle erfüllen. Läufer, die ihren Abschnitt des Rennens in dieser Zeit, an diesem Ort laufen.

„Geweiht" zu sein birgt den Gedanken, sich einem bestimmten Zweck zu einer bestimmten Zeit zu widmen, vorbereitet zu sein für die Gelegenheiten, wo du – zur rechten Zeit, am rechten Ort – am meisten gebraucht wirst und wo du am besten du selbst sein kannst. Ähnlich verhält es sich mit dem besonderen Geschirr in deiner Vitrine. Vielleicht war es ein Hochzeitsgeschenk. Es wird die meiste Zeit hinter Glas aufbewahrt, mit Blick auf den Küchentisch im Nebenraum, wo das Alltagsgeschirr den ganzen Spaß für sich alleine hat. Aber wenn dann diese besonderen Anlässe nahen, jene Momente, die nach etwas ganz Besonderem verlangen, dann ist nur das edle Service gut genug.

Du bist ein geheiligtes Gefäß, von Gott für jene besonderen Zeiten abgesondert, an denen deine Einzigartigkeit zur vollen Entfaltung kommt und wertgeschätzt wird: „ein Gefäß zur Ehre, geheiligt, nützlich dem Hausherrn" (2 Tim 2,21). Er hat dich in Christus gesegnet mit „jeder geistlichen Segnung in der Himmelswelt" (Eph 1,3). Er hat dich freigesetzt, dich ganz und gar dem Leben zu widmen, für das er dich bestimmt hat. Indem du dich ganz eng an ihn hältst, wird er dir treu seine Wege offenbaren.

Kürzlich bekam ich eine E-Mail von einer jungen Schriftstellerin, in der sie mir ihr Herz ausschüttete. Sie war der Ansicht, ihre Art zu schreiben hätte nicht genug Tiefe und Spannung. Sie erwähnte einige andere Autoren, die sie bewunderte, und wünschte, ihr Schreibstil würde mehr an den Stil dieser Autoren heranreichen. Sie schrieb: „Wenn es so wäre, würde ich diese Bibelstudie ja zu Ende schreiben." Während ich ihre Ausführungen las, dachte ich daran, dass es mir oft genauso ging, wenn ich mir wünschte, ich hätte mehr von der Tiefe oder Kreativität, die ich bei anderen bewunderte. Doch musste ich gelegentlich selbst daran erinnert werden, was ich dieser jungen

Frau antwortete: Manche Leser werden nur dann zuhören, gewisse Dinge verstehen und akzeptieren, wenn sie in *deinen* Worten, aus *deiner* Perspektive geschrieben sind und sozusagen aus *„deinem Mund"* kommen. Jeder von uns ist von Gott erschaffen, um *seinen* Teil zu erfüllen. Wenn wir das nicht tun, weil wir es für nicht gut genug halten, kommt es zu einem schmerzlichen Verlust. Irgendwo gibt es irgendjemanden, der gerade dich braucht – in deiner Einzigartigkeit –, und der darauf wartet, dass du deine Berufung ergreifst.

Nimm also deinen Platz ein. Ergreife deine besondere Rolle. Komme in den Genuss, dir deine Stärken zunutze zu machen, ohne dich im Sumpf deiner Schwächen und Unterschiedlichkeiten zu suhlen oder aber dich von den Eigenschaften bedroht zu fühlen, über die du dich bei den Menschen, die du bewunderst, vielmehr freuen solltest. Du bist kein Fehler, kein Zufallsprodukt. Du bist übernatürlich und ganz bewusst von dem allmächtigen Gott erschaffen worden. Du bist von außergewöhnlicher Bedeutung.

Anstatt zu versuchen, andere zu beeindrucken und zu übertreffen, und anstatt dich zu schämen, weil du gewisse Dinge nicht hast oder kannst, solltest du dich vielmehr freuen, ein lebendiges, wandelndes, atmendes Beispiel dessen zu sein, was die Gnade Gottes aus einer Frau machen kann, die er mitsamt ihren Schwächen abgesondert hat, um ein geheiligtes Gefäß in seinen Diensten zu sein. Du bist ein besonderes „Gedeck" mit einer besonderen Bestimmung. Ein Meisterwerk, das der besonderen Anlässe würdig ist.

Daran gibt es nichts Alltägliches.

3. *Er hat dich bestimmt.* Erwählt und geheiligt zu sein ist tatsächlich eine große Ehre. Aber mache dir nichts vor – damit geht viel Verantwortung einher. Einer der Gründe, warum Gott dich erwählt hat, ist, dich in die Lage zu versetzen, in deinen persönlichen Umständen bestimmte Ergebnisse zu erzielen. Jesus führte den Gedanken folgendermaßen aus: „Ihr habt nicht mich erwählt, sondern ich habe euch erwählt und euch dazu bestimmt, dass ihr hingeht und Frucht bringt" (Joh 15,16).

Somit kannst du darauf vertrauen, dass er dich jetzt an den Platz gestellt hat, wo du persönlich am produktivsten sein kannst. Selbst wenn du vielleicht von Natur aus nicht besonders zufrieden bist mit dem Menschen, mit dem er dich zusammengeführt hat, selbst wenn du nicht übermäßig glücklich mit deinen momentanen Umständen bist, kannst du dir trotzdem sicher sein, dass Gott dich ganz bewusst und zu einem bestimmten Zweck genau dorthin gestellt hat. Er hat den „Boden" ausgesucht, in dem du gerade wächst.

Jede Jahreszeit und jede Witterung geht erst durch seine Hände, bevor du damit in Berührung kommst. Alles ist von Gott entworfen, um dich mit den Bedingungen zu umgeben, die deine einzigartigen Gaben und Fähigkeiten optimal zur Entfaltung bringen. Um zu wachsen und Frucht zu bringen.

Wie jeder Landwirt erwartet auch er, das zu ernten, was er gesät hat. Aus Apfelkernen sollten Apfelbäume wachsen. Radieschensamen sollten Radieschen hervorbringen. So sollten auch deine Samen eine für dich spezifische Ernte einbringen. Es macht also keinen Sinn, die Frucht eines anderen Menschen hervorbringen zu wollen. Deine Aufgabe besteht darin, zu jeder Zeit all deine Gaben, Fähigkeiten, Vorlieben und Leidenschaften in dein momentanes Leben einzubringen und zu glauben, dass sie gut genug sind, um die Frucht hervorzubringen, die von dir erwartet wird.

Vertraue ihm. Er kennt dich. Er hat ganz besondere Pläne für dich.

Ich weiß nicht, mit was für Problemen du dich momentan herumschlägst in dem Bemühen, ein gesünderes Selbstbewusstsein zu erlangen. Aber ich weiß, dass der einzige Weg dorthin nur über die Rückbesinnung auf deinen echten, authentischen Wert führt, den du in den Augen Gottes besitzt. Er hat dich erwählt, abgesondert und dafür bestimmt, dass du Frucht bringst. Er hat dich so sehr geliebt, dass er dich unvergleichlich gemacht hat. Er hat dir eine Aufgabe zugeteilt, die nur du allein mit seiner überfließenden Kraft und Hilfe vollbringen kannst.

Beschließe, dich selbst zu lieben; dich so zu lieben, wie er dich geschaffen hat.

§ *Wähle mindestens einen der folgenden Verse aus. Meditiere darüber und lerne ihn auswendig.*

♦ Epheserbrief 2,10 – eine Aussage, wie wichtig du für Gott bist.

♦ Jeremia 1,5 – die Bestätigung, dass du von Gott erwählt bist.

♦ 2. Korintherbrief 3,5 – der Nachweis, dass du in Gott alles hast, was du brauchst.

§ *Überlege, welche Dinge du nicht geschafft hast, weil du dich unzureichend ausgerüstet oder zu unwürdig gefühlt hast, um das umzusetzen. Wähle eine dieser Herausforderungen aus und nimm sie noch diese Woche in Angriff.*

Zufrieden mit dir selbst

… mit deinem wahren Ich.

Es kann schwierig sein, diese Realität zu erfassen, und nur wenige Menschen erfahren sie tatsächlich. Viele Frauen verbringen die meiste Zeit ihres Lebens damit, sich zu wünschen oder vorzugeben, sie wären jemand anders. Sie kommen nicht in den Genuss der wahren Freiheit, einfach sie selbst sein zu können. Manche Frauen haben unter großen Anstrengungen viele Jahre damit verbracht, sich von ihrer Einzigartigkeit zu entfernen, dass sie sich nicht wiedererkennen würden, wenn sie einmal ihrem wahren Ich gegenüberstehen würden.

Jedoch ist es für jede Frau, die sich danach sehnt, ihre eigentliche Bestimmung zu finden, absolut vorrangig, ihre ursprüngliche, von Gott erschaffene *Persönlichkeit* zu entdecken und zu genießen.

Du bist das einzige Exemplar deiner selbst, das die Welt besitzt. Das einzige, das wir auch tatsächlich brauchen. Du bist die eine Frau, die nach Psalm 139 …

- von Gott erforscht wurde,
- von ihm erkannt ist,
- von ihm gesehen wird,
- von ihm beschützt wird,
- von ihm umgeben ist,
- von ihm gesegnet ist,
- von ihm geleitet wird,
- von ihm gestärkt wird,

- von ihm unterstützt wird,
- von ihm ausgezeichnet gemacht wurde,
- von ihm geführt wird.

Hast du jemals ernsthaft versucht, dich mit dem Menschen vertraut zu machen, der Gott dermaßen wichtig war, dass er so viel Zeit und Aufmerksamkeit in seine Erschaffung gesteckt hat und ihm beständig so viel Rückhalt gibt? Wenn du die äußere Fassade entfernst, alle Masken fallen lässt und jede Art von Verkleidung und Verstellung ablegst, dann bleibt die unverfälschte Persönlichkeit übrig, die in den Augen Gottes unglaublich kostbar ist. Eine Frau, die absolut fähig und einzigartig geschaffen wurde, um die Bestimmung für ihr Leben zu erfüllen.

Das bist *du* – genau so, wie du ursprünglich sein solltest.

Nimm dir also Zeit, die Dinge wiederzuentdecken, die dich in Wirklichkeit beschreiben und ergreife sie ganz neu: deine Gaben, deine Talente, deine Leidenschaften, deine Eigenarten, deine Abneigungen, deine Schwächen, deine Interessen und deine Einzigartigkeit – alle in ihrem ursprünglichen, unverdorbenen Zustand. Aber lass dir Zeit dabei. Entledige dich der Klischees und Fassaden, der Fehleinschätzungen und Makel, die du benutzt hast (wissentlich oder unwissentlich), um dich selbst zu finden. Das wird dich vermutlich viel Zeit und Mühe kosten, und die Entscheidung, von nun an ein authentisches Leben zu führen, wird dir noch mehr abverlangen. Vielleicht musst du die Hilfe einiger enger Freunde in Anspruch nehmen, um dich darin zu unterstützen.

Als Erstes bitte sie darum, dir aus ihrer Sicht aufzuzeigen, was dich so einzigartig macht. Oft ist es für jemanden, der dir nahesteht, leichter, dich so zu sehen, wie du wirklich bist. Schönheit wird schnell zur Gewohnheit. Genialität empfindet man mit der Zeit als normal. Man gewöhnt sich an sich selbst. Du übersiehst die erstaunlichen, bemerkenswerten Seiten, die dich so einzigartig machen, weil du dich inzwischen so an sie gewöhnt hast. Deine Besonderheit wird unscheinbar, wenn sie zu einem Teil deiner täglichen Routine wird.

Öffne also dein Ohr und höre gut zu, wenn dir jemand sagt, was er in dir sieht. Schreibe dir diese Dinge auf. Verinnerliche sie. Nimm sie an. Deine Gaben und Fähigkeiten, deine Persönlichkeit und dein Temperament – diese Dinge machen dich zu einer bemerkenswerten, einzigartigen Persönlichkeit.

Das ist dein wahres *Ich*. Mit deinen Stärken und … genau, auch mit deinen Schwächen.

Zweitens, finde heraus, wie und warum du es vernachlässigt hast, dich über diese besonderen Eigenschaften zu freuen und sie zu gebrauchen. Entscheide dich ganz bewusst, in Zukunft deine Einzigartigkeit wertzuschätzen. Stelle dir vor, was für ein wundervolles Geschenk diese Rückbesinnung auf deine eigentliche Persönlichkeit im Laufe der Jahre für dich werden könnte, ja sogar schon in den nächsten Wochen. Die Aussicht, in echter Freiheit leben zu können, unbelastet von dem Stress, Eindruck auf andere machen zu müssen oder jemand zu sein, der man eigentlich gar nicht ist. Nicht länger verzweifelt versuchen zu müssen, seine vermeintlichen Unzulänglichkeiten auszugleichen. Bringe dich stattdessen in Einklang mit dem Willen Gottes, anstatt ständig seine Pläne zu bekämpfen und an dem Eigentlichen vorbeizuleben.

Nimm dich selbst an.

Erkenne und bewahre den Wert, den er in dich hineingelegt hat.

Ein Entschluss, der sich lohnt.

- 🙚 *Schreibe die einzigartigen Eigenschaften auf, die andere in dir sehen. Welche davon überraschen dich?*

- 🙚 *Schreibe auf, wie du ganz bewusst diese Eigenschaften wertschätzen und einsetzen kannst.*

- 🙚 *Inwiefern würden deine Familie, dein Dienst oder deine Freundschaften davon profitieren?*

Der Siegeszug der Komplimente

Das schöne Geschlecht hat meinen Mann schon immer fasziniert und beeindruckt, aber dennoch irgendwie irritiert. Er hat in den Jahren unserer Ehe eine Fülle weiblicher Eigenheiten entdeckt, die er zugegebenermaßen nie so recht verstehen wird. Zum Beispiel wieso man zu einem Wochenendausflug mehr als ein Paar Schuhe einpacken muss. Oder wie einfache Unterhaltungen zu einem genüsslichen Hobby ausarten können. In den zwölf Jahren, seit wir zusammen sind, hat er mir schon viele Fragen gestellt in der Hoffnung, einige dieser Rätsel zu entschlüsseln. Trotz all meiner schönen Erklärungsversuche, lächelt er meist nur, tätschelt mir liebevoll die Wange und verlässt mit einem ungläubigen Kopfschütteln den Raum.

Ich glaube, manche Dinge, die für eine Frau sonnenklar sind, wird ein Mann nie verstehen.

Eine Sache vielleicht noch weniger als alle anderen: die Art Komplimente, die eine Frau einer anderen geben darf.

Kürzlich hörte er, wie ich zu einer Freundin sagte, dass der Rock, den sie trug, ihre hübschen Beine betonte. Er hörte auch, wie ich zu einer anderen sagte, ihre Haarfarbe und ihre Frisur seien einfach entzückend. Er sieht, wie andere Frauen auf mich zukommen und mir ihre Wertschätzung für ein bestimmtes Persönlichkeitsmerkmal ausdrücken oder mir einfach mitteilen, wie hübsch sie die Bluse finden, die ich gerade trage.

Er kann beim besten Willen nicht verstehen, wie so etwas funktioniert. Männer tun so etwas einfach nicht, erklärt er mir. Zum Beispiel würde ich nie erleben, dass er die Frisur eines anderen Mannes rühmte, oder wie er einem Freund sagte, sein hochgeschlossenes Hemd würde seine breiten Schultern betonen. Und falls ich je mitbekommen sollte, dass ein anderer

Mann ihm die Art Komplimente machte, die sich nur Frauen untereinander leisten können, hat er mir sogar nahegelegt, dafür zu sorgen, dass sich dieser Bursche nicht allzu oft in seiner Nähe aufhält.

„Solche Dinge tun wir einfach nicht", sagt er.

Aber wir tun solche Dinge, meine liebe Schwester. Und wir sollten das noch viel, viel öfter tun.

Wir Frauen sind in einer Art und Weise beziehungsorientiert, wie es die meisten Männer nicht sind. Wir blühen in unseren Frauenfreundschaften auf und schätzen die Anerkennung, die wir darin finden. Das hat seinen Grund. Wir können die Bewunderung anderer Frauen viel besser annehmen, weil damit keinerlei Hintergedanken verknüpft sind. Es gibt keine unterschwelligen Absichten. Es ist einfach ein ehrlicher, ermutigender Zuspruch von einer anderen Person.

Obwohl unser Selbstwertgefühl niemals von den Komplimenten oder der Zustimmung anderer abhängig sein sollte, erfahren wir einen nicht unerheblichen Segen, wenn wir von anderen Frauen Bestätigung erfahren. Während die Wertschätzung eines Mannes oft schmeichelhaft wirkt, bringen die Komplimente einer Schwester eine Reinheit, Einfachheit und sanfte Kraft mit sich, die uns erfrischt. Wir fühlen uns bestätigt, unterstützt und angenehm entspannt. Solche Komplimente bewirken aber noch etwas anderes, etwas ungemein Wichtiges: Sie zerstreuen jede Art von Konkurrenzdenken.

Wenn du diesen Punkt der *Erklärung* ernst nimmst – ich meine, die Entscheidung, dich selbst in deiner Einzigartigkeit anzunehmen –, wirst du letztendlich anderen Frauen genauso gerne dieselbe Anerkennung erweisen wollen. Dann bist du frei von dem zeitraubenden, frustrierenden Bestreben, andere an deine persönliche Erwartungshaltung anzupassen. Du gestattest ihnen, sie selbst zu sein. Als zusätzlichen Bonus wirst du ihre Außergewöhnlichkeit besser genießen können. Du kannst die Dinge, die sie besser können als du, entspannt rühmen und weiterempfehlen, weil du vollkommen zufrieden mit dir selbst und deinen eigenen, besonderen Fähigkeiten bist.

Dieser Entschluss wird nicht nur dich verändern. Es wird auch die Frauen bereichern, mit denen du zusammenkommst, wenn sie die Bestätigung erfahren, die deinem natürlichen Selbstbewusstsein entspringt. So sollte unser Mandat, unser Feldzug aussehen. Eine durch die *Erklärung* verknüpfte Frauenbewegung, die sich der Aufgabe gewidmet hat, deren Inhalte im Leben der Frauen verwirklicht zu sehen.

Das könnte unser Siegeszug werden.
Ein Siegeszug der *Komplimente.*
Das ist unser Geschenk, von Schwester zu Schwester.

§ *Nimm dir Zeit, um deine Notizen über diesen Abschnitt durchzugehen. Überlege was für dich notwendig ist, um authentisch zu leben. Ebenso welche Freiheiten du genießen wirst, wenn du das umsetzt. Zusätzlich finde heraus, welchen Frauen du nur zögerlich Komplimente machen würdest und aus welchem Grund. Nimm dir fest vor, sie in dieser Woche für den einzigartigen Wert zu rühmen, den sie für dich darstellen. Lies deinen Beschluss laut und unterschreibe ihn mit deinem Namen.*

GANZ AUTHENTISCH

Ich werde mich über meine gottgegebene Einzigartigkeit freuen und die Besonderheiten wertschätzen, die er in andere hineingelegt hat.

_____

DEM HERRN TREU ERGEBEN

❧

Der Entschluss, mich Jesus Christus treu hinzugeben
und meine Identität auf sein Wort zu gründen

Göttliche Verabredungen

Mein Herz denkt an dein Wort: „Sucht mein Angesicht!"
Dein Angesicht, Herr, will ich suchen.

Psalm 27,8; Einheitsübersetzung

Der Susan-B.-Anthony-Dollar wurde von der US-Regierung erstmalig im Jahr 1979 geprägt, danach noch einmal im Jahr 1999. Er war die erste offizielle Münze im Umlauf, die das Abbild einer Frau trug. Sinn und Zweck der Münze war, die Fortschritte und den Einfluss unseres Geschlechts auf unser Land zu würdigen.

Es gab nur ein Problem. Die Silbermünze war kleiner als eine normale Dollarmünze und sah eher aus wie ein Vierteldollar. Viele Menschen verwechselten deshalb die beiden Münzen. Obwohl sich beide Münzen in ihrem Wert deutlich voneinander unterschieden, war ihr Aussehen auffällig ähnlich. Deshalb konnte sich die Öffentlichkeit mit dem Susan-B.-Anthony-Dollar nicht so recht anfreunden und so wurde er schließlich aus dem Umlauf genommen.

Du, liebe Schwester, wurdest nach dem Ebenbild Gottes „geprägt" und „aus der Finsternis zu seinem wunderbaren Licht berufen" (1 Petr 2,9). Christus hat dich als seine Tochter und Miterbin „seines Erbes in den Heiligen" (Eph 1,18) mit einem hohen Wert ausgestattet. Gott selbst hielt dich für geeignet, die Gaben, Talente und Einzigartigkeit zu erhalten, die er in dich hineingelegt hat. Du bist …

… erstaunlich zufrieden.

… ganz bewusst weiblich.

… authentisch.

Aber das ist noch nicht alles. Du hast auch noch die Gelegenheit – ihm *treu ergeben* zu sein.

Natürlich bringt die Investition eines derart großen göttlichen Schatzes in das Leben eines Menschen eine gewisse Verantwortung mit sich und wir sollten es als ein Vorrecht betrachten, darauf zu reagieren. Er verdient unsere Entscheidung, treu und beständig entsprechend des Wertes zu leben, der uns beigemessen wird. Durch Gottes reichlich geschenkte Gnade können wir der Welt den uns innewohnenden Wert veranschaulichen. Wir sollten uns niemals in dem Mischmasch der Welt verlieren – also die Dollarmünzen mit den Vierteldollarmünzen vermischen, indem wir uns, getrieben von niedrigen Beweggründen und Interessen, dem Erscheinungsbild anderer so sehr angleichen, dass man uns nicht mehr von der Masse unterscheiden kann. Unser Ziel sollte vielmehr sein, die Verantwortung für unser Verhalten zu übernehmen, sie einzig und allein unserem Gott und seinem Wort anzugleichen und uns mit Hingabe der Bestimmung zu widmen, die wir hier auf der Erde haben.

Das ist das Bestreben einer Frau, die Gott *treu ergeben* ist.

- Wir sind Frauen, die sich an seiner Stimme orientieren, indem wir zuhören, sie beherzigen und unseren Willen seinem Willen anpassen.
- Wir sind Frauen, die den Siegeskranz der Schrift gegenteiligen Meinungen und Ansichten entgegenhalten.
- Wir sind Frauen, die sich letztendlich nicht vor irdischen Autoritäten verantworten, sondern vor dem Einen, der uns geschaffen, geliebt und uns als sein Eigentum berufen hat.
- Wir sind Frauen, die mit der himmlischen Berufung im Sinn und der leisen, himmlischen Stimme im Herzen leben.
- Wir sind in der Welt, aber nicht von der Welt. Wir werden nicht von ihr beherrscht, vereinnahmt oder gedrängt.
- Wir haben eine himmlische Berufung, verfolgen seine Ziele und werden von der Leidenschaft getrieben, die er in unser Herz gelegt hat.

Das unterscheidet uns von anderen. Wir sind einzigartig. Inmitten einer von Sünde und Feindschaft gegen Gott verseuchten Kultur sind wir ihm und dem Siegeskranz seines Wortes treu ergeben. Der Schreiber des Hebräerbriefs beschreibt ein überraschendes Beispiel dieser Art treuer Ergebenheit:

Daher, heilige Brüder, Teilhaber der himmlischen Berufung, betrachtet den Apostel und Hohenpriester unseres Bekenntnisses, Jesus, der treu ist dem, der ihn dazu gemacht hat, wie auch Mose in seinem ganzen Hause!
Hebräer 3,1-3

Wie bitte? Mose und treu? Tatsächlich?

Wenn wir einen kurzen Blick auf seine frühen Jahre werfen, scheint das nicht der Fall zu sein. Mit „frühen Jahren" meine ich die Zeit, als er achtzig und noch älter war. Er war als ägyptischer Prinz aufgewachsen und musste um sein Leben fliehen, nachdem er einen seiner Landsleute brutal ermordet hatte. In den folgenden vierzig Jahren lebte er unter weniger attraktiven Umständen und hütete Schafe – ein Job, der weit unter seiner Gehaltsklasse und seinem Bildungsniveau lag. Eines Tages aber wurde er von Gott überrascht, indem er aus einem brennenden Busch zu ihm sprach und ihn mit einer viel privilegierteren Aufgabe betraute: Er sollte Israel aus der Gefangenschaft führen. Mose hatte zu diesem Auftrag jedoch nur eine Unmenge von Ausreden parat, warum er diese Aufgabe nicht erfüllen konnte. Als er schließlich einverstanden war und Gottes Anordnung akzeptierte – aber nur nachdem Gott alle seine Überredungskünste angewandt hatte – war es kein Geheimnis, dass er aufgrund der Wankelmütigkeit des Volkes Israel oft die Geduld verlor und sein Temperament mit ihm durchging. Am Ende kostete ihn sein Ungehorsam gegenüber den Anweisungen des Herrn seinen Eintritt in das von Gott für sein Volk ausgesuchte verheißene Land.

Also …

Wenn ich den Hebräerbrief verfasst hätte, wäre Mose als Beispiel für Treue wahrscheinlich nicht meine erste Wahl gewesen. Dennoch hat der Schreiber ihn ausgewählt und als treu „in seinem (Gottes) ganzen Hause" beschrieben.

Ich frage mich, wie Mose wohl reagieren würde, wenn er diesen Vers heute lesen könnte. Wahrscheinlich wären ihm alle Niederlagen und Fehlentscheidungen eingefallen, die sich im Laufe seines Lebens angesammelt hatten. Er wäre vielleicht peinlich berührt, würde ungläubig den Kopf schütteln und sich fragen, ob der Schreiber noch bei klarem Verstand war, als er diesen Text verfasste. Wenn er daran dachte, wie er gelebt hatte, war er eher ein gutes Beispiel dafür, wie *Untreue* ganz praktisch aussieht. Aber sicherlich kein Beispiel für *Treue*. Also bitte!

Kannst du das nachvollziehen? Vielleicht ist dein Blick mit der gleichen Verzagtheit auf den vierten Punkt unserer *Erklärung* gefallen. So viele Patzer und Irrtümer fallen dir wieder ein. So viele Fehleinschätzungen. Wie solltest du es je schaffen, diesem Anspruch zu genügen und ein besonders hingegebener, vollkommen abgesonderter Mensch zu werden, der sich als treu „in seinem ganzen Haus" erweist?

Dann sollte uns Moses Beispiel viel Hoffnung und Ermutigung vermitteln. Denn trotz seiner langen Liste von Unzulänglichkeiten, gab es etwas in seiner Lebensgeschichte, in seinem Vermächtnis und seiner Hinterlassenschaft, das als würdig erachtet wurde, wiederholt hervorgehoben zu werden – für Menschen wie uns, die wir uns nur allzu sehr wünschen, unser Leben würde ebenso bemerkenswert verlaufen. In diesen einfachen Versen des dritten Kapitels verbirgt sich das wesentliche, entscheidende Thema, um das sich die gesamte Lebensgeschichte von Mose drehte.

Der Schlüssel lag in seiner Berufung.

Sie war „himmlisch" (siehe Vers 1).

Trotz aller Pannen und Missgeschicke, hielt Mose an der Berufung fest, die der Herr auf sein Leben gelegt hatte. Er war dem treu, „der ihn *eingesetzt* hat" (Vers 2; Schlachter). Selbst im turbulenten Strudel von Schuld und Bedauern, trotz der lauten Musik der Dekadenten, die ihn zum Tanz luden, konnte er immer noch das sanfte Flüstern des Himmels vernehmen, das ihn aufforderte, momentane Gefühle und Ambitionen zu ignorieren, um dem Willen Gottes Folge zu leisten. Und genau darin unterschieden sich er und sein Volk von allen anderen.

Er war nicht vollkommen, aber er war zielgerichtet.

Er war nicht ohne Fehler, aber er war gekennzeichnet von der Gegenwart Gottes.

Er marschierte zielstrebig auf ein höheres Ziel zu. Eine überwältigende, bezwingende Kraft bestimmte sein Verlangen, nach dem zu streben, was seinem Gott wichtig war und nicht nach dem, was die Menschen von ihm erwarteten. Der Gesamtüberblick über sein Leben offenbart uns einen Mann, der sich nicht von irgendwelchen Launen und vergänglichen Leidenschaften mitreißen ließ, die ständig versuchten, seinen Blick von der himmlischen Berufung wegzulenken. Er war auf dem Weg nach Kanaan. Seine Ziele waren Milch und Honig. Selbst dann, wenn es bedeutete, sich aus den Trümmern der Niederlage und Entmutigung wieder aufzurappeln, hielt er erst an, als

Gott selbst ihm nicht gestattete, weiterzugehen. Er hatte eine himmlische Berufung – einen Auftrag, der seine Prioritäten, sein Bestreben und seine Leidenschaft zurechtrückte. Er war nicht vollkommen, aber dafür beharrlich.

Er war treu.

Wie Mose haben auch wir das Privileg, Anteil an einer Berufung himmlischen Ursprungs zu haben. Wenn du genau hinhörst, kannst du sogar jetzt, in diesem Augenblick, das Echo dieses Rufes in deinem Herzen hören, nicht wahr? Er lädt dich ein, dich mit ihm auf eine abenteuerliche Reise zu begeben. Wenn du diese Zeilen liest, gehe in dich, ob du nicht eine innere Sehnsucht empfindest, mehr in deinem Leben zu erfahren. Wenn die Inhalte und Möglichkeiten dieser *Erklärung* eine brennende, heilige Erwartungshaltung in deinem Herzen hervorrufen, dann spürst du den Ruf des Himmels – einladend, lockend und ermutigend. Ja, der Himmel ruft nach den treu Ergebenen, die nicht nur jeden Morgen aufwachen und lauschen, sondern auch reagieren, wenn sie seine Stimme hören. Dieses leise Stöhnen, dieser innere Schrei der Seele sehnt sich nach den ewigen Dingen und nicht nach dem, was die Welt zu bieten hat. Vollwertige Münzen, keine Bruchstücke. Das erzeugt in uns eine gewisse Unruhe, wir spüren einen inneren Schmerz, den wir nie so recht stillen können. Ein Schmerz, der nie zulässt, dass wir uns mit den Silbermünzen unserer Gesellschaft zufriedengeben.

Gott hat uns in Christus unterschiedlich geschaffen und jetzt fordert er uns auf, nach den Dingen zu streben, für die er uns gemacht hat. Das zeichnet die treu Ergebenen aus – jene, die Gottes Weg erkennen, annehmen und verfolgen. Menschen, die wissen, er wird dafür sorgen, dass seine Berufung verwirklicht wird. Die „Treuen" sind die Menschen, die sich entschlossen haben, die Pfade des irdischen Erfolgs zu verachten, um stattdessen die göttliche Mission zu erfüllen, die unser himmlischer Vater ganz gezielt und einzigartig für uns vorbereitet hat.

Dies mag auch der Grund sein, weshalb eine Mutter es vielleicht vorzieht, zu Hause zu bleiben und ihrer Familie den Vorzug zu geben, weil sie weiß, dass ein attraktives, jedoch äußerst zeitraubendes Stellenangebot sie von dem abhalten würde, was am meisten zählt.

Die himmlische Berufung.

Deshalb wird auch die unverheiratete Frau sich weigern, das Angebot eines angesehenen Herrn anzunehmen, für den eigentlich alles spricht, außer dass er keinen Sinn für geistliche Dinge und kein Interesse an Gottes Absichten für ihr Leben hat.

Die himmlische Berufung.

Sie ist es, durch die die Leiterin eines Dienstes ermutigt wird, ihre Studien, Planungen und das Bauen des „Hauses Gottes" weiter voranzutreiben, selbst wenn der Finanzhaushalt etwas trostlos aussieht.

Die himmlische Berufung.

Sie bewirkt, dass eine Frau treu an ihrer Ehe festhält, ohne irgendwelche echte, erwähnenswerte Sicherheiten zu haben, an denen sie sich sonst festhalten könnte.

Die himmlische Berufung.

Sie ist ein Ruf an die Treuen. An dich und mich. Der Ruf, unsere Augen auf ihn und seine Pläne zu richten und dann – durch die Kraft des Heiligen Geistes – hinzugehen und sie in unserem Verwandten- und Bekanntenkreis und in unseren Aufgaben zu verwirklichen.

Welchen Eindruck hast du hinsichtlich deiner himmlischen Berufung? Was glaubst du, war Gottes detaillierte Absicht, als er dich erschaffen und in diese Generation, zu genau diesem Zeitpunkt gestellt hat? Weißt du es? Hast du das Verlangen, es herauszufinden, wenn du morgens aufwachst und dem Flüstern des Himmels lauschst? Beginne am besten damit, in dem treu zu sein, was er dir gerade vorgelegt hat. Nimm die Impulse deiner Seele wahr, wenn der Geist Gottes dir verdeutlicht, zu was du heute berufen bist. Strebe danach, es um jeden Preis zu erfüllen.

Ungeniert – fleißig – treu ergeben.

Psst – höre zu.

Der Himmel ruft nach dir.

§ *Inwiefern ermutigt und inspiriert dich das Beispiel von Mose?*

§ *Wie wirst du gegen den rationalen oder gesellschaftlichen Druck vorgehen müssen, um der Berufung deines momentanen Lebensabschnitts treu zu bleiben?*

Glaube oder Treue?

Indem ihr erkennt, dass die Bewährung eures Glaubens Ausharren bewirkt.
Jakobus 1,3

Eine Adlermutter wird ihre Jungen immer mit wilder Entschlossenheit bewachen. Sie baut ihr Nest hoch über dem Boden, wo es sicher und geschützt vor Eindringlingen ist. Sie polstert es mit behaglichen, weichen Materialien aus und baut so einen hübschen, gemütlichen Ruheplatz für ihre Jungen.

Ein Adlernest besteht aber noch aus anderen Dingen, die nach außen hin nicht sichtbar sind. Unter dieser weichen, kuscheligen Schicht hat sie ein Fundament aus Steinen, Stöckchen und anderen spitzen Gegenständen gebaut – eine recht kuriose Konstruktion, die ihre heranwachsende Brut schon bald entdecken wird. Wenn die Adlermutter die Zeit für gekommen hält, wird sie das Nest aufschütteln und es dabei fast auseinandernehmen. Dadurch legt sie den stacheligen Unterbau frei, auf dem die Jungen mit ihrem zarten, weichen Hinterteil nun sitzen müssen. Jetzt ist es kein bequemes, kuscheliges Nest mehr für ihren Nachwuchs. Es ist jetzt extrem ungemütlich – ein Ort, von dem die Kleinen so schnell wie möglich wegkommen wollen.

Ja, eine Adlermutter ist wild entschlossen, ihre Jungen zu bewachen. Sie ist aber genauso entschlossen, dafür zu sorgen, dass sie ihr volles Potenzial entwickeln. Also hat sie ihre Aufgabe erst dann vollständig erfüllt, wenn sie es den Jungen so ungemütlich gemacht hat, dass sie endlich bereit sind, die Realität dessen zu erfahren, wozu Gott sie geschaffen hat:

Sich auf ihre Füße zu stellen … ihre Flügel auszubreiten und … zu fliegen!

Wie das Adlernest beinhaltet der Begriff von Treue mehr, als nach außen hin sichtbar ist. Es geht hier nicht nur um die bequeme, ungeprüfte Zusammenfassung der Überzeugungen eines Menschen – seines Glaubens –, sondern vielmehr um die tatsächliche Umsetzung in Taten. Treue bedeutet mehr, als eine feste Überzeugung zu haben. Sie bedeutet, aus dieser festen Überzeugung eine Vorwärtsbewegung zu machen. Es ist eine Sache, eine ganze Reihe starker Überzeugungen zu haben, aber dich fest auf sie zu stellen, die entsprechenden Entscheidungen zu treffen und dein ganzes Leben mit ihnen in Einklang zu bringen, ist eine ganz andere.

Das ist Treue.

Diese Treue wird dann geboren, wenn sich die sichtbare Bekundung deiner Überzeugungen mit der Zeit leer gelaufen hat. Das geschieht meist in schwierigen Zeiten. Treue wird in schwierigen Zeiten geläutert und zum Leben erweckt. Du wirst erst dann jemanden als treu einstufen, wenn du gesehen hast, dass er in einer bestimmten Phase oder Situation steht, wo andere schon längst das Handtuch geworfen hätten. Je öfter und beständiger sich jemand so verhält, desto mehr wird er für seine Standhaftigkeit und Ausdauer geachtet.

Beispielsweise wäre es eine echte Zeitverschwendung, wenn wir uns die Zeit nähmen, alle Seiten dieses Buches intensiv durchzuarbeiten, unsere *Erklärungen* zu unterzeichnen, erwartungsvoll über die Auswirkungen zu sprechen, nur um dann das Buch zuzuklappen und einfach so weiterzuleben, als ob wir nie irgendwelche Entscheidungen getroffen hätten. Wir würden im Grunde genommen die kuschelige Behaglichkeit des Nests genießen, ohne jemals die Auswirkungen zu erleben, die diese Erklärungen in uns bewirken sollen. Wir können wohl glauben, dass sie Auswirkungen haben. Aber wenn wir nicht dementsprechend handeln, werden wir niemals die Frucht sehen, die sie eigentlich hervorbringen sollen. Wir werden nie mit den Flügeln des Geistes Gottes fliegen, nie in die Bereiche vordringen, in die wir durch sein Wort Zugang haben.

Entschlüsse zu fassen, macht uns nicht zu einem treuen Menschen. Sie entsprechen nur den Adlerjungen im Nest. Erst wenn das Nest aufgewühlt wird und du deine Flügel ausbreitest, nur wenn du fliegst, ganz gleich wie schwer es dir fällt, mit den Flügeln zu schlagen … nur dann kannst du beweisen, ob du treu bist.

Treu der himmlischen Berufung.

Wie bei Jesus. Während seines irdischen Lebens lernte er „an dem, was er litt, den Gehorsam" (Hebr 5,8). Obwohl er immer fest entschlossen war, den Willen des Vaters zu achten und darin auch absolut erfolgreich war, bewies er seine Treue, indem er sie Tag für Tag auslebte, Schwierigkeiten bewältigte, seinen Willen dem Vater unterstellte (Lk 22,24), Bitten und Flehen darbrachte (Hebr 5,7) und sich den Zielen seines Vaters verpflichtete, ungeachtet seines eigenen, menschlichen Verlangens, die Kreuzigung und den Tod zu umgehen. Als Ergebnis „ist er vollendet allen, die ihm gehorchen, der Urheber ewigen Heils geworden, von Gott begrüßt als Hoherpriester" (siehe Hebr 5,8-9). Er war auf seine eigentliche Bestimmung vorbereitet, weil er Gehorsam auf die harte Tour lernte. Er musste gegen den Strom schwimmen. Er wehrte sich mit seinem freimütigen Bekenntnis gegen die bitteren Bedrohungen des Lebens, indem er sich vollkommen dem Vater unterwarf und rückhaltlos seinem Plan verpflichtete.

Das ist Treue.

Wenn sogar Christus selbst – Gott in Menschengestalt, unser höchstes Vorbild von Heiligkeit und Gerechtigkeit – es erwählte, sich zu demütigen, um sich als treu zu erweisen, dann gilt für uns sicherlich dasselbe.

Ich hoffe, du bist ein glaubensvoller Mensch. Du bist jedoch auch berufen, ein *glaubenstreuer* Mensch zu sein. Wenn du bei der Arbeit bist. Wenn du dich mit Freunden triffst. Wenn du finanzielle Probleme hast. Wenn du vor einer schweren Entscheidung stehst. Wenn du dein tägliches Leben lebst, aber wünschst, das eines anderen Menschen zu führen. Wenn du dich aber entschließt, ihm *treu ergeben* zu leben, ermöglichst du dadurch, beständig durch die Erkenntnis Gottes und seines Wortes geleitet zu werden – deine Schritte, deine Hände, deine Gedanken, dein Herz – entgegen allem, das vielleicht genau das Gegenteil zeigt.

In einer von ständigem Wandel und unglaublichen Möglichkeiten geprägten Welt, erscheint eine Frau, die entschlossen ist, treu ergeben für den Herrn zu leben, wie eine Kuriosität. Wie ein Rätsel. Aber dieses Anderssein ist es wert, eine beharrliche und starke Haltung einzunehmen. Sich vollständig zu fühlen und keinerlei Mangel zu haben – vorbereitet zu sein für die großartigen Werke, die Gott für sie hat, ist es wert, untypisch zu leben.

Für die Werke, die Gott für *dich* hat.

Für seine treu ergebene Tochter.

§ Beschreibe mit deinen eigenen Worten den Unterschied zwischen Glauben und Treue.

§ Würdest du dich selbst als einen treuen Menschen bezeichnen? Wenn ja, in welchen Bereichen deines Lebens?

Auf ein Wort

Die Bibel. Sie ist unser geschätztes Kleinod. Doch wie mit vielen anderen wertvollen Dingen auch, tendieren wir oft dazu, sie als eine Art zusätzliche Last zu empfinden. Die Bibel repräsentiert für uns oft etwas, das wir „tun müssen", meist sogar etwas, das wir „nicht getan haben". Vielleicht lackieren wir gerade unsere Fingernägel oder bringen unseren Haushalt auf Vordermann. Vielleicht surfen wir auf unseren Lieblingswebseiten oder gehen mit Arbeitskollegen zum Mittagstisch. Vielleicht haben wir es uns abends auf dem Sofa gemütlich gemacht oder drücken gerade die Schlummertaste des Weckers, da fällt uns plötzlich ein:

„Ich muss noch in der Bibel lesen."

(Ein langer Seufzer.) „Wo ist sie bloß?"

Nur allzu schnell fangen wir an, das Lesen der Bibel als Last zu empfinden, es sei denn wir erkennen, dass sich unsere *Treue* Gott gegenüber auf unsere Beziehung zu seinem Wort gründet. Er hat uns sein Wort gegeben, damit wir daraus lernen und uns daran erfreuen können. Es erquickt uns. Es weckt Verlangen nach einer innigen Beziehung zu ihm, das er tief in unser Herz gelegt hat. Es spricht zu uns. Es zeigt uns, wer er ist. Es macht uns unser Versagen bewusst, es wird uns aber auch den wiederherstellenden, erlösenden Segen des Gehorsams nahebringen. Nicht nur das. Ebenso, wie eine Bestrahlungstherapie auf eine Krebszelle wirkt, so soll uns sein Wort wiederherstellen, selbst wenn scheinbar nichts Außergewöhnliches geschieht.

Sein Wort zu lesen ist keine Last oder nervige Pflicht.

Es ist Leben. Es ist Liebe. Es ist die lebendige Wahrheit, hart wie Granit und dennoch sanft wie eine Babyhaut.

Es soll nicht nur gelesen, sondern regelrecht absorbiert werden. Wir sollen darin baden, danach leben.

Es soll uns inspirieren, formen und bestimmen.

Warum? Weil es lebendig ist. Es ist nicht nur ein Buch, das geschrieben wurde, um uns über historische Tatsachen zu informieren. Es ist belebt durch seinen Geist und dient zu unserer Erbauung. Es soll hinsichtlich des Willens Gottes für unser Leben ganz vertraulich und persönlich zu uns reden. Wenn du während des Lesens genau „zuhörst", wirst du spüren, wie der warme Atem Gottes deine Wange streift, wenn sein Geist die altbekannten Worte für deine aktuelle Situation neu belebt. Meistens vernimmst du den Ruf des Himmels, wenn du dich von seinem Wort durchtränken lässt. Die Fähigkeit, beharrlich danach zu streben, das Label „als treu erfunden" zu erlangen, entsteht aus der Ermutigung, die du durch seine Gebote empfängst. Da Treue eine Frucht des Geistes ist (Gal 5,22), kannst du sicher sein, dass sein Geist in dir synchron mit der Ermutigung arbeitet, die du durch das beständige Verinnerlichen seines Wortes empfängst. Es hilft dir, dem Ziel nachzujagen, dem „Kampfpreis der Berufung Gottes nach oben in Christus Jesus" (Phil 3,14).

Ich möchte diesen Teil des Buches über *Treue* gegenüber dem Herrn langsam zu Ende bringen. Hierin habe ich dich ermutigt, eine Frau zu sein, die – gekennzeichnet durch ihre Hingabe an ihre himmlische Berufung – einen entsprechenden Lebensstil führt. Und möchte dich zusätzlich ermutigen, auch weiterhin diese persönliche Hingabe an sein Wort zu pflegen. Ohne sie wirst du dich verirren und deine Kraft verlieren. Die Bibel ist ein göttlich inspiriertes Werkzeug, um dich zu leiten und dich für ein treu gelebtes Leben auszurüsten. In einer Welt, die von gegenteiligen Ideen und Gedanken überschwemmt ist, soll das Wort dich ständig daran erinnern, wer du bist, wozu du hier bist und wem du eigentlich gehörst.

Du gehörst ihm. Sein Wort gibt dir Gewissheit darüber.

Deshalb möchte ich dir auch diese lange Liste von ermutigenden Aussagen geben, die direkt aus dem Wort des lebendigen Gottes stammen. Sie sind keine wörtlichen Zitate der Schrift, sondern eine Neuformulierung der angemerkten Verse, damit du sie für dich in der Ichform proklamieren kannst. Du musst sie nicht unbedingt alle auf einmal lesen. Ich hoffe, du kehrst in zukünftigen Jahren immer wieder an diese Stelle zurück, um vielleicht ein halbes Dutzend von ihnen zu lesen. Damit vertiefst du die Gewissheit, wer du bist, wem du gehörst und was diese herrliche, ewige und triumphale Tatsache für dich bedeutet.

Wenn du laut und deutlich diese biblischen Aussagen über deinem und dem Leben deiner Lieben sprichst, wird dein Sinn erneuert, dein Glaube gestärkt, dein Verhalten und deine Einstellung verändert. „Glaube kommt aus der Verkündigung, die Verkündigung aber durch das Wort Christi" (siehe Röm 10,17).

- Ich liebe den Herrn, meinen Gott, aus meinem ganzen Herzen und aus meiner ganzen Seele und aus meinem ganzen Verstand und aus meiner ganzen Kraft (Mk 12,30).
- Ich lebe im Glauben, nicht im Schauen (2 Kor 5,7).
- Der Herr steht zu mir, deshalb werde ich mich nicht fürchten. Was könnte ein Mensch mir tun? (Ps 118,6).
- Nicht dass ich aus mir heraus tüchtig wäre, sondern meine Tüchtigkeit ist von Gott (2 Kor 3,5-6).
- Ich bleibe in ihm, er bleibt in mir und ich bringe viel Frucht (Joh 15,5).
- Ich habe den Sinn Christi, deshalb handle ich in Übereinstimmung mit ihm (1 Kor 2,16).
- Er wird mich nie aufgeben und mich nicht verlassen (Hebr 13,5).
- Ich verachte nicht meine Schwachheiten. Ich sehe sie als Gottes Gelegenheit, seine Kraft und Gnade an mir zu erweisen (2 Kor 12,10).
- Keine Waffe, die gegen mich gerichtet ist, wird erfolgreich sein und wer mich vor Gericht verklagt, den wirst du widerlegen (Jes 54,17).
- Ich werde gastfreundlich sein (1 Petr 4,9).
- Ich werde meine Zunge nicht gebrauchen, um zu fluchen, sondern um Leben spendende Segnungen an jedermann und in jeder Situation zu erteilen (Jak 3,8-10).
- Der Geist Gottes wohnt in mir, deshalb bin ich der Tempel des lebendigen Gottes (2 Kor 6,16).
- Ich bin über Kleines treu, deshalb wirst du mir größere Verantwortung übertragen (Mt 25,23).
- Demütig ordne ich mich Gott unter und widerstehe dem Teufel, der mich verlassen wird (Jak 4,7).

- Ich werde dem Teufel keine Gelegenheit und keinen Raum in meinem Leben geben (Eph 2,27).
- Der in mir ist, ist größer als der, welcher in der Welt ist (1 Joh 4,4).
- Ich erwähle, dem Herrn zu gehorchen und bei allem, was ich tue, werde ich Überfluss und Segen erfahren (5 Mose 30,8-9).
- Ich bewahre die Gebote des Herrn im Herzen, der mir ein langes und zufriedenes Leben schenkt (Spr 3,1-2).
- Ich lebe im Geist und werde die Begierden meines Fleisches nicht erfüllen (Gal 5,16).
- Der Heilige Geist beherrscht mein Leben und lässt Früchte wachsen: Liebe, Freude, Friede, Geduld, Freundlichkeit, Güte, Treue, Sanftmut, Selbstbeherrschung (Gal 5,22-23).
- Der Herr behütet meinen Ausgang und meinen Eingang, von nun an bis in Ewigkeit (Ps 121,8).
- Ich freue mich im Herrn zu jeder Zeit, ganz gleich wie die Umstände sind (Phil 4,4).
- Ich kann mich ohne Angst schlafen legen und mein Schlaf wird erholsam sein (Spr 3,24).
- Ich erlange die Gunst des Herrn (Spr 12,2).
- Der Herr ist in meiner Mitte, er freut sich über mich in Fröhlichkeit (Zef 3,17).
- Der Herr behütet mich wie seinen Augapfel (5 Mose 32,10).
- Güte und Gnade werden mir folgen, nicht nur heute, sondern alle Tage meines Lebens (Ps 23,6).
- Ich bin nach dem Ebenbild Gottes geschaffen, das ist mein Erbteil (1 Mose 1,27).
- Ich habe nicht den Geist der Welt empfangen, sondern den Geist Gottes, damit ich den Willen Gottes für mein Leben erkennen kann (1 Kor 2,12).
- Ich schäme mich des Evangeliums Christi nicht (Röm 1,16).
- Meine Schritte sind vom Herrn gefestigt und ich gehe seinen Weg (Ps 37,23).
- Ich konzentriere mich auf das, was wahr, anständig, gerecht, rein, liebenswert und bewunderungswürdig ist (Phil 4,8).
- Ich bin begierig nach der unverfälschten Milch des Wortes, damit ich durch sie zur geistlichen Reife gelange (1 Petr 2,2).

- Ich suche den Frieden und jage ihm nach (Ps 34,15).
- Ich bin ein nützlicher Teil des Leibes Christi und ich werde meine geistlichen Gaben zur Ermutigung anderer gebrauchen (1 Kor 12,7).
- Glaube, Hoffnung und Liebe bleiben in mir, insbesondere aber die Liebe (1 Kor 13,13).
- Ich bin die Gerechtigkeit Gottes in Jesus Christus (2 Kor 5,21).
- Gott hat mir durch Jesus Christus den Sieg gegeben (1 Kor 15,57).
- Ich bin sanftmütig, deshalb werde ich das Land erben (Mt 5,5).
- Ich werde barmherzig mit anderen umgehen und mir wird selbst Barmherzigkeit widerfahren (Mt 5,7).
- Ich habe ein reines Herz vor Gott und werde seine sichtbare Gegenwart in meinem Leben erfahren (Mt 5,8).
- Ich erziehe mich selbst zur Gottseligkeit, denn darin sind die Verheißungen des jetzigen und des zukünftigen Lebens (1 Tim 4,8).
- Mein Ziel ist es, immer zu tun, was Gott gefällt (2 Kor 5,9).
- Ich werde keine Glaubensgeschwister richten, damit ich nicht gerichtet werde (Röm 2,1).
- Ich trachte zuerst nach dem Reich Gottes und nach seiner Gerechtigkeit und erwarte, dass ich jeden Tag alles bekomme, was ich zum Leben brauche (Mt 6,33).
- Ich bin ein wahrer Anbeter. Ich bete im Geist und in der Wahrheit an (Joh 4,23).
- Ich lebe nicht vom Brot allein, sondern von jedem Wort, das aus dem Munde Gottes kommt (5 Mose 8,3).
- Aus meinem Innersten fließen Ströme lebendigen Wassers (Joh 7,38).
- Ich bin von Gott erwählt, bleibende Frucht zu bringen (Joh 15,16).
- Ich bin ein völlig neuer Mensch. Meine alte Sündennatur ist vergangen und es ist alles neu geworden (2 Kor 5,17).
- Die Sünden meiner Vergangenheit sind mir vergeben worden durch den Reichtum seiner Gnade für mich (Eph 1,7).
- Ich bin mit jeder geistlichen Segnung in der Himmelswelt gesegnet (Eph 1,3).
- Durch seine Striemen bin ich geheilt (Jes 53,5).
- In Christus bin ich vollkommen und vollendet und mir fehlt nichts (Jak 1,4).

- Ich kann den Vater gemäß seinem Willen um alles bitten, und wenn ich glaube, dass ich es empfangen habe, erhalte ich es auch (Mk 11,24).
- Ich bin Teil eines auserwählten Geschlechts, eines königlichen Priestertums, einer heiligen Nation. Ich bin Gottes Eigentum (1 Petr 2,9).
- Ich fürchte mich nicht, denn Gott hat mir keinen Geist der Furcht gegeben, sondern der Kraft, der Liebe und der Besonnenheit (2 Tim 1,7).
- Ich bin kein Fremder für Gott. Ich habe das Bürgerrecht in seinem Reich und ich gehöre zu Gottes Familie (Eph 2,19).
- Ich bin versiegelt mit dem Heiligen Geist, der in mir wohnt. Er ist die Anzahlung auf mein zukünftiges Erbe (Eph 1,13-14).
- Ich bin ein Meisterwerk, von Christus Jesus neu geschaffen, damit ich zu guten Taten fähig bin, die Gott für mich vorbereitet hat (Eph 2,10).
- Christus hat mich befreit. Ich genieße täglich dieses Geschenk der Freiheit (Gal 5,1).
- Ihr bin für die Sünde tot und lebe nun durch Christus Jesus für Gott (Röm 6,11).
- Ich bin zusammen mit Christus von den Toten auferweckt und gehöre nun mit Jesus zu seinem himmlischen Reich (Eph 2,6).
- Ich bin das Salz der Erde und das Licht der Welt (Mt 5,13-14).
- Ich werde mich nicht fürchten, denn der Herr ist mein Licht, mein Heil und meine Zuflucht (Ps 27,1).
- Die Freude am Herrn ist meine Kraft und mein Schutz (Neh 8,10).
- Ich setze mein Vertrauen vollkommen auf den Herrn. Darum bin ich wie ein fruchtbarer Baum, der trotz Dürre und Hitze beständig Nahrung findet (Jer 17,7-8).
- Der Herr wird mir nichts Gutes vorenthalten, da ich tue, was in seinen Augen recht ist (Ps 84,12).
- Jesus Christus ist mein Herr und Retter, deshalb werde ich die Werke tun, die er tat (Joh 14,12).
- Durch Christus bin ich ein Kind Gottes geworden und aus seiner Fülle empfange ich die Segnungen, die er für mich bereithält (Joh 1,12.16).
- Gott hat mich in Christus erwählt. Ich bin sein Eigentum und er hat mich stark gemacht. Er hat mich versiegelt. Er hat seinen Geist als eine Art Garantie für alles, was er verheißen hat, in mein Herz gegeben (2 Kor 1,21-22).
- Mir ist alles möglich durch Christus, der mir die nötige Kraft gibt (Phil 4,13).

§ *Gott lädt dich heute zu einem Leben ein, das gekennzeichnet ist von Treue. Durch seinen Geist und der Führung und Ermutigung seines Wortes ist das ein erreichbares Ziel für dich. Diese Erklärung kann ein Neuanfang für dich sein, ganz gleich was in der Vergangenheit war. Lies sie sorgfältig, mit Gebet begleitet und wenn du bereit bist, unterschreibe sie mit deinem Namen.*

DEM HERRN TREU ERGEBEN

Ich werde als eine Frau leben, die Gott verantwortlich ist und seinem Wort die Treue hält.

_____

Teil zwei
Das habe ich empfangen

MEIN BESTES

❦

*Der Entschluss, mich rückhaltlos Gottes Prioritäten
für mein Leben zu widmen*

Kästen

Sanft drückte ich die Tür des Hotelzimmers auf. Es war das Zimmer einer Frau, die ich schon seit Langem aus der Ferne bewunderte. Ich hatte entdeckt, dass wir als Gastreferentinnen auf derselben Konferenz sprechen sollten, und nun war ich begeistert über die Möglichkeit, ein wenig Zeit mit ihr verbringen zu können. Sie war seit über dreißig Jahren aktiv im Dienst, und ich – eine junge Ehefrau und Mutter, die gerade erst flügge wurde – fühlte mich in dieser Phase meines Lebens ein wenig erschöpft. Durch das regelmäßige Füttern, das ständige Windelwechseln, die schlaflosen Nächte, das frühe Aufstehen plus den Herausforderungen und Aufgaben eines wachsenden Dienstes war ich einfach müde. Überfordert. Mürrisch und unausgeglichen.

Ich brauchte unbedingt eine Dosis ihrer Weisheit und Erkenntnis.

Mit der Zeit hatte ich mir angewöhnt, solche Augenblicke zu erhaschen – Menschen aufzusuchen, die ein vorbildliches Leben führten, und die Gelegenheit zu ergreifen, ein paar Brocken Weisheit aus der Unterhaltung mit ihnen aufzufangen. Ohne etwas Bestimmtes zu erwarten, saß ich im Schneidersitz auf dem Fußboden ihres Hotelzimmers. Dennoch wusste ich, dass ich ein paar Goldstücke zeitloser Wahrheiten ergattern würde, wenn ich ihr nur zuhörte.

Mit ihrem vornehmen britischen Akzent lud sie mich ein, sie auf eine Reise durch die Anfangszeit ihres Dienstes zu begleiten. Sie verriet mir so manche Lektion, die sie im Lauf der Zeit gelernt hatte. Sie erzählte aber auch von den Dingen, die sie viel lieber wesentlich früher erfahren hätte. Immer wenn ich ihr eine Frage stellte, lauschte ich mit aufgestützten Ellbogen gespannt ihren wohlüberlegten Antworten. Jede einzelne hinterließ auf mich einen tiefen Eindruck.

Besonders die Sache mit den Kästen.

Nein, sie zog sie nicht unter dem Bett hervor und sie grub sie auch nicht aus einer Ecke ihres Kleiderschranks aus. Sie malte einfach ein Bild in meiner Fantasie und baute diese Kästen einen neben den anderen vor mir auf. Es waren durchsichtige glasähnliche Behälter, die mit einem seitlich befestigten Deckel geschlossen wurden. Alle waren genau gleich groß und jeder war mit der gleichen Menge einer klaren, bläulichen Flüssigkeit gefüllt.

„Priscilla, diese Kästen symbolisieren die Aktivitäten unseres Lebens – all die verschiedenen Projekte, in die wir unsere Zeit, unsere Talente und unsere Kraft stecken. Wir tendieren dazu, sie möglichst in genau diesem Zustand zu erhalten. Jeder Behälter sollte gleich voll sein von uns selbst und unseren eigenen Bemühungen. So sieht Ausgeglichenheit in unseren Augen aus. In Wirklichkeit ist es aber das Bild einer völlig überarbeiteten, frustrierten und erschöpften Frau. Das Bild eines *unausgeglichenen* Lebens.

Meine Liebe, Ausgeglichenheit bekommen wir nur, wenn wir Gottes Prioritäten für unseren momentanen Lebensabschnitt herausfinden und die Kästen dementsprechend neu sortieren. Vielleicht müssen wir einige nach hinten schieben und dafür andere nach vorne holen. In die vorderen Kästen geben wir alles, was wir sind und haben, während wir vielleicht ein paar der hinteren völlig entleeren müssen – zumindest vorübergehend. Nicht weil sie weniger wichtig sind, sondern weil sie zurzeit nicht die Bereiche repräsentieren, denen wir all unsere Kraft und Aufmerksamkeit widmen sollten.

Ausgeglichenheit bedeutet nicht, alle Behälter gleich voll zu haben. Wir führen ein ausgewogenes Leben, wenn wir die Freiheit haben, nur die Kästen zu füllen, die im Augenblick wichtig sind, ohne ein schlechtes Gewissen zu haben wegen den anderen, um die wir uns zu einem anderen Zeitpunkt an einem anderen Ort kümmern werden. Denke immer daran, kleine Schwester."

Und das habe ich getan.

Die Lektionen, die ich aus diesem Gleichnis mit den Kästen gelernt habe, haben mir förmlich das Leben gerettet.

§ Tendierst du dazu, deine Kräfte nicht richtig einzuteilen? Wenn ja, wie ist dann normalerweise dein Befinden am Ende des Tages, oder wie startest du in die neue Woche?

§ Kennzeichne jeden Behälter mit den einzelnen Verantwortungsbereichen deines Lebens (wenn nötig, füge noch weitere dazu). Bemale sie mit der Füllmenge entsprechend der Zeit und Mühe, die du in diesen Bereich investierst. Vergleiche sie miteinander und bete darüber, ob deine Prioritäten mit dem Plan Gottes für diesen Lebensabschnitt übereinstimmen.

Der richtige Zeitpunkt

Wir alle wissen, was es bedeutet, unser Bestes zu geben – vermutlich, weil du es bereits getan hast. Man arbeitet so hart wie man nur kann; treibt es unbeirrt voran, selbst wenn man am liebsten aufgeben oder sich ausruhen würde, aber man bringt die nötigen Opfer, um konzentriert bei der Sache zu bleiben. Vermutlich machst du schon bei dem Gedanken schlapp, eine Entscheidung treffen zu müssen, die dich in irgendeiner Weise dazu auffordern könnte, noch mehr zu geben als du bereits tust. Natürlich werden wir noch ein wenig darüber sprechen, dein Bestes anstatt halbherziger Überbleibsel zu geben. Du wirst jedoch überrascht sein, wenn du am Ende dieses Abschnitts feststellst, dass du nicht den Eindruck hast, noch mehr tun zu müssen. Im Gegenteil, es wird weniger werden.

Also störe dich nicht so sehr an dem Begriff „dein Bestes zu geben", dass du den eigentlichen Teil erst gar nicht erreichst. Es ist der Teil, der die Voraussetzungen für diesen Punkt der *Erklärung* verändert: Du bekommst Klarheit über deine vorrangigen Aufgabenbereiche. Es nützt uns nichts, den einen Teil zu verstehen, ohne dieselbe Einsicht über den anderen Teil zu haben. Wenn du zum Beispiel dein Bestes gibst, dich aber bei den falschen Dingen verausgabst, hast du nicht nur viel Kraft und Mittel verschwendet, sondern auch viel Zeit verloren und möglicherweise unwiederbringliche Gelegenheiten verpasst. Es ist also absolut notwendig, dir über beide Seiten dieser Entscheidung im Klaren zu sein.

Du solltest immer darauf abzielen, das am besten zu machen, was *Gott* für dich geplant hat.

Dieser Balanceakt stand im Mittelpunkt des letzten Teils des Alten Testaments, nachdem die verbliebenen Hebräer aus dem Exil in ihre Heimat zurückgekehrt waren. Der Herr sprach durch den Propheten Haggai zu ihnen, indem er ihre offensichtlichen Prioritäten infrage stellte. Die Art und Weise, wie sie ihre Nation und ihr eigenes Leben wieder aufbauen wollten, war etwas durcheinandergekommen. Während der Tempel nur noch eine Ruine war, setzten die Menschen recht viel Zeit und Geld dafür ein, ihre eigenen Wohnstätten aufwendig wiederaufzubauen.

Dieses Volk sagt: Die Zeit ist noch nicht gekommen, das Haus des Herrn zu bauen.
Und das Wort des Herrn geschah durch den Propheten Haggai:
„Ist es für euch selber an der Zeit, in euren getäfelten Häusern zu wohnen,
während dieses Haus verödet daliegt?"

Haggai 1,2-4

Stell dir einmal vor, wie es für diese Menschen gewesen sein muss, in ein Land zurückzukehren, das schon Jahrzehnte zuvor durch feindliche Einwirkungen verwüstet worden war. Nun standen sie der Herausforderung gegenüber, all die notwendigen Aufräumarbeiten zu erledigen, zumindest eine einfache Infrastruktur wiederherzustellen und die Felder wieder nutzbar zu machen – und das alles auf einmal! Das Land musste einfach von Grund auf wieder aufgebaut werden!

Außer diesen äußerlichen Herausforderungen verspürten sie vermutlich eine unglaubliche Erleichterung angestauter Emotionen, nachdem sie als bezwungenes Volk in einem fremden Land jahrelang gegen ihren Willen festgehalten worden waren. Trotz der enormen Aufgabe, ein dermaßen verwildertes Land urbar zu machen, brachte diese Chance, hier ganz neu anzufangen und ihr eigenes kleines Land auf dieser Erde aufzubauen, bestimmt ein berauschendes Gefühl der Begeisterung mit sich.

Es ist also durchaus nachvollziehbar, dass sie nun ihre Zeit und Aufmerksamkeit dem Aufbau ihrer eigenen Häuser zuwenden wollen. Dies ehrte sie. Für sie war es genauso sinnvoll, wie es für dich heute ist, deine Zeit oder Kraft einer bestimmten Sache zu widmen. Ebenso wie es damals bei dem Volk Israel war, ist auch dein Vorhaben an sich nicht unbedingt falsch oder unangebracht. Vermutlich ist es sogar äußerst ehrenvoll. Warum also äußerte Gott dann solche Bedenken?

Es stellte sich heraus, dass er nicht kritisierte, *was* sie taten, sondern vielmehr den Zeitpunkt, *wann* sie es taten. Achte auf das Schema:

- „Dieses Volk sagt: Die Zeit ist noch nicht gekommen, das Haus des Herrn zu bauen …"
- „Ist es für euch selber an der Zeit, in euren getäfelten Häusern zu wohnen, während dieses Haus verödet daliegt?" (Hag 1,2.4)

Den zerstörten Tempel wiederaufzubauen (und somit auch der Anbetung wieder einen Ort zu geben), war für Gott *zu genau diesem Zeitpunkt* eindeutig wichtiger, als der aufwendige Bau ihrer eigenen Häuser. Das sollte nicht heißen, dass dies nicht sein sollte. Er wollte ihnen auch nicht vermitteln, dass sie sich dafür schämen sollten, überhaupt an ihre eigenen Unterkünfte und Lebensgestaltung zu denken. Es ging allein darum, dass jetzt noch nicht die Zeit gekommen war, ihre Zeit und Mühe in den Bau ihrer eigenen Häuser zu stecken. Jetzt ging es darum, sich auf das Haus des Herrn zu konzentrieren, den eigenen Bedarf auf das Nötigste zu beschränken und sich vornehmlich danach auszurichten, was Gott ihnen heute zu sagen hatte. Das bedeutete auf jeden Fall, dass die Dinge, die ihnen Freude und Annehmlichkeiten bereiteten, *erst einmal* zurückgestellt werden mussten, jedoch nicht für immer. Sie sollten sich auf ihre jetzige Aufgabe konzentrieren und alles andere vorübergehend ruhen lassen. Gleichzeitig bekamen sie die Zusicherung, dass zu einem anderen Zeitpunkt auch andere Dinge wieder Vorrang hätten.

Die Umsetzung dieser Erkenntnis kann ganz schön schwer sein. Eine Freundin erkannte einmal, dass sie unverhältnismäßig viel Zeit damit verbrachte, entfernten Verwandten zu helfen – eine an sich bewundernswerte Aufgabe. Es kostete sie jedoch zu viel Zeit und Aufmerksamkeit, die sie eigentlich ihrer eigenen Familie widmen sollte. Natürlich liebte sie ihre Verwandtschaft, aber nachdem sie deren Probleme gelöst, ihre Lasten mitgetragen, ihren Anliegen zugehört und sich um ihre Belange gekümmert hatte, musste sie einfach feststellen, dass sie seelisch und körperlich ausgelaugt war. Der Geist Gottes begann diesbezüglich zu ihr zu reden und machte ihr klar, dass es jetzt nicht die Zeit war, sich um die Belange ihrer Verwandtschaft zu kümmern – und dass sie nicht deren Retter war. Sie musste ein paar schwierige, doch absolut notwendige Umstrukturierungen auf ihrer Prioritätenliste vornehmen, um sich wieder vollkommen den Zielen und Aufgaben widmen zu können, die Gott für diese Zeit ihres Lebens vorgesehen hatte. Das war nicht einfach, aber notwendig.

Wenn du herausgefunden hast, was deine momentanen Prioritäten sind, und du im Gehorsam die anderen Dinge zunächst zurückstellst, brauchst du keine Angst zu haben, dass du nie wieder Gelegenheit haben wirst, dich damit zu beschäftigen. Die nächsten Jahre, vielleicht sogar die nächsten Monate, werden eine Zeit sein, in der neu festgelegt wird, was tatsächlich dringend und wichtig ist. Vielleicht ist dann die Zeit reif, dass einige der Tätigkeiten, die du für eine Weile auf Eis gelegt hast, reaktiviert und Teil deiner aktuellen Aufgaben werden.

Bis es so weit ist, widerstehe dem Drang, dich zu verzetteln.

Konzentriere dich auf das, was heute wichtig ist.

Als Mutter kleiner Kinder sind meine Prioritäten anders gelagert als die einer pensionierten Großmama. Und das sollten sie auch. Die vorrangigen Anliegen einer Schülerin sollten sich von denen einer Hochschulabsolventin unterscheiden, die gerade ihre berufliche Karriere beginnt. Und das sollte auch so sein. Deine momentanen Lebensumstände werden dich auf die Verantwortungsbereiche hinweisen, die für dich hier und jetzt vorgesehen sind.

Um genau *diese* solltest du dich kümmern und ihnen deine volle Aufmerksamkeit widmen.

Gestatte dir, *Nein* zu den Dingen zu sagen, die du momentan eigentlich gar nicht tragen solltest. Zwinge dich, bestimmte Dinge zu verschieben, die nicht zu deinen vorrangigen Aufgabenbereichen gehören. Wenn du das tust, wirst du feststellen, dass jedes *Ja* wesentlich mehr Freiheit und Erfüllung mit sich bringt.

§ *Bitte eine verständige, ehrliche Freundin, die dich sehr gut kennt, dir zu sagen, wie sie deine momentanen Prioritäten einschätzt.*

§ *Wenn du an die Dinge denkst, die du gerne tun würdest, für die du aber nie die Zeit findest, erinnere dich an die biblische Aussage: „Für alles gibt es eine bestimmte Stunde. Und für jedes Vorhaben unter dem Himmel gibt es eine Zeit" (Pred 3,1). Inwiefern würde dich die ganz bewusste Entscheidung, dem Herrn zu vertrauen und deine Sichtweise anzupassen, freisetzen, damit du dich mit größerer Freude deinen momentanen Aufgaben widmen kannst?*

Und alles, was ihr tut ...

Ob ihr nun esst oder trinkt oder sonst etwas tut, tut alles zur Ehre Gottes!

1. Korinther 10,31

„Tut alles zur Ehre Gottes …"

Wenn wir es schaffen, die herausfordernden Entscheidungen zu treffen, die wir im vorigen Abschnitt besprochen haben, werden wir reichlich Segen ernten. Es geht um die Entscheidung, in diesem Abschnitt deines Lebens einige Dinge zurückzustellen, damit du dich auf die wirklich wichtigen konzentrieren kannst. Das wird dich letztendlich freisetzen, deine Aufgaben gut zu meistern. Nicht nur gut, sondern in einer Weise, die Gott ehrt und verherrlicht. Wie viele Frauen hast vielleicht auch du ständig das Gefühl, nicht zu genügen. Meist fühlst du dich am Ende des Tages unzulänglich, unfähig und denkst, dass du nicht das schaffst, was anscheinend alle anderen auf die Reihe kriegen.

Das ist die Last, die eine Perfektionistin trägt. Sie fühlt sich oft wie gelähmt, weil sie sich selbst so unerreichbar hohe Maßstäbe gesetzt hat. Sie nimmt sich so viele Dinge vor und hat dabei die Messlatte so hoch angelegt, dass sie bereits entmutigt ist, bevor sie überhaupt angefangen hat, all den Anforderungen zu genügen. *Nichts* kann sie richtig gut erledigen, weil sie bereits so erschöpft ist von dem Versuch, *alles* zu schaffen. Sie sieht überall die angefangenen und unerledigten Aufgaben und wird von einem Gefühl der Verzweiflung überwältigt. Perfektion ist der absolut sichere Weg, ein ganzes Leben mit Scham und Schuldgefühlen zu verbringen –, niemals zufrieden mit dir selbst und deiner Umwelt.

Deshalb muss an dieser Stelle deutlich gesagt werden, dass die Entscheidung, dein Bestes zu geben, keine Aufforderung zur Perfektion ist. Wenn Jesus uns in Schriftstellen wie Matthäus 5,48 auffordert: „Ihr sollt nun vollkommen sein, wie euer himmlischer Vater vollkommen ist", meint er damit nicht, dass er von uns erwartet, ohne einen einzigen Fehler oder Makel zu leben. Es ist vielmehr die Einladung zu einem Leben in *Ganzheit* und *Vollständigkeit*. Das ist mit dem biblischen Ausdruck *vollkommen* gemeint. Es ist nicht der Standard fehlerloser Genauigkeit und Präzision, sondern die Aufforderung, dein ganzes Leben – deine Zeit, deine Gaben und Fähigkeiten – auf die *Vollendung* deiner von ihm übertragenen Aufgaben auszurichten.

Oben genannter Entschluss wird dich tatsächlich bestärken, einen der Perfektion entgegengesetzten Weg zu gehen. Du wirst ermutigt, kürzerzutreten und dich nur mit den Aktivitäten zu beschäftigen, die Gottes Herrlichkeit für diese besondere Zeit in deinem Leben sichtbar machen. In diese Aufgaben kannst du dich dann umso mehr einbringen. Wahrscheinlich hast du gar keine schlechte Arbeitseinstellung und auch keinen schlechten Charakter. Du hast dich lediglich in zu viele verschiedene Aufgabenbereiche verwickeln lassen. Eine kluge Freundin sagte einmal zu mir: „Priscilla, du kannst nie tausend Dinge zur Ehre Gottes gleichzeitig verrichten, aber du kannst ein oder zwei Dinge schaffen." Mit ihrer scherzhaften Bemerkung im Hinblick auf meinen überfüllten Terminkalender und meine breit gefächerten Prioritäten traf sie tatsächlich den Nagel auf den Kopf. Wenn du *alles* machen willst, wirst du *nichts* richtig gut erledigen können. Wenn du aber deinen Fokus darauf ausrichtest, Gott zu ehren, wird dein Aufgabenbereich eingeschränkt und dein Fokus geschärft.

Eines muss hier ganz deutlich gesagt sein: Du *kannst* deine Aufgaben gut erledigen!

In der Bibel ist es dir verheißen.

Warum sollte Paulus uns sonst dazu anhalten, seine Worte „Tut alles zur Ehre Gottes" als Lebenseinstellung zu übernehmen? Und das nicht nur einmal. In Kolosser 3,17 wiederholt er: „Und alles, was ihr tut, im Wort oder im Werk, alles tut im Namen des Herrn Jesus, und sagt Gott, dem Vater, Dank durch ihn!"

Er sagte diese Worte, weil sie wahr sind. Nehmen wir uns also die Zeit, uns auf unsere einzigartigen, gottgegebenen Qualitäten in „allem, was wir tun" zu konzentrieren (wozu ich dich bereits mit dem Entschluss im Abschnitt *Ganz authentisch* ermutigt habe). Wenn wir unsere Fähigkeiten von ganzem Herzen bei den Aufgaben einbringen, die der Herr uns gegeben hat, wird er uns nicht nur helfen, sie ausreichend zu erledigen – er wird uns helfen, sie so zu meistern, dass er darin verherrlicht wird. Es ehrt Gott nicht, wenn wir versuchen, die Aufgaben eines anderen zu verrichten, ganz egal wie viel Mühe wir uns dabei geben. Damit machen wir uns allenfalls zu einer Hochstaplerin – emotional ausgepumpt und physisch erschöpft von dem unsinnigen Versuch, das Leben eines anderen zu führen. Doch wenn wir in dieser Phase unseres Lebens all unsere Gaben und Fähigkeiten allein ihm unterstellen, werden sie ihm zur Ehre und Verherrlichung dienen. Sei dir gewiss, dass deine besten Seiten zum Vorschein kommen, wenn du dein Augenmerk darauf richtest, ihn zu ehren, anstatt andere zu beeindrucken oder nachzuahmen.

Was *du* tun kannst – ja, ich meine dich! – ist vollkommen ausreichend. Hörst du, was ich sage? Vollkommen ausreichend.

Das ist vielleicht neu für dich, besonders wenn du von Natur aus dazu neigst, dich mit anderen zu vergleichen und so sein möchtest wie sie. Vielleicht würde Gott dann „wenigstens ein bisschen Ehre durch mein Leben bekommen …" Doch die Anweisungen des Paulus sowie diese hier aufgeführten Entschlüsse sollen dich nicht dazu ermutigen, wie jemand anders zu werden, indem du tust, *was sie* tun und *wie sie* es tun. Es geht um dich und darum, was *du* tust. Es geht um die unvergleichlich kostbare Art und Weise, wie *du* deine Kinder großziehst, deinen Mann liebst, deine Arbeit verrichtest, deinem Ausschuss vorstehst, dich in deinem Verein oder einer Organisation engagierst und wie du deine Zeit verbringst. Es geht darum, was *du* tust und wie *du* es tust. Dann greift auch Gottes Verheißung, dich mit seiner Kraft zu unterstützen, und letztendlich wird er durch dein Tun verherrlicht.

Zu dieser Erkenntnis war meine Mutter bereits als junge Pastorenfrau gekommen.

Man hatte ihr (nach ein paar weniger feinfühligen Vorschlägen) vermittelt, dass sie aufgrund ihrer höchst öffentlichen Position bestimmten Vorstellungen entsprechen müsste. Sie sollte am Klavier dienen, den Chor leiten, der Frauenarbeit vorstehen und sich obendrein noch wie Jackie Onassis kleiden. Das wurde von ihr erwartet. Doch das meiste davon war nicht das, wozu Gott sie berufen oder ausgerüstet hatte. Sie konnte sich unmöglich in all diesen Bereichen engagieren, nur um den Erwartungen der anderen gerecht zu werden, und darin auch noch erfolgreich sein. Anstatt zu tun, was andere Pastorenfrauen getan hätten (und immer noch tun), oder was jedes einzelne Gemeindemitglied von ihr erwartete, beschloss sie, sorgfältig herauszufinden, wo ihre Begabungen lagen und wie sie diese mit all ihrer Kraft umsetzen konnte – zur Ehre Gottes.

Meine Mama fand ihren Platz. Es war der Platz, an dem sie tatsächlich die freudige Erfahrung machen konnte, dass „alles, was sie tat", „zur Ehre Gottes" geschah.

Nimm dir einen Augenblick Zeit und denke darüber nach, womit Gott dich in genau diesem Lebensabschnitt ausgerüstet hat und was er dir aufgetragen hat (und auch was er dir *nicht* aufgetragen hat). Anstatt dich darauf zu konzentrieren, was du *nicht kannst*, solltest du lieber sorgfältig darüber nachdenken, wie du das, *was du kannst*, so aktivierst, dass du dabei an die Kraft Gottes angeschlossen bist und der Herr dich durch seine Gegenwart bestätigt. Dann ist es ganz egal, was für ein Tag es ist, wie alt du bist, was die Situation dir abverlangt – du kannst einfach du selbst sein und vollkommen darauf vertrauen, dass du in „allem, was du tust", die Absichten Gottes erfüllst und ihn dadurch verherrlichst.

Einfach in allen Dingen.

Aber da ist noch etwas: Die Botschaft des Verses „Ob ihr nun esst oder trinkt oder sonst etwas tut" weist uns darauf hin, dass wir nicht darauf warten sollten, bis etwas mehr an Bedeutung gewinnt, bevor wir danach streben, Gott damit zu ehren. Nun, Essen und Trinken klingt auf der Prioritätenliste nicht gerade allzu spektakulär. Es gibt kaum etwas Normaleres oder Alltäglicheres als das. Doch in Gottes Augen ist nichts zu niedrig, als dass es nicht unsere ungeteilte Hingabe verdient hätte. Alles, an dem wir nach seiner Bestimmung teilhaben sollen – sei es noch so geringfügig – ist für uns eine neue, greifbare Gelegenheit, seine Herrlichkeit durch uns – durch dich – sichtbar zu machen. Deshalb hat die Aufgabe, die in diesem Augenblick vor dir liegt, das Potenzial, den Herrn zu verherrlichen. Deshalb hat er sie dir aufgetragen. Ja, dazu gehören auch Schreibarbeiten und die Zeit am PC deines Arbeitsplatzes. Und deine Mitwirkung im Entscheidungskomitee der Frauenkonferenz. Und wieder einmal das Wechseln einer schmutzigen Windel. Und die kleinen Aufmerksamkeiten gegenüber deinem Mann.

Hebe dir nicht das Beste für später auf.

Warte nicht damit, bis du die Schule abgeschlossen hast, um deine ganze Kraft für die Zeit aufzusparen, wenn du eine richtig gute Arbeitsstelle ergattert hast, die dich auch tatsächlich weiterbringt. Warte nicht, bis du verheiratet bist, damit das, was du tust, besser dazu beiträgt, ein sicheres Leben und ein gutes Zuhause zu schaffen. Warte nicht, bis du eine Familie gegründet hast, in dem Glauben, du wärest erst dann motivierter, dein Bestes zu geben, wenn du Kinder hast. Warte nicht ab, bis deine Kinder das Nest verlassen haben und du dich vielleicht freier fühlst, dich der nächsten Herausforderung zu stellen.

Finde heraus, was der Geist Gottes dir aufs Herz legt und glaube, dass, wenn er dich berufen hat, er dich auch befähigen wird, das so umzusetzen, dass er dadurch geehrt wird. Arbeite mit ihm zusammen. Gib dein Bestes. Rückhaltlos, hier und jetzt.

Diese Lektion habe ich von meiner Freundin Tina gelernt. Was sie auch anfing, sie war immer voll und ganz dabei. Wenn Tina etwas anpackte, dann wusste es jeder. Wenn sie versprochen hatte, dir bei irgendetwas zu helfen, dann konntest du dich darauf verlassen, dass sie in jeder Hinsicht vollen Einsatz brachte. Von Anfang bis Ende, mit Haut und Haaren. Sie hielt nichts von halbherziger Mitwirkung, ganz gleich worum es ging.

Tina war nicht verheiratet und lebte in einer Mietwohnung. Obwohl sie sich danach sehnte, ein Eigenheim zu besitzen, genoss sie ihr kleines Domizil und füllte es mit ihrer lebensfrohen Art und ihrer außergewöhnlichen Persönlichkeit. Obwohl sie nur zur Miete wohnte, bestand sie darauf, gewisse Verschönerungsarbeiten durchzuführen, um ihre momentane Unterkunft zu einem richtigen Zuhause zu machen. Sie strich die Wände, brachte schicke Lampen an und erstand sich ein paar neue Haushaltsgeräte. Sie gab der kleinen Wohnung eine Seele.

Einmal fragte ich sie, warum sie so viel in eine Wohnung investierte, in die die meisten Menschen keinen Cent mehr stecken würden. Sie sagte mir, dass sie niemals im Leben etwas geringschätzig behandeln wollte, als ob es zu gewöhnlich wäre und deshalb keine Aufmerksamkeit oder Wertschätzung verdient hätte. Sie wollte nicht warten, bis sie verheiratet war oder ein eigenes Haus besaß, bevor sie anfing, ein guter Verwalter ihres Zuhauses zu sein. Sie wollte es nicht vor sich herschieben, ihr Leben und das Leben der Menschen, die sie liebte, schön zu gestalten. Sie wollte nicht die Herrlichkeit Gottes einschränken, indem sie nur die Dinge tat, die einen angemessenen Stellenwert hatten. Also baute sie ihr Nest aus. Sie ließ sich nieder. Hier, in diesem Apartment Nr. 21 a. Sie investierte sich voll und ganz in diese Zeit ihres Lebens und in diese Unterkunft, die zwar nicht optimal, aber doch besser als gar nichts war.

Erst an dem Tag, an dem ich zusammen mit den anderen Trauergästen an ihrem Sarg vorüberging, wurden mir ihre Worte und ihre Lebenseinstellung so richtig bewusst. Ich war schockiert, ihren zerbrechlichen, leblosen Körper zwischen den weißen Satinkissen zu sehen. Viel zu früh und zu unerwartet war sie unserer liebevollen Umarmung und unserer Freundschaft entrissen worden. Jetzt war sie beim Herrn, lange bevor sie selbst oder irgendjemand damit gerechnet hatte. Wir waren alle am Boden zerstört. Wir vermissten sie so sehr. Aber was wäre gewesen, wenn sie gewartet hätte, bis sie in ihrem Leben einiges erreicht hätte, bevor sie angefangen hätte, es zu genießen? Was wäre gewesen, wenn sie gewartet und das Beste, das sie zu geben hatte, für später aufgespart hätte?

Bitte warte nicht auf einen anderen Zeitpunkt, auf andere Umstände, bis du etwas Bestimmtes erreicht oder eine Gehaltserhöhung bekommen hast, bevor du dein ganzes Potenzial rückhaltlos in die Waagschale wirfst – selbst wenn du noch nicht so ganz glücklich mit deinen momentanen Lebensumständen bist.

Möglicherweise hattest du die Vision, ein erfolgreiches Unternehmen zu leiten, anstatt eine Hausfrau zu sein. Trotzdem frage ich mich, ob die gleichen Eigenschaften, die du zu anderen Gelegenheiten verfeinert und genossen hast, tatsächlich auch „das Beste" von dir repräsentieren, das Gott in der Ausübung der Chefposition der alltäglichen Aufgaben deines Haushalts von dir erwartet.

Gib dein Bestes.

Vielleicht hegst du eine ernsthafte Leidenschaft, dem Herrn zu dienen und wünschtest, du wärst finanziell in der Lage, dich vollzeitlich zu engagieren, anstatt dich mit der Schichtarbeit herumzuschlagen, wodurch du zwar deine Rechnungen bezahlen kannst, aber an einen festen Zeitplan gebunden bist – inklusive einer halbstündigen Mittagspause. Warte nicht, bis du irgendwo in der Mission arbeitest, bevor du dein Feuer entfachst. Ich frage mich, ob dieser Eifer dann tatsächlich „das Beste" von dir ist, das deine Mitarbeiter und Kunden erfahren.

Gib dein Bestes.

Vielleicht fühlst du dich durch eine Scheidung allein gelassen und jeglicher Zuversicht beraubt. Du bist nur noch die Hülle einer Frau, die einst am Gemeindeleben, an Schulfesten und an Familienfeiern lebhaft teilgenommen hat. Doch stell dir einmal vor, Gottes Herrlichkeit wäre immer noch fest in dir verankert – *hier* und *da* –, und du könntest noch einmal die Freude erleben, ihn zu ehren, indem du alles, was du tust und was du hast, in jede noch so geringe Sache einbringst!

Investiere dein Bestes – all deine Gaben, Fähigkeiten und Stärken in die Aufgaben, die gerade anstehen – jetzt, in diesem Augenblick, zu seiner Ehre.

Ohne den Märtyrer zu spielen.

Selbst dann, wenn keiner es bemerkt.

Selbst dann, wenn es bemerkt wird, aber niemand deine Mühe honoriert.

Tu es trotzdem – zu seiner Ehre.

Nun, liebe Schwester, dieses Kapitel naht sich dem Ende. Und die folgenden zehn Minuten – wie sämtliche zehn Minuten danach – bedürfen deines absolut Besten! Sitze nicht herum und warte nicht darauf, bis die anderen so weit sind, bevor du anfängst, deinen Teil beizutragen. Richte deinen Blick darauf, Gottes Herrlichkeit durch deine derzeitigen Aufgaben widerzuspiegeln und du wirst sehen, wie er dich inspiriert und ermächtigt, das Abenteuer deines Lebens Schritt für Schritt auf den Weg zu bringen.

In allem, was auch immer du tust.

   § *Liegt dein Hauptaugenmerk darauf, den Herrn zu ehren, wird dein Aufgabenbereich eingeschränkt und dein Fokus geschärft. Betrachte die folgende Aussage im Licht deiner persönlichen Umstände und schreibe deine Gedanken dazu nieder:*

   § *Wenn der Fokus darauf liegt, Gott zu ehren, inwieweit würde es …*
         a) die Last eines Perfektionisten erleichtern?
         b) dich zu inspirieren, dein Bestes zu geben?

   § *Bei welchen Aufgaben hattest du das Empfinden, deine besten Bemühungen waren nicht gut genug?*

   § *Wenn du mit einer Sache wie dieser konfrontiert bist, also mit einer Situation, die du als besonders herausfordernd empfindest – bist du dann tatsächlich ermutigt in dem Wissen, dass Gott die Bemühungen segnen wird, die dazu bestimmt sind, ihm Ehre zu bereiten?*

Es funktioniert nur, wenn ich atme ...

Meine Familie und ich sind inzwischen richtige Reiseprofis geworden. Wir sind darin geübt, unsere Koffer schnell und dem erlaubten Gewicht entsprechend zu packen und im Nu den Flughafen anzusteuern. Das Einchecken ist selbst mit Kindern im Schlepptau nicht annähernd so anstrengend, wie es einmal war. Wir haben es fast schon zu einer Wissenschaft gemacht. Meine Jungs sind mittlerweile so vertraut mit Flugzeugen und Flughäfen, dass sie bereits die Flugbegleiter mit ihrer Leier um die Sicherheitsvorkehrungen nachahmen können. Du weißt schon ...

- „Bitte bleiben Sie so lange angeschnallt, bis die Hinweislampe erloschen ist."
- „Stellen Sie bitte die Rückenlehne senkrecht und klappen Sie die Tische zurück."
- „Falls Sie an einem der Notausstiege sitzen, aber bei einem Notfall nicht die beschriebenen Vorschriften befolgen möchten, bitten Sie einen Flugbegleiter, Ihnen einen anderen Sitzplatz zuzuweisen."

Doch für meine Kinder ist keine der Anweisungen so amüsant wie die mit den Sauerstoffmasken. Dann steht der Flugbegleiter auf und demonstriert die Vorgehensweise, indem er oder sie eine durchsichtige Plastiktüte herauszieht, an der eine gelbe Kappe mit zwei herunterhängenden Bändchen befestigt ist. Dann die Erklärung: „Bei einem Druckabfall fällt diese Sauerstoffmaske automatisch direkt vor Ihnen herab. Wenn Sie mit einem Kind reisen (oder mit jemandem, der sich wie ein Kind *benimmt*, fügte eine der Stewardessen hinzu), befestigen Sie zuerst Ihre eigene Maske, danach helfen Sie anderen Mitreisenden."

Diese Ansage beschäftigt meine Jungs. „Warum soll der Erwachsene die Maske zuerst aufsetzen?", fragen sie. Es ist anscheinend ganz normal für sie, dass die Kinder zuerst dran sind. Wie typisch!

Ich gebe mir dann alle Mühe, ihnen zu erklären, dass der andere ihnen nicht richtig helfen kann, wenn er selbst nicht in der Lage ist, das Gerät vorschriftsmäßig zu handhaben. Wenn ich aufgrund von Sauerstoffmangel ohnmächtig würde, könnte ich ihnen nicht die Aufmerksamkeit widmen, die sie brauchten und die ihnen zustand.

Wie steht es mir dir? Bist du am Ersticken, weil es dir an Sauerstoff mangelt, während du eifrig darum bemüht bist, anderen genügend Aufmerksamkeit zu widmen? Über diese Frage solltest du ernsthaft nachdenken, bevor du den nächsten Punkt unserer *Erklärung* unterschreibst.

In den letzten drei Kapiteln habe ich dich dazu ermutigt, anderen stets dein Bestes zu geben. Doch das ist unmöglich, wenn du selbst nichts zu geben hast. Ein erschöpfter, angeschlagener Körper hat einfach nicht die Energie, den ganzen Tag gut zu überstehen. Wenn deine körperlichen und geistigen Fähigkeiten abgestumpft und überbeansprucht sind, wirst du deiner Familie und deinen Mitmenschen nicht mehr deine volle Aufmerksamkeit und Kraft widmen können. Wenn du geistlich nicht auf den Herrn und sein Wort ausgerichtet bist, wirst du bald ausgelaugt sein. Dann fehlen dir die Führung und die Frucht des Geistes, die dich befähigen, selbst dann anderen etwas zu geben, wenn du dich gar nicht danach fühlst.

Deshalb ist es wichtig, dir die Zeit für eine – wie ich es nenne – „gute Selbstpflege" zu nehmen. Das ist kein Luxus, sondern eine Notwendigkeit für jede Frau, die diesen Punkt der *Erklärung* erfüllen möchte. Du wirst nie in der Lage sein, dein Bestes zu geben, wenn du dich nicht zuerst darum gekümmert hast, dass du selbst auf Vordermann bist.

Ich bin mir sehr wohl bewusst, dass ich hier ein schwieriges Thema anspreche. Es scheint für dich außer Frage zu sein, dir Zeit für dich selbst nehmen zu können. Ja, es klingt vielleicht sogar höchst egoistisch, wenn man sich beispielsweise als alleinerziehende Mutter mit zwei kleinen Kindern, einer Mutter eines behinderten Kindes, einer erwachsenen Tochter mit pflegebedürftigen Eltern, einer Frau, deren Mann aus beruflichen Gründen mehrere Tage in der Woche unterwegs ist oder einer alleinstehenden, berufstätigen Frau, die sich unzählige andere Verpflichtungen aufgeladen hat, diese Zeit nehmen würde. Die Liste ließe sich noch weiter fortsetzen, nicht wahr?

Doch ganz gleich welche Beschreibung am ehesten auf dich zutrifft, dir steht wahrscheinlich noch weniger freie Zeit zur Verfügung als beschrieben.

Zu Beginn des Teils *Mein Bestes* habe ich dich ermutigt, deine Kästen neu zu ordnen. Ich bin mir fast sicher, dass die Kästen mit den Dingen, die für dich persönlich erfüllend sind, jetzt ganz hinten in der Reihe stehen. Das ist für gewöhnlich der Platz, den unsere persönlichen Bedürfnisse einnehmen, wenn wir anfangen, unser Leben in den Griff bekommen zu wollen. Die meisten Frauen gehen davon aus – und wurden auch so gelehrt –, dass solche Opfer ganz normal und notwendig sind, wenn wir aus jeder Minute des Tages das meiste herauspressen müssen, um unsere Zeit besser nutzen zu können. Deshalb fühlen wir uns schrecklich schuldig, wenn wir auch nur *in Betracht ziehen*, uns einen Augenblick der Entspannung und Erholung zu gönnen.

Moment mal! Warum sollten wir es nicht als die am besten genutzte Zeit betrachten, in der wir uns um unsere Bedürfnisse kümmern, wenn sich dadurch unser gesamtes restliches Leben verbessern lässt?

Ich bin mir sehr wohl bewusst, dass nicht jede Frau die Möglichkeit hat, jede Woche einen Wellnesstag einzulegen oder sich jeden Nachmittag mit einer Freundin zum Einkaufsbummel oder zum Essen zu verabreden. Ich jedenfalls nicht. Zeit- und Geldmangel machen solchen Luxus für die meisten von uns nicht realisierbar. Ich gebe dir hier auch keinen Freibrief, dich nur noch mit dir selbst zu beschäftigen.

Ich will vielmehr damit sagen, *dass du langsam erstickst, wenn du keinen Sauerstoff bekommst.* Das ist die Wahrheit, Schätzchen, die du so gerne sagst: „Ich schaffe das alles, mach dir um mich keine Gedanken. Mir geht's gut!"

Also …

Gibt es einen einfachen, unkomplizierten Zeitvertreib, bei dem du dich erholen könntest? Die meisten von uns wissen schon gar nicht mehr, wie man ganz einfach Spaß haben kann.

Für mich bedeutet eine gute Selbstpflege, wenn ich in Ruhe allein meine Einkäufe erledigen kann oder abends, nachdem die Kinder zu Bett gegangen sind, mit einer Freundin ins Kino entwischen kann. Ich fühle mich auch erfrischt und gestärkt, wenn ich ein wenig früher als meine drei halbwüchsigen Jungs aufstehe, um in der frühmorgendlichen Stille eine Runde zu joggen und eine halbe Stunde zu beten. Und manchmal, wenn in den Nachmittagsstunden ein Anfall von Müdigkeit mich zu einem Schläfchen verlocken will, nachdem mein zweijähriger Sohn eingeschlafen ist, erfüllt auch ein kleines, halbstündiges Nickerchen seinen Zweck.

Mit zunehmendem Alter wurde mir auch empfohlen, dass ich die veränderten Bedürfnisse meines Körpers berücksichtigen müsse. Was mein Körper vor zehn Jahren brauchte, um gestärkt, dynamisch und gesund zu bleiben, unterscheidet sich von dem, was er heute benötigt. Also musste ich neu überdenken, welche Lebensmittel ich aß, ob meine Kost vitaminreich genug ist und mit welcher Regelmäßigkeit ich im Laufe des Jahres einen professionellen Gesundheitscheck machen lassen würde. Zusätzlich bemühe ich mich, das Feuer und den Eifer, den Gott mir gegeben hat, davor zu bewahren, von der Geschäftigkeit des Alltagslebens erstickt zu werden. Wann immer es mir möglich ist, tue ich jene kleinen Dinge, dir mir helfen, in diesen Bereichen weiterzuwachsen, mich weiterzuentwickeln und auf Kurs zu bleiben.

Was könnte für *dich* eine Sauerstoffquelle sein? Es muss nicht kostspielig oder zeitaufwendig sein. Ein kleiner Spaziergang nach dem Abendessen. Eine Tasse Tee mit einer Freundin am Küchentisch. Vielleicht willst du den Roman weiterlesen, der schon so lange auf deinem Nachttisch liegt, oder zehn Minuten eher ins Büro fahren, um noch ein wenig Zeit mit Gott verbringen zu können, bevor dein Arbeitstag beginnt. Oft hilft es auch, in regelmäßigen Abständen eine kleine Ruhepause einzulegen, damit du wieder auf die Beine kommst und den nötigen Schub für die anstehenden Arbeiten empfängst. Wenn dich das Zusammensein mit anderen Menschen aufmuntert, können kleine Ausflüge mit Freunden dir den nötigen Ausgleich geben.

Stell dir einen Wecker, wenn es sein muss, *aber tu es!*

Es gibt keinen anderen Weg. Wenn du fit und leistungsfähig bleiben willst – wenn du also deine Sauerstoffversorgung aufrechterhalten willst –, brauchst du hin und wieder eine Auszeit. Damit ist nicht gemeint, eine Auszeit *von* deinem Leben, sondern *für* dein Leben zu nehmen.

Wenn du mit jemand zusammenwohnst – deinem Ehemann oder einer Mitbewohnerin –, dann bitte ihn oder sie, dich darin zu unterstützen, dass solche regelmäßigen Erholungszeiten zu einem Teil deines Alltagslebens werden. Wenn du in deinem Zuhause keine Möglichkeit hast, diese Art von gegenseitiger Verantwortlichkeit zu praktizieren, dann gibt es möglicherweise Menschen in deiner Gemeinde, die dir in dieser Hinsicht helfen können. Vielleicht gibt es andere Mütter mit den gleichen zeitlichen Einschränkungen. Wäre es nicht möglich, dass ihr euch gegenseitig die Kinder für zwei Stunden abnehmt, damit die andere Zeit hat, mal alleine Besorgungen zu machen?

Vielleicht gibt es auch eine alleinstehende Frau, die nur zu gerne erfahren würde, wie es sich als Ehefrau und Mutter lebt. Im Austausch zu deiner „aus dem Leben gegriffenen" Beratung könnte sie dir gelegentlich für eine Stunde ganz praktisch zur Hand gehen. So könnte sie dir nötige Zeit einräumen, damit du etwas tun kannst, das dich aufbaut und stärkt oder dir ein Erfolgserlebnis verschafft.

Wenn eine Freundin in deiner Nähe wohnt, könntet ihr vielleicht eine Art Kochgemeinschaft arrangieren. Wenn du abends sowieso kochst, könntest du genug für beide Familien zubereiten, damit die andere Mutter die Zeit, in der sie sonst das Abendessen bereitet, anderweitig nutzen kann? Wechselt euch ab, damit beide Seiten von diesem Arrangement profitieren. Sei kreativ, wenn es darum geht, dir kleine Zeitfenster wie diese zu verschaffen, damit du ein wenig für dich sein kannst.

Bist du unverheiratet und alleinstehend? Dann möchte ich dich davor warnen, ganz selbstverständlich davon auszugehen, dass du – was dieses Thema betrifft – aus dem Schneider bist, nur weil du nicht verheiratet bist. Selbst ohne die persönlichen Einschränkungen, die eine verheiratete Frau vielleicht hat, achtest du womöglich zu wenig darauf, dich nicht zu übernehmen. Du gehst zu spät zu Bett und stehst dafür am nächsten Tag umso früher auf. Du hast mehr zu tun, als eine einzelne Person bewältigen sollte, beteiligst dich an unzähligen Aktivitäten, bist aber dennoch nicht in der Lage, dein Bestes zu geben, weil du ständig müde bist und deine primäre Berufung aus den Augen verlierst. Aber was noch kritischer ist, du schaffst damit ein Verhaltensmuster, das dich bis in die Ehe verfolgen wird. Wenn du jetzt eine gesunde Selbstpflege kultivierst und zur Gewohnheit machst, wirst du dein ganzes Leben lang davon profitieren.

Ich habe oft gehört, dass eine gesunde Ehe das schönste Geschenk ist, das Eltern ihren Kindern geben können. Doch ist es angesichts der täglichen elterlichen Anforderungen äußerst schwierig, genügend Zeit mit deinem Mann zu verbringen, eure freundschaftliche Beziehung zu pflegen, eure Partnerschaft zu genießen und die Leidenschaft füreinander am Brennen zu halten. Das Gleiche gilt für dich als Frau. Das beste Geschenk, das du den Menschen geben kannst, die dir etwas bedeuten, ist, auf dich selbst achtzugeben – selbst wenn es unglaublich schwierig sein kann, solchen Dingen den Vorrang einzuräumen.

Doch wenn du dich selbst fertigmachst, indem du von morgens bis abends alles erledigst, was ansteht, versuchst du im Grunde genommen, Gott zu sein.

Sich zu übernehmen ist eine Form des Unglaubens. Durch dein Verhalten drückst du aus, dass du nicht glaubst, Gott würde sich um alles kümmern. Das bedeutet, dass *du* für alles zuständig bist. Aber es ist anstrengend, Gott zu spielen. Schließlich ist er der Einzige, der diesem Job gewachsen ist.

Tritt also einen Schritt zurück, betrachte dein Leben einmal ganz objektiv und frage dich:

„Wann werde ich nun meine Sauerstoffmaske anlegen, damit ich endlich …aaaatmen kann?"

§ Wenn du diese Erklärung unterschreibst, erklärst du gleichzeitig, dass Per-
fektionismus niemals dein Leben bestimmen darf. Vielmehr entschließt du
dich, sorgfältig zu erwägen, was Gott für diesen bestimmten Abschnitt deines
Lebens vorherbestimmt hat. Erst dann prüfst du die einzigartigen Qualitäten,
die dir für diese Aufgabe zugeteilt wurden. Du akzeptierst diese Erklärung als
Einladung, dich voll und ganz den Anforderungen des Tages zu widmen und
in allem dein Bestes zu geben. Du wirst es nicht länger als etwas ansehen,
dessen du dich schämen musst, wenn du auf dich selbst achtgibst, sondern als
Notwendigkeit, um anderen besser dienen zu können. Sieh dir noch mal deine
Notizen aus den vorherigen Kapiteln an, dann entscheide dich zuversichtlich
für diese Erklärung.

MEIN BESTES

*Ich werde danach streben, meine Stärken, meine Zeit
und meine Fähigkeiten den vorrangigen Aufgaben zu widmen,
die Gott mir in dieser Phase meines Lebens anvertraut hat.*

_____

MEIN SEGEN

❧

Der Entschluss, andere durch meine Zeit, mein Interesse
und meine volle Aufmerksamkeit wertzuschätzen

Ein Geschenk

Unmittelbar nach meinem Grundstudium wurde ich von der *Zig Ziglar Corporation* als selbstständige Sprecherin unter Vertrag genommen. Es waren gute, prägende Jahre für mich, angefüllt mit einzigartigen Gelegenheiten, von einigen faszinierenden Motivationssprechern zu lernen. Ich war damals das Küken der Gruppe, also habe ich mit größter Aufmerksamkeit die viel geübteren Sprecher beobachtet. Ich studierte, wie sie von ihren Händen Gebrauch machten, wie sie die Bühne effektiv nutzen und wie sie die Aufmerksamkeit des Publikums gewannen.

Ein Erlebnis blieb mir besonders im Gedächtnis haften. Ich lauschte der Rede einem der ältesten und bewährtesten Sprecher unseres Teams. Ich hatte diese Botschaft bereits unzählige Male gehört und hätte dir vermutlich jedes Wort vorhersagen können, ehe er es ausgesprochen hatte. Sein letzter Satz berührte mich wie nichts Vergleichliches. Bevor er am Ende seiner einstündigen Rede zu seinem Platz ging, senkte er seine Stimme, suchte den direkten Augenkontakt mit seinen Zuhörern und sagte: „Das größte Geschenk, das Sie jemandem geben können, ist Ihre Zeit. Ich danke Ihnen heute für dieses Geschenk."

Zeit. Zuhören.

Ein Geschenk.

Diese Worte habe ich nie vergessen. Immer, wenn ich auf einem Podium vor einer aufmerksamen Zuhörerschaft stehe, bin ich mir der Tragweite dieser Worte absolut bewusst. Wenn Menschen dir zuhören, geben sie dir damit einen Teil ihres Lebens, den sie nie wieder zurückholen können. Zeit ist eines der wenigen Geschenke, die man nie zurückgeben oder zurücknehmen kann.

Doch diese Dynamik greift nicht nur, wenn ein Publikum einem Sprecher seine Aufmerksamkeit widmet. Sie gilt für jeden Menschen, der einem anderen sein Ohr leiht. In dieser Situation sind wir tatsächlich jeden Tag. Täglich haben wir Gelegenheiten, uns in ein Gespräch mit jemand zu verwickeln, dabei den Protest unserer eigenen Pläne und Gedanken zu unterdrücken und dem anderen unsere ungeteilte Aufmerksamkeit zu schenken. Damit geben wir dem anderen ein äußerst kostbares Geschenk. Wir schenken uns selbst – das Geschenk unserer Zeit.

Das Geschenk des Zuhörens.

Denk mal darüber nach. Wann war das letzte Mal, dass dir jemand wirklich zugehört hat? Ich meine nicht, wann du dich das letzte Mal ausgesprochen hast, sondern wann du das Gefühl hattest, jemand hört dir wirklich zu. Höchstwahrscheinlich waren das zwei unterschiedliche Begebenheiten. Vielleicht kannst du dich kaum an eine kürzliche Situation erinnern, als du das seltene, besondere Gefühl hattest, dass der andere ganz bei der Sache ist, ganz für dich da ist und ganz bewusst zuhört, was du zu sagen hast. Wenn du dich in diese Situation zurückversetzt und in die aufmerksamen Augen des anderen siehst, schaust du in das Gesicht eines Menschen, für den du größte Wertschätzung hegst. Es ist jemand, der genau weiß, wie man dem anderen das Gefühl der Wertigkeit, der Annahme, des Geliebtseins und der Bestätigung vermittelt.

Warum ist das so?

Das bewirkt die Gabe des Zuhörens. Diese eine Gabe geht mit einigen Nebeneffekten einher – zum Beispiel die Gabe, dem anderen Selbstwertgefühl, Bedeutung und persönliche Zufriedenheit zu vermitteln. Wir alle wünschen uns, für diese Gaben bekannt zu sein.

Doch wie rar sind diese Dinge geworden! Wie selten kommen wir in ihren Genuss, geschweige denn dazu, sie selbst auszuüben. Meistens sind wir so sehr mit uns selbst und unseren eigenen Gefühlen beschäftigt, dass sich bald jedes Gespräch um uns und unsere Belange dreht. Wir analysieren, was der andere sagt, ziehen unsere Schlüsse und versuchen, das Problem des anderen rasch zu beheben, wobei wir jede Gelegenheit nutzen, zu unterbrechen und die Aufmerksamkeit zurück auf uns, unsere Erfahrungen und Meinungen zu lenken. Doch trotz der besten Absichten und aller ernsthaften Anstrengungen, uns zum Zuhören zu zwingen, halten wir nicht sehr lange durch. Jedes Mal, wenn unser Fokus nachlässt, vermitteln wir dem anderen ein gewisses Desinteresse, das nicht nur dem gilt, was er uns erzählt, sondern ihm selbst als Person.

Ganz ehrlich, was wir ausdrücken, indem wir nicht zuhören, sagt einiges aus. Das ist tatsächlich so.

Aus genau diesem Grund ist diese einfache, aber dennoch ungemein schwierige Disziplin eine unglaubliche Quelle des Segens für den anderen. Es gibt nur wenig Dinge, die so bedeutsam und kostbar sind, wie wenn die andere Person während der Zeit, die wir mit ihr verbringen, die Gewissheit hat, dass wir sie wertschätzen und respektieren, so wie sie ist.

Haben nicht auch die Menschen, die dir nahestehen, diesen Segen verdient? Dein Mann? Deine Kinder? Deine Eltern? Deine Freunde? Warum sollten sie sich nicht allein durch deine Anwesenheit gestärkt und ermutigt fühlen? Selbst wenn du ihnen kein Geld oder die perfekte Antwort auf ihre Fragen geben kannst, selbst wenn du ihnen keinen Job anbieten oder ihnen ihre Sorgen oder Verzagtheit abnehmen kannst, du kannst ihnen trotzdem allein durch deine Anwesenheit ein sanftes Gefühl von Kraft und Stärke vermitteln. Ganz gleich ob es sich um Freunde, Familienangehörige oder Fremde handelt – Menschen, an denen du in der Hektik deiner Alltagsbesorgungen sonst achtlos vorbeieilst –, allein schon ein freundlicher Blick in ihre Augen kann eine Art Segen sein, den du im Lauf des Tages austeilen kannst. Jeden Tag.

Jesus muss um die Kraft dieses Segens gewusst haben. Er hatte es sich zur Gewohnheit gemacht, den unbedeutenden, unbeachteten Menschen seiner Zeit diesen Segen zu spenden. Jesus – der einzige allwissende Mensch, der je auf der Erde lebte und der eigentlich überhaupt keinen Grund gehabt hätte, sich auch nur ein einziges Wort anzuhören –, entschied bei vielen Gelegenheiten stehen zu bleiben, zuzuhören und dem anderen seine Aufmerksamkeit zu widmen, bevor er selbst etwas sagte. Sogar dann, wenn der andere völlig falsche Vorstellungen hatte oder gar Lästerungen von sich gab.

Er lauschte den cleveren Schachzügen und Ausflüchten der Frau am Brunnen (Joh 4,4-30). Geduldig hörte er Petrus und den anderen Jüngern zu, als sie aufgebracht damit prahlten, sie würden ihn nie verleugnen oder verlassen (Mt 26,31-35). Er hörte den Ruf eines einzelnen Blinden, trotz des Geschreis der Menschenmenge auf der Straße nach Jericho (Lk 18,35-43).

Doch das sollte uns nicht überraschen, denn dieses Verhalten stimmt einfach mit seinem ganzen Charakter überein. In der gesamten Bibel sehen wir immer wieder, dass Gott seinem Volk zuhört. Er hörte sich die vorwurfsvollen Ausführungen eines entmutigten, ungeduldigen Propheten an (Hab 1,1-11). Er hörte sich die ausführlichen Fragen eines Mannes an, der sich das ihm widerfahrene Leid nicht erklären konnte (Hiob 3,1-26). Geduldig hörte er sich all die Ausreden an, die Mose ihm unterbreitete, warum er absolut nicht dafür qualifiziert sei, sich mit dem Pharao anzulegen (2 Mose 3,1-4,13). Und er lauschte dem endlosen Gejammer eines verbitterten, ungebührlichen Mannes Gottes (Jona 4,1-11).

Seine Aufmerksamkeit ist eine der bedeutsamsten Dinge, mit denen er uns segnet. Daraus lässt sich unmissverständlich schließen, dass Zuhören eine der wichtigsten Möglichkeiten ist, andere zu segnen.

Entscheide dich, anderen zuzuhören. Widerstehe dem Drang, zu kritisieren, zu kränken, zu lachen oder sarkastische Bemerkungen zu machen. Widersetze dich jeglichem Zeitdruck und dem Verlangen, das Gespräch schnell zu beenden. Öffne dich dem anderen, bleib ruhig, einfühlsam und zielgerichtet.

Und höre zu.

Das ist dein Geschenk. Das ist dein Segen.

Sei bereit, wann immer du kannst, andere damit zu beschenken.

🔖 *Was ist für dich besonders schwierig, wenn du jemandem zuhören sollst?*

🔖 *Wann hat dir das letzte Mal jemand richtig zugehört? Wie hast du deine eigenen Ausführungen empfunden? Wie hast du dich dabei gefühlt? Beschreibe es mit einem Wort (immer nur ein Adjektiv – z. B. respektiert, angenommen, geliebt, verstanden usw.).*

🔖 *Welche Menschen in deinem Leben würden am meisten davon profitieren, wenn du dir Zeit nehmen würdest, ihnen aufmerksam zuzuhören?*

Schweigen ist Gold

Als ich vor über zehn Jahren unmittelbar vor meiner Eheschließung stand, stieß ich auf folgende, tiefgründige Definition von *Weisheit*:

1) Etwas zu sagen zu haben, aber 2) es nicht zu sagen.

Von all den Dingen, die ich durch Ratschläge und Bücher für Frischverheiratete oder für noch nicht Verheiratete gehört oder gelesen hatte, sprang mich diese einfache Aussage förmlich an, forderte mich heraus, überführte mich und brachte mich zum Umdenken. Bis heute, ja sogar in diesem Augenblick, bin ich immer noch fasziniert von der Kürze und der Scharfsinnigkeit dieser Worte.

Sie sprechen mich immer noch an. Sie sagen mir, dass sich Weisheit oftmals durch Schweigen offenbart.

Zugegeben, diese Erkenntnis ist nicht gerade neu. Meine Mutter sagte einmal etwas Ähnliches zu mir – besser gesagt zu dem Teenager mit der wesentlich größeren Klappe, mit dem ich mir damals den Körper teilen musste, und der ständig ohne nachzudenken plapperte. „Priscilla!", ermahnte sie mich, „du musst nicht alles sagen, was dir gerade einfällt." Natürlich war meine Mama nicht die Erste, die mir diesen klugen Rat gab. Lange vor meiner Teenagerzeit und noch viel länger vor der Zeit, als ich an der Schwelle zur Ehe stand, verfasste ein Mann von ungewöhnlicher Weisheit die folgenden Worte, die wir jetzt in der Heiligen Schrift finden:

> *Rede nicht zu viel, denn das führt zur Sünde.*
> *Sei klug und halte dich mit deinen Worten zurück!*
>
> Sprüche 10,19; Neues Leben

Ich hatte also reichlich Gelegenheit, diesen Gedanken zu verinnerlichen. Ich erkannte die Schönheit, die Stärke und ja, die Weisheit, die sich entfaltet, wenn ich sorgfältig erwäge, *was* ich sage und *wann* ich es sage. Mir war völlig klar, dass der stärkste, erstaunlichste Standpunkt, den man einnehmen kann, das Schweigen ist.

Aber ich habe nicht immer danach gelebt.

Ich erinnere mich noch sehr genau an eine Begebenheit, die sich in Los Angeles zutrug. Ich sollte dort auf einer Konferenz sprechen, und Jerry und ich wurden von einem älteren, grauhaarigen Herrn und seiner Frau am Flughafen abgeholt. Auf dem Weg zu unserer Unterkunft in einem winzigen Pfarrhäuschen, nicht weit von der Gemeinde entfernt, unterhielten wir uns über geistliche Dinge. Der ältere Mann erwähnte eine bestimmte Schriftstelle, die im Zusammenhang mit unserem Gespräch stand, und ebendiese Schriftstelle hatte ich zufällig während des Fluges gelesen. Als er die genaue Versangabe benannte, wusste ich sofort, dass sie nicht stimmte.

„Ich glaube, das steht im 1. Korintherbrief, Kapitel 3", verbesserte ich ihn.

„Nein, nein", erwiderte der freundliche, sanfte Mann zuversichtlich und schaute mich im Rückspiegel an. „Es ist ganz sicher der 2. Korintherbrief, Kapitel 4."

Leise blätterte ich in meiner Bibel und fand die Stelle genau dort, wo ich gesagt hatte. Ohne zu überlegen, hielt ich sie hoch, sodass er sie im Rückspiegel sehen konnte, und bestand darauf, dass er ganz klar falsch lag. „Es steht im 1. Korintherbrief, Kapitel 3."

Ich hatte gewonnen.

Hier war ich nun, kaum Mitte zwanzig, und hatte es gewagt, mich mit einem siebzig- oder achtzigjährigen Mann anzulegen, der so freundlich gewesen war, ein junges Ding wie mich nach Kalifornien einzuladen – und das wegen einer falschen Stellenangabe! Anstatt einfach meinen Mund zu halten, damit dieser reizende Mann seine Würde behielt, platzte ich los und verdarb uns allen für den Rest der Fahrt die Laune.

Als Jerry und ich schließlich allein waren, fragte er mich: „Warum hast du das getan? Warum war es für dich so wichtig, im Recht zu sein?" Ich weiß es nicht. Ich weiß nur, dass jeder von uns ein oder zwei (vielleicht auch zwanzig) derartige Geschichten erzählen könnte – Situationen, die allen Beteiligten Verletzungen, Peinlichkeiten und Bedauern erspart hätten, wenn wir nur still gewesen wären. Situationen, in denen unser Schweigen uns davor bewahrt hätte, dem anderen oder einer angespannten Beziehung einen heftigen Schlag zu versetzen.

Schweigen ist unser Freund. Schweigen ist unsere Stärke.

Selbstverständlich will ich damit nicht sagen, dass wir nie das Wort ergreifen oder dass wir unsere Charaktereigenschaften verbiegen sollten. Aber es ist doch so, dass wir in diesem Buch vermutlich keine Anleitung brauchen, um bessere Sprecher zu werden. Wenn wir ehrlich sind, haben wir doch die Sache mit dem Reden ganz gut im Griff, oder? Doch ein Kapitel darüber, die Weisheit und Kraft des Schweigens zu verstehen? Schweigen ist oft das Letzte, das wir in Betracht ziehen, wenn wir uns in einer Situation befinden, die nahezu nach einer Meinung, einer Entscheidung oder einfach nach *irgendetwas* schreit, um diese peinliche Stille zu unterbrechen. Ich denke, über so ein Thema zu sprechen, lohnt sich allemal.

Schweigen ist für uns ein Weg, persönliche Tiefe zu entwickeln, unser Erwachsensein zu entdecken und unseren gottgegebenen Einfluss auf andere auszuüben, im Gegensatz zu der zerstörerischen, entmutigenden Alternative. „Etwas zu sagen zu haben", aber es zu einem unangebrachten Zeitpunkt „nicht zu sagen", versetzt uns in eine Position, in der – wenn die Zeit reif ist, uns zu äußern – unsere Worte einen ganz gezielten Segen bewirken können.

Eine Frau, die „intensiv zuhört", sammelt zuerst alle notwendigen Informationen, bevor sie ihre Reaktion ausspricht. Sie widersteht dem Drang, alles herauszusprudeln, was ihr in den Sinn kommt. Vielmehr nimmt sie sich die Zeit, ihre Antworten zu überdenken und vernünftig zu formulieren, bevor sie mitgeteilt werden. Wenn sie spricht, sind ihr Rat und ihre Einschätzung einfühlsam und sachlich. Besonnen und zielgerichtet. Ihre Gesprächspartner erkennen, dass sie hier keine Antwort erhalten, über die nur halbherzig nachgedacht wurde. Sie sitzen gespannt auf der Stuhlkante, begierig, hungrig und mit offenem Ohr und wissen, dass „die Zunge des Gerechten wie auserlesenes Silber ist" (siehe Spr 10,20). Wertvoll, geschätzt, kostbar und würdevoll. Es sind Worte, die nützlich sind und andere sowohl stärken als auch aufbauen.

Bestimmt hast du schon einmal so außergewöhnliche Menschen getroffen. Frauen mit besonderer Weisheit und Würde. Wie auch ich wolltest du diejenige sein, die schweigend am Kopfende der Tafel sitzt, jedoch absolut präsent durch ihre ruhige Stärke, ihre friedvolle Weisheit, ihre Geduld und ihre kluge Voraussicht. Anstatt sich in unsinnigem Geschwätz zu verstricken oder in einer Schlammschlacht von der Art „er hat gesagt, sie hat gesagt", behältst du deine Meinung für dich in dem Wissen, dass das nicht enden wollende Geschwätz „närrischer Lippen zu Fall kommt" (siehe Spr 10,8).

Ja, sieh dich selbst als so jemand. Als jemand, der schon lange das Bedürfnis abgelegt hat, andere zu beeindrucken oder im Mittelpunkt stehen zu müssen. Stattdessen hast du dir eine Leichtigkeit und Freiheit angeeignet, die dich befreit von Stolz und Heuchelei und überhaupt allem, das den Wunsch in dir wecken könnte, beachtet zu werden oder dich in der Gruppe wichtigzumachen. In einer Haltung von Demut und Wertschätzung anderen gegenüber kannst du dich damit zufriedengeben, einfach ein Teilnehmer wie jeder andere auch zu sein. Du hast nicht den Anspruch, immer im Recht zu sein und alle anderen liegen falsch, weil nur du allein alle Antworten parat hast. Du hörst einfach zu und lernst. Du betrachtest und bedenkst. Du erwägst und wartest.

Das ist Weisheit. Und Macht.

Es ist die Macht der Zunge, wie sie von Jakobus im Neuen Testament beschrieben wird. Es ist die gewisse, beständige Charakterstärke, die Menschen zur Verfügung steht, die in der Lage sind, sie zu nutzen, zu zügeln und ihr wildes Wesen im Zaum zu halten. Jakobus sagt uns: „Wir alle machen viele Fehler, aber wer seine Zunge im Zaum hält, der kann sich auch in anderen Bereichen beherrschen" (Jak 3,2). Wenn wir unsere Worte unter Kontrolle halten, gleichen wir einem Schiffskapitän, der auf offener See in einen heftigen Sturm geraten ist und trotz schweren Seegangs das kleine Ruder unter seinem gigantischen Ozeanriesen geschickt manövriert. Dadurch hält er den Kurs und bestimmt letztendlich auch die Zielrichtung und kann sein Schiff sicher zur Küste zurückbringen.

Der Segen des Schweigens. Das zu erlernen, zu lieben und danach zu leben, ist unser Gebet.

Es ist Teil unserer *Erklärung*.

§ *Was würde sich in deinem Leben sofort zum Guten ändern, wenn du anfangen würdest, die geistliche Maßnahme des Schweigens zu praktizieren?*

§ *Versuche es ein oder zwei Tage lang. Halte dich ganz bewusst zurück, etwas zu sagen, das du besser nicht sagen solltest. Lass dich nicht von einer unfreundlichen oder unangemessenen Bemerkung zu einer unüberlegten Antwort hinreißen. Halte selbst schriftlich fest, welche Veränderungen du an dir selbst und den Auswirkungen deines Verhaltens beobachten kannst.*

Die eigentliche Ursache

Als Kind musste ich mir mit meiner Schwester Chrystal ein Zimmer teilen. Es war ein kleines Zimmer, etwa 3,5 Meter lang und 4 Meter breit. Unsere Betten standen jeweils an den gegenüberliegenden Wänden. Meines stand direkt neben dem gemeinsam genutzten Badezimmer, das direkt zu dem Zimmer unserer Brüder führte. Bevor wir abends zu Bett gingen, schlossen wir immer diese Tür, um nicht von ihnen gestört zu werden (wie Brüder eben so sind).

Ich erinnere mich noch genau daran, wie ich eines morgens aufwachte und direkt auf die Wand oberhalb der Badezimmertür schaute – wie jeden Morgen, wenn ich bei Sonnenaufgang die Augen aufschlug. Doch diesmal fiel mir etwas auf, das ich bisher noch nie dort gesehen hatte. Es war ein kleiner, dünner Riss, der sich etwa einen halben Meter oberhalb des Türrahmens bis zur Decke hinzog.

Seltsam.

Als mein Papa davon erfuhr, ließ er den Maler kommen, um sich das Ganze mal anzusehen. Ein paar Tage später kam er vorbei, um den Riss neu zu verputzen und mit einer möglichst ähnlichen Farbe zu überpinseln. In den nächsten Wochen schaute ich beim Zubettgehen immer auf diesen unpassenden Farbstrich über dem Türrahmen.

Doch eines Morgens wachte ich auf und entdeckte überrascht, dass der Riss plötzlich wieder da war. Aber diesmal war er nicht allein. Offensichtlich hatte er seiner ganzen Familie seine neuen Wohnverhältnisse mitgeteilt, denn wie es aussah, hatten sie sich alle zusammen mit ihm hier angesiedelt. Mindestens ein halbes Dutzend Risse in den unterschiedlichsten Formen und Größen zierten jetzt unsere Wand.

Doch dann kam ein anderer Maler, um sich das Problem näher anzusehen und teilte meinem Vater mit, dass es nicht damit getan sei, das Ganze nur zu übertünchen. Er erklärte ihm, dass eine Verschiebung des Fundaments unterhalb unseres Hauses der Grund für die Risse war. Ganz gleich wie viel Farbe wir auftragen würden, um sie zu überdecken, sie würden immer wieder auftauchen. Die Risse waren lediglich die Symptome eines viel ernsteren Problems.

Der einzige Weg, um dieses Problem zu beheben, war, sich an das Fundament zu machen.

Nun haben wir uns ausführlich damit beschäftigt, wie wir für andere ein Segen sein können, indem wir uns selbst dazu erziehen, aufmerksam zuzuhören und wohlüberlegte, gut durchdachte Antworten zu geben. Dabei fiel mir auf, wie schwierig es für viele von uns sein muss, sich auf diese *Erklärung* festzulegen. Ich wage sogar zu sagen, für die *meisten* von uns.

Genauer gesagt, für *mich*.

Allein meine Zunge im Zaum zu halten, ist schon eine Herausforderung, die die ganze Reife in Anspruch nehmen wird, die jedes weitere meiner Lebensjahre mit sich bringt. Der Grund dafür ist, dass ich in meinem bisherigen Leben immer wieder entdeckt habe, dass die „Risse", die ich mit meinen Worten verursache, nur die Symptome eines viel tiefer liegenden, viel persönlicheren Problems sind – eines Problems, das nicht so leicht aufzuspüren ist, denn es liegt tief unter der Oberfläche. Viel näher am Grund als mein Mund.

> *Was immer in deinem Herzen ist, das bestimmt auch dein Reden.*
> Lukas 6,45 b; Neues Leben

Das heißt, mein Mund ist nur das Barometer, das preisgibt, ob ich in Demut und Gehorsam gegenüber dem Herrn wandle oder ob ich einen unterernährten Geist beherberge, der sich störrisch weigert, sich der Weisheit des Wortes Gottes zu ergeben.

Das ist ein grundsätzliches Problem.

Eine kleine Inventur der Erfolgs- und Erfahrungsgeschichte deiner Zunge ist also ein aufschlussreicher Weg, um herauszufinden, was dahintersteckt. Starten wir einen Versuch.

• *Symptom*: Bist du immer schnell dabei, deine Meinung kundzutun und in Gesprächen jede erdenkliche Gelegenheit zu nutzen, um deine Ansichten einzuflechten?

Diagnose: Das könnte einen Anflug von Hochmut in deinem Herzen offenbaren, der dir das Bedürfnis vermittelt, andere zu beeindrucken und im Mittelpunkt stehen zu wollen.

• *Symptom*: Sind die Gefühle und Empfindungen, die du laut aussprichst, ständig kritischer und herablassender Natur?

Diagnose: Das sind oft entscheidende Hinweise auf Unsicherheit und Mangel an Selbstwertgefühl sowie auf ein von Ärger und richtenden Gedanken infiziertes Herz.

• *Symptom*: Hast du die Gewohnheit, dich ständig mit deinem Mann zu zanken, oder dich im Umgang mit anderen entzweiend zu verhalten?

Diagnose: Tief in deinem Herzen mangelt es dir an einer Gesinnung des Friedens und der Einheit des Geistes sowie an dem echten Verlangen, dass deine Beziehungen gefestigt werden und die Gnade und Freundlichkeit des Herrn widerspiegeln.

• *Symptom*: Hast du die Angewohnheit, ständig über andere zu tratschen, sodass du trotz eiserner Selbstbeherrschung immer wieder unterliegst?

Diagnose: Du findest die Probleme und Schwierigkeiten anderer unterhaltsam und erkennst nicht, dass der andere vielleicht deiner Unterstützung, deines Gebets oder deiner Kameradschaft bedarf.

• *Symptom*: Verraten deine Worte meist eine zweifelnde, misstrauische Einstellung?

Diagnose: Dein Glaube und deine Überzeugungen sind auf einem sehr niedrigen Level. Du handelst nicht im tiefen Vertrauen auf Gottes Fähigkeit, deine Lebensumstände weise und umsichtig zu koordinieren.

Die Worte deines Mundes sind wie Risse in der Wand und offenbaren, was in deinem Fundament vor sich geht. Denn es ist tatsächlich so, dass unser Mund redet, „was in unserem Herzen ist".

In diesem Vers gebraucht Jesus das Wort *Herz*, um den inneren Menschen zu beschreiben – den Ort, wo unsere Gedanken, Ansichten und Überzeugungen verankert sind. Das Herz ist das Reservoir, das Sammelbecken sämtlicher

Einstellungen und Überzeugungen, die wir entweder selbst hineingelegt haben oder deren Aufenthalt wir dort dulden. Es ist der Speicher, der das eigentliche Wesen dessen enthält, wer wir tatsächlich sind. Und aufgrund der direkten Verbindung zu unseren Gewohnheiten und Handlungen auch ein Spiegelbild dessen, wer und wie wir einmal sein werden.

So wie eine steigende Flutwelle letztendlich den Damm durchbrechen wird, so wie Maiskörner in der heißen Pfanne aufplatzen und zu Popcorn werden, so wird auch der Inhalt unseres Herzens drücken und pressen – unfähig, sich zurückzuhalten. Er braucht immer mehr Platz, um sich zu entfalten und letztendlich sprudelt er durch unsere Worte und Gespräche aus uns heraus. Das liegt in der Natur der Sache und ist nicht aufzuhalten.

Wenn ich zum Beispiel mit meinen Jungs unterwegs bin, entdecken sie sofort jedes einzelne McDonald's Restaurant, an dem wir vorbeifahren, und sie legen immer großen Wert darauf, mich das auch wissen zu lassen. Selbst wenn das typische gelbe „M" noch ziemlich weit weg ist, scheinen meine Jungs so eine Art inneren Radar zu haben, das sie über die bevorstehende Gelegenheit, einen ihrer Lieblingsburger zu vertilgen, in Kenntnis setzt. Warum? *Weil sie dieses Essen lieben!*

Und was für Hamburger und Pommes zutrifft, gilt auch für alles andere, an dem unser Herz hängt. Unsere verborgenen Vorlieben, Wünsche und Neigungen lassen in unseren Gesprächen ihre Deckung auffliegen.

Die Bibel bezeichnet diese Bewohner unseres Herzen als unseren „Schatz".

Ein guter Mensch bringt aus einem guten Herzen gute Taten hervor,
und ein böser Mensch bringt aus einem bösen Herzen böse Taten hervor.
Lukas 6,45 a; Neues Leben

Das Wort, das in der ursprünglichen Sprache für „Schatz" benutzt wird, ist dasselbe Wort, das gebraucht wird, um den Inhalt der Schatzbehälter der Weisen aus dem Morgenland zu beschreiben (Mt 2,11). Sie konnten nur deshalb so prächtige Geschenke hervorholen, um sie Jesus zu überreichen, weil sie diese Kostbarkeiten zuvor in das Kästchen gelegt hatten. Ebenso werden die Art „Schätze" – die guten wie die schlechten –, die aus unserem Herzen in unsere Gespräche, unsere Reaktionen, unser Verhalten und unsere

Ausdrucksweise fließen, bestimmen, ob wir anderen zum Segen oder zum Schaden gereichen.

Also frage ich dich …

Was legst du hinein?

Welche Schätze sammelst du?

Wenn du es nicht weißt, dann hör dir einfach mal selbst zu, denn deine Worte, dein Tonfall und deine Gesprächsthemen werden es dir sagen. Aus diesem Grund ist es einfach unerlässlich, diesen äußerst bemerkenswerten biblischen Rat zu beherzigen:

Vor allem aber behüte dein Herz, denn dein Herz beeinflusst dein ganzes Leben.
Sprüche 4,23; Neues Leben

Du musst zum Wächter deines eigenen Herzens werden und sicherstellen, dass es nicht durch etwas verunreinigt wird, was deinen Auftrag, Christus immer ähnlicher zu werden, verhindert. Je mehr du sein Wort und seine Wahrheit aufsaugst, desto mehr kannst du erwarten, ein tiefes Reservoir zu bekommen, das gefüllt ist mit all den Schätzen, die du brauchst, um deine Gespräche mit Weisheit, Freundlichkeit und Demut zu würzen.

Bewache also dein Herz und lass nicht zu, dass es hart wird (Spr 28,14) oder trügerisch (Ps 12,3) oder hochmütig (Spr 21,4) oder unrein (Ps 51,12). Strebe vielmehr danach, ein Herz zu bekommen, das stets sensibel für die Impulse des Geistes ist (Röm 8,5), das seine Führung und Wahrheit sucht (Ps 86,11), das demütig und ehrfürchtig ist (Spr 22,4) und das vor Gott rein ist (Mt 5,8). „Seid nicht selbstsüchtig; strebt nicht danach, einen guten Eindruck auf andere zu machen, sondern seid bescheiden und achtet die anderen höher als euch selbst" (Phil 2,3-4; Neues Leben).

Eine Frau, deren Herz erfüllt ist von Dankbarkeit und Demut, die sich der Liebe Gottes gewiss ist und aufrichtig den Wert und die Vorzüge ihrer Mitmenschen hervorhebt, wird einen beständigen Strom der Liebenswürdigkeit und Güte hervorbringen, der ihre Gesprächspartner stärkt und erfrischt. Die Menschen werden gerne in den Genuss ihrer Gesellschaft kommen wollen, weil sie wissen, dass sie um ihr Wohlergehen besorgt ist und den anderen höher schätzt als sich selbst. Sie wird jede Gelegenheit ergreifen, dem anderen zuzuhören und demütig die tiefe Weisheit aus dem Reichtum ihres mit guten, kostbaren Dingen gefüllten Schatzbehälters anbieten.

Bevor du dich nun unter Gebet daranmachst, die nächste Erklärung zu unter-zeichnen, musst du verstehen, dass es hierbei nicht nur darum geht, auf deine Worte zu achten, sondern dein Herz zu bewachen. Jede dauerhafte Veränderung in Bezug auf die Kontrolle deiner Worte muss am Fundament beginnen – dort, wo die Risse tatsächlich entstehen.

Tief unten, wo nur echte Durchbrüche erzielt werden können.

§ *Wenn du dich auf diese Erklärung vorbereitest, führe dir die Menschen vor Augen, die dieses Geschenk am meisten von dir benötigen, aber auch die Hin-derungsgründe, die dich ständig davon abhalten, diese Gabe auszuteilen. Bevor du voreilig deinen Namen daruntersetzt, überlege, welche Veränderungen du vornehmen musst, um die Frau zu werden, die „intensiv zuhört und wohlüber-legt redet". Musst du zum Beispiel erst ein paar technische Geräte abschalten, damit dein Gesprächspartner spürt, dass er dir in diesem Augenblick wichtiger ist als alles andere? Sei bereit, diese praktischen und notwendigen Änderungen vorzunehmen, damit diese Erklärung nicht „im Regal landet", sondern in dei-nem Leben zur Realität wird. Wenn du so weit bist, lies die folgende Aussage, sprich mit Gott darüber und unterschreibe sie.*

MEIN SEGEN

Ich werde eine Frau sein, die intensiv zuhört und wohlüberlegt redet. Ich werde mich für die Belange meiner Mitmenschen einsetzen und sie höher achten als mich selbst.

_____

MEINE VERGEBUNG

∽

Der Entschluss, andere aus dem Gefängnis meiner
Verletzungen und meines Ärgers zu entlassen

Innere Verletzungen

Ich hatte es mir auf meinem Sofa gemütlich gemacht, um mir eine meiner geliebten Krankenhaus- bzw. Arztserien anzuschauen. Sofort zog mich die Handlung der Geschichte in den Bann. Aufgrund eines verheerenden Massenzusammenstoßes waren Dutzende Verletzte in die Notaufnahme eingeliefert worden und das Personal war allein durch die große Anzahl der Verletzten völlig überfordert. Unter dem Durcheinander der neuen Patienten befanden sich auch zwei Frauen – offensichtlich beste Freundinnen –, die ebenfalls in den Unfall verwickelt waren. Ihr Schicksal sollte nun in dieser Sendung dargestellt werden.

Eine der beiden Frauen schien unverletzt zu sein. Die andere jedoch war auf einer Transportliege festgeschnallt und war offenbar in einem sehr kritischen Zustand. Das Klinikpersonal eilte herbei, um die Dringlichkeit der Erstversorgung festzustellen, während andere Krankenschwestern bei der weniger verletzten Frau die Vitalwerte prüfen wollten, um sich zu vergewissern, dass es ihr auch wirklich gut ging. Doch sie lehnte ab, denn sie war viel mehr um den Zustand ihrer besten Freundin besorgt.

Im Lauf der Sendung wurde auch über verschiedene andere Schicksale und Krankheitsgeschichten berichtet, aber die Kamera schwenkte immer wieder zurück zu dieser äußerst besorgten Frau. Sie betete am Bett ihrer Freundin. Ständig sprach sie Ärzte und Schwestern an und bat um Schmerzmittel und mehr Betreuung für ihre leidende Gefährtin. Sie rief alle möglichen Familienangehörigen an. In einem selbstlosen Versuch, ihre fast bewusstlose Freundin wach zu halten, führte sie einseitige Gespräche. Als sich der Zustand der verletzten Frau endlich stabilisierte, entspannte sich ihre erleichterte Freundin ein wenig und begann, das Personal mit ihrer quirligen, gewinnenden

Persönlichkeit und ihrer Scharfsinnigkeit zu unterhalten. Alles schien noch einmal gut gegangen zu sein. Nicht nur ihrer Freundin schien es besser gut zu gehen, auch sie selbst fühlte sich wohl.

Doch plötzlich brach sie ohne Vorwarnung zusammen.

Einfach so.

Ich sprang fast von meinem Sessel auf. Ich war genauso fassungslos wie das fiktive Krankenhauspersonal. Diese bestausgebildeten Fachkräfte, die noch Sekunden zuvor über ihre Witze gelacht hatten, während sie sich um ihre verletzte Freundin kümmerten, drängten sich nun um diese Frau und kämpften verzweifelt um ihr Leben.

Doch alles, was sie versuchten, blieb erfolglos.

Eine Minute später war sie tot.

Der Röntgenbericht ergab, dass sie bei dem Unfall offenbar innere Verletzungen erlitten hatte, die zu starken Blutungen führten. Den ganzen Tag über hatte weder sie noch das Krankenhauspersonal irgendetwas bemerkt. Ihr Leben schwand einfach langsam dahin. Endlose Stunden hatte sie nur eine Handbreit entfernt von Heilungs- und Behandlungsmöglichkeiten verbracht, während sie aufgrund ihrer nach außen hin unsichtbaren Verletzungen völlig unbemerkt starb. Sie hatte sich um jemand anders gekümmert, ohne sich des Ausmaßes ihrer eigenen Verletzungen bewusst zu sein. Sie wusste nicht, dass sie ebenfalls um ihr Leben kämpfte.

Das ist eine bildhafte Darstellung der inneren Verletzungen, die aufgrund von Unvergebenheit entstehen. Wie leicht bleiben sie unentdeckt, verborgen unter dem Deckmantel von äußerlichem Lachen und Fröhlichkeit. Wir stürzen uns in Aktivitäten und Geschäftigkeiten, um nicht darüber nachdenken zu müssen. Wir kümmern uns um die Nöte anderer, anstatt uns selbst der dringend benötigten Behandlung zu unterziehen. Ständig operieren wir an der Oberfläche und sind wahre Meister darin, mit Äußerlichkeiten umzugehen, obwohl unter der Oberfläche Krankheit und Ruhelosigkeit brodeln und unsere Seele zugrunde richten.

„Prüft euch selbst", mahnt der Apostel Paulus gleich zwei Mal in seinen Briefen (siehe 1 Kor 11,28; 2 Kor 13,5). Anstatt deine ganze Zeit darauf zu verwenden, anderen zu helfen, schau lieber tief in dein eigenes Herz und prüfe, ob dort nicht etwas schwelt, das die Bibel eine „Wurzel der Bitterkeit" nennt. Gib acht, dass sie nicht auf deinem Herzensboden Knospen des Grolls und der Bitterkeit treibt, die alle anderen Bereiche deines Lebens beeinträchtigen.

Auf den folgenden Seiten begeben wir uns auf eine Reise in das Gebiet der Vergebung. Vielleicht ist das nicht der Bereich, der dich gerade beschäftigt, und du würdest diesen Abschnitt am liebsten überspringen. Doch ich ermutige dich, dranzubleiben, denn dieser Teil der *Erklärung* wird irgendwann in der Zukunft deinem Leben äußerst nützlich sein. Wenn dieses Thema jedoch direkt einen bestimmten Schmerz in deinem Herzen auslöst, dann bereite dich darauf vor, dass dieses Unterfangen eines der schwierigsten, aber auch lohnenswertesten deines ganzen Lebens wird.

Offensichtlich ist der Rahmen von ein paar Tausend Wörtern kaum ausreichend, um dieses Thema auch nur einigermaßen vernünftig anzuschneiden, geschweige denn es umfassend zu behandeln. Doch lasst uns wenigstens für ein paar Augenblicke einen Blick in unser Inneres werfen. Wir sollten nicht unsere ganze Aufmerksamkeit auf die Menschen lenken, die uns verletzt haben, aber auch nicht auf jene, die uns schmeicheln und uns unsere Probleme vergessen lassen. Vielmehr sollten wir die Bereitschaft zeigen, den Groll und die Bitterkeit auszugraben, die wir festhalten und innerlich regelrecht anhäufen. Es sind jene schweren Behälter voller Unvergebenheit, die unablässig ihr Gift in unser ganzes System verteilen.

Prüfen wir uns selbst, denn wenn wir das tun, sind wir auf dem besten Weg zur Heilung.

Und dann werden wir leben – und zwar richtig leben.

§ Wenn du der Meinung bist, dass du mit Unvergebenheit eigentlich kein Problem hast, dann überlege dir ein paar ganz praktische Möglichkeiten, wie du weiterhin dafür sorgen kannst, dass „keine bittere Wurzel unter euch Fuß fassen kann, denn sonst wird sie euch zur Last werden" (siehe Hebr 12,15).

§ Neigst du dazu, dich mehr um andere zu kümmern, als deine eigenen geistlichen Bedürfnisse aufzuspüren und zu stillen? Wenn ja, wie zeigt sich das ganz praktisch in deinem Leben?

§ Bete über Folgendes: Gibt es in deinem Herzen Unvergebenheit gegenüber einer bestimmten Person? Wie hat das dein Leben beeinflusst?

§ *Nimm deine Bibel zur Hand und wähle eine der Schriftstellen aus. Schlag sie nach und meditiere über Vergebung:*

- Markusevangelium 11,25-26 – Mach es zu deinem regelmäßigen Gebetsanliegen, stets versöhnte Beziehungen zu pflegen.

- Matthäusevangelium 6,4-15 – Halte dir stets vor Augen, dass unsere Vergebungsbereitschaft in direktem Zusammenhang mit Gottes Vergebung uns gegenüber steht.

- Hebräerbrief 12,14 – Denke beständig an den Segen, der fließen kann, wenn wir den Frieden mit jedermann pflegen.

§ *Über Bitterkeit:*

- Epheserbrief 4,31 – Das einzig Gute, das man mit Bitterkeit machen kann, ist, sie loszuwerden.

- Hebräerbrief 12,15 – Was Bitterkeit anrichten kann, wenn sie nicht mit den Wurzeln herausgerissen wird.

- Die Sprüche Salomos 14,10 – Was passiert, wenn wir an Bitterkeit festhalten.

Alles bereinigt!

Ich sehe mir gerne Buchumschläge an. Seit der Geburt meiner Kinder musste ich mich ein wenig von meinen geliebten Lesegewohnheiten verabschieden, doch streife ich jetzt mit größtem Vergnügen durch die Buchläden und inspiziere die Regale nach kunstvollen Einbänden, die mein Interesse wecken könnten.

Ein bestimmtes Buch habe ich jedoch zu meinem Lieblingsband erklärt. Es kam eines Nachmittags mit der Post. Eine Freundin, die Autorin des Buches, hatte es mir geschickt, weil sie wollte, dass ich eine der ersten Ausgaben erhalten sollte. Sofort, als ich das Buch aus dem braunen Umschlag zog, war ich von dem Titel gefesselt.

Das Buch heißt *Choosing Forgiveness* (Entscheide dich zu vergeben) und wurde von Nancy Leigh DeMoss verfasst. Das einfache, jedoch sehr ausdrucksvolle Design entsprach absolut meiner Vorliebe für gute Einbände. Direkt über dem Titel sieht man einen Teil einer PC-Tastatur – nur eine kleine Anzahl der vertrauten Tasten. Man kann die verschwommenen Zeichen bzw. Buchstaben auf jeder einzelnen Taste noch erkennen. Doch genau in der Mitte war eine bestimmte Taste mehr als die anderen hervorgehoben. Klar, kräftig und hervorstechend – eine ganz besondere Taste.

Es war die Löschtaste.

Alles klar, ich verstehe. Es war nicht allzu schwer, den Zusammenhang zu erkennen. Vergebung war schließlich so etwas Ähnliches wie die Löschtaste oder die Rückwärtstaste am Computer zu drücken. Damit kann man die Missgeschicke und das Fehlverhalten, das auf den Seiten unseres Lebens aufgeschrieben ist, quasi zurücksetzen oder ungeschehen machen. Vergebung beinhaltet die Entscheidung, vorwärtszugehen und das nächste Kapitel unseres Lebens zu schreiben, ohne die verderbten Überreste des vorigen mit einbauen zu müssen. Die Löschtaste zu drücken, ist eine Entscheidung. Eine endgültige, einmalige Entscheidung, gefolgt von einer Reihe kleinerer, doch ebenso wichtiger, täglicher Entscheidungen, diese Taste auch weiterhin zu drücken, um sich von dem Drängen zu lösen, an dem festzuhalten, was geschehen ist.

Sogar gerade jetzt, während ich mit dem Laptop auf den Knien hier sitze und dir schreibe, fliegen meine Finger über die leicht erhöhten Tasten direkt vor mir. Wie dankbar bin ich doch, dass die Löschtaste in unmittelbarer Reichweite meines kleinen Fingers ist! Wenn ich einen Fehler mache (was nur allzu oft der Fall ist), den ich aber einfach nicht korrigieren will, wird der ganze Abschnitt durch diesen einen Fehler beeinträchtigt. Mein gesamtes Werk wird durch diesen offenkundigen Fehler, den ich einfach dort belassen habe, beeinträchtigt sein. Indem ich nicht ganz bewusst die Aufgabe erfülle, diesen Fehler vom Bildschirm zu entfernen, werde ich nie so richtig in der Lage sein, das auszudrücken, was ich eigentlich mit meinen Worten sagen will. Wenn ich den Fehler nicht lösche, dulde ich, dass eine fehlerhafte Handlung weiterhin das Eigentliche verfälscht und nur Probleme verursacht.

Deshalb kann ich dir nur nahelegen, dir diesen kleinen Vergleich zu Herzen zu nehmen.

Denk an die Löschtaste.

Du weißt bestimmt, wovon ich rede. Es geht darum, zu vergeben und dieser Sache ein Ende zu setzen.

Und du weißt auch, dass es das Richtige ist, selbst wenn du dich überhaupt nicht danach fühlst.

Aber so schwer es auch sein mag, den Schaden zu „löschen", den jemand anders „eintippte", ist es noch schwieriger, dir selbst zu vergeben, was du dir vorhältst. Auch wenn du anderen verzeihen kannst, gelingt es dir bei dir selbst nicht immer.

Kürzlich traf ich auf einer Konferenz, die von *The Impact Movement* durchgeführt wurde, mit einer Gruppe junger Frauen zusammen. Der Schwerpunkt dieses Dienstes liegt darin, afroamerikanische Studenten auf dem jeweiligen Universitätsgelände zu erreichen. Während einer Veranstaltung für junge Frauen ermutigte ich die Mädchen, mich alles zu fragen, was ihnen auf dem Herzen lag. Eine schüchterne junge Frau erhob sich und stellte mir mit einem Unterton der Selbstverachtung eine Frage, die ebenso einfach wie beeindruckend war: „Wie kann man sich selbst vergeben?"

Die anwesenden Mädchen blickten gespannt auf mich, konnten sich offensichtlich alle mit dieser Frage identifizieren und erwarteten ungeduldig die Antwort.

Geht es dir genauso?

Vielleicht hast du dich vor Jahren für eine Abtreibung entschieden. Vielleicht hast du einen schlimmen Unfall verursacht. Vielleicht hast du unabsichtlich irgendwo ein Chaos angerichtet. Vielleicht hast du eine Gelegenheit vermasselt, die dich mehr Geld, Herzschmerz und Bedauern gekostet hat, als du wahrhaben willst. Vielleicht hast du eine ganze Reihe von Dingen veranstaltet, die ein harmonisches Zusammenleben mit anderen fast unmöglich gemacht haben. Du musst ständig daran denken. Und du kannst dir irgendwie nicht vergeben, genau wie dieses Mädchen. Die Fehler ihrer Vergangenheit lagen fast sichtbar auf ihren Schultern und drückten sie mit vollem Gewicht nieder.

Ich antwortete ihr mit denselben Worten, die ich dir hier mitteile: Es ist völlig unmöglich, dir selbst zu vergeben. Das geht nicht. Niemand kann das. Doch es gibt gar keinen Grund, darüber bestürzt oder entmutigt zu sein, denn es gibt in der ganzen Bibel keine einzige Schriftstelle, die uns dazu auffordert.

Höre genau zu: Nirgendwo in der Bibel steht, dass wir uns selbst vergeben sollen.

Natürlich weiß ich, dass Schuld ein Gefühl ist, das plötzlich aus dem Nichts auftauchen kann. Doch erfordert es einen absichtlichen, ganz bewussten Akt des Glaubens, dieses Gefühl beiseitezuschieben, wenn wir über etwas Buße tun. Du musst dein Herz und deinen Sinn ganz bewusst als wiederhergestellt und erneuert ansehen, selbst wenn du noch ein tiefes Bedauern empfindest. Jedenfalls hast du in diesem Fall weder die Verantwortung noch die Möglichkeit, dir selbst zu vergeben.

Jedoch sind wir angewiesen, folgende Realitäten zu beherzigen und darin zur Ruhe zu kommen:

Denn alle Menschen haben gesündigt und das Leben in der Herrlichkeit Gottes verloren. Doch Gott erklärt uns aus Gnade für gerecht. Es ist sein Geschenk an uns durch Jesus Christus, der uns von unserer Schuld befreit hat. Denn Gott sandte Jesus, damit er die Strafe für unsere Sünden auf sich nimmt und unsere Schuld gesühnt wird. Wir sind gerecht vor Gott, wenn wir glauben, dass Jesus sein Blut für

uns vergossen und sein Leben für uns geopfert hat. Gott bewies seine Gerechtigkeit,
als er die Menschen nicht bestrafte, die in früheren Zeiten gesündigt haben.
Er handelte so, weil er Geduld mit ihnen hatte. Und er ist auch jetzt, in dieser Zeit,
vollkommen gerecht, indem er die für gerecht erklärt, die an Jesus glauben.

Römer 3,23-26; Neues Leben

Fazit: Bei der Vergebung deiner Sünden handelt es sich um etwas, für das Christus einen entsetzlichen Tod erlitten hat, damit er es dir schenken kann. Sein Werk war so vollständig, dass er dir und mir versprechen kann: „Denn ich werde ihre Schuld vergeben und an ihre Sünde nicht mehr denken" (Jer 31,34). Er hat also bereits die Löschtaste über jeder Sünde, die du jemals begangen hast, gedrückt. Und er selbst oberster Herrscher und Richter wird nie wieder deiner Vergehen gedenken, jedenfalls nicht um dich dafür zu bestrafen.

Warum also solltest *du* es tun?

Wenn du sagst „Ich kann mir selbst nicht vergeben", sagst du damit eigentlich, dass du nicht glaubst, das Werk Jesu wäre ausreichend für dich. Seltsamerweise denkst du, dass die Vergebung, die er dir zuteilwerden lässt, nicht genügt. Das ist die überhebliche, anmaßende Einstellung des gefallenen Menschen, die sich weigert, das Geschenk anzunehmen, das schon immer ausreichend war und auch bleibt.

Aber es ist tatsächlich ausreichend.

Und es ist notwendig. Denn keine menschliche Vergebung – auch nicht deine eigene – ist stark genug, um dich von der quälenden Erinnerung an dein Vergehen und dem Mantel der Schuld auf deinen Schultern zu befreien. Selbst wenn du es irgendwie schaffen würdest, eine solche Vergebung zu finden und anzuwenden, wäre sie niemals ausreichend. Nur durch die dankbare Akzeptanz der Gnade, die Jesus Christus dir darbietet, wirst du wirklich frei werden. Frei von Gebundenheit, wirklich freigesetzt kannst du erkennen, dass dein Erlöser persönlich die Löschtaste für deine Sünden drückte, als er …

- den Weg nach Golgatha ging …
- spürte, wie die Dornenkrone auf sein Haupt gedrückt wurde …
- die Schläge hinnahm …
- den Schwertstoß duldete …
- zusammenzuckte, als die Nägel seine Hände und Füße durchbohrten …
- auf Golgatha am Kreuz hing.

Genau dort hast du vollkommene Vergebung empfangen. Als er ausrief: „Es ist vollbracht!" (Joh 19,30), war alles ein für alle Mal erledigt. Er hat die Löschtaste für all deine Übertretungen gedrückt – für jede einzelne!

Und ja, selbst für diese.

Jetzt musst du diese herrliche Tatsache annehmen, die sie rechtmäßig und für alle Ewigkeiten auch bleibt. Wenn du das tust, dann hast du auch *dir selbst* vergeben.

Es ist gut, deine Sünde nicht durch Stolz so weit kleinzureden, dass sie kaum mehr einen Klaps auf die Finger verdient hat. Erkennst du aber deutlich die Schwere deines Versagens und deiner Übertretungen, musst du zulassen, dass deine „Traurigkeit" eine „Umkehr von der Sünde" bewirkt (2 Kor 7,10; Neues Leben).

Fall auf die Knie und entscheide dich, mit ausgestreckten Händen Vergebung zu empfangen.

Seine Vergebung.

Klick – gelöscht.

   § *Beschreibe mit eigenen Worten den Unterschied und die Zusammenhänge zwischen dir selbst zu vergeben und Gottes Vergebung zu empfangen.*

   § *Erinnere dich an einen Fehler aus deiner Vergangenheit, den du dir selbst übel genommen hast, und dann sinne unter Gebet darüber nach, wie der Herr für diese Sünde bezahlt hat. Entscheide dich, dies für dich selbst anzunehmen.*

Nie wieder im Kreis drehen

Gestern erreichte uns eine an unseren Dienst gerichtete E-Mail einer jungen Frau. Sie erzählte von einer seltsamen und gleichzeitig interessanten Beobachtung. Ihre Schwester besaß ein ausrangiertes Zirkuspony. Obwohl seine arbeitsreichen Tage im Zirkus jetzt vorüber waren, tat dieses kleine Pony den ganzen Tag nichts anderes, als im Kreis herumzulaufen. In seiner neu gefundenen Freiheit konnte es umherstreifen, auf Entdeckungsreise gehen und herausfinden, was diese fremde Umgebung zu bieten hatte. Doch es wurde noch immer von seinem alten Leben verfolgt. Es wurde davon bestimmt, beschränkt und kontrolliert. Das Pony behielt das gleiche Verhaltensmuster bei, zu dem es für so lange Zeit gezwungen worden war. Offensichtlich wusste es nicht, wie es sonst funktionieren könnte.

So sieht die Last der Unvergebenheit aus, so ist ihr Vermächtnis. Sie sitzt auf dir, drückt dich nieder und verhindert, dass du deine neu gewonnenen Freiräume und Freiheiten genießt, die jede Phase deines Lebens für dich bereithält. Sie verpasst dir Scheuklappen und lässt dich nichts anderes sehen als das Unrecht, das man dir angetan hat. Auch alle anderen Lebensbereiche betrachtest du nur noch durch die Linse der Unvergebenheit. Unvergebenheit zwingt dich, eingleisig zu denken und macht dich empfindlich und angreifbar. Du bist unfähig, die Freuden und Annehmlichkeiten zu genießen, die du jetzt nur noch am Rande wahrnimmst. Stattdessen wirst du zurück in die engen, künstlichen Grenzen der Enttäuschungen von gestern gedrängt – in den stumpfsinnigen Kreislauf eines langweiligen Lebens, wo du doch eigentlich für so viel mehr geschaffen wurdest.

Dafür verurteile ich dich nicht. Ich kenne das. Ich kann dich verstehen. Wenn wir beide jetzt hier zusammen wären, würde ich mit dir weinen. Was geschehen ist, war schlimm. Entsetzlich. Unverzeihlich. Vielleicht passiert das Ganze ja immer noch. Du hast versucht zu vergeben. Du hast gedacht, du hättest es geschafft. Aber dann passiert es wieder – ein weiterer Verrat, ein weiteres gebrochenes Versprechen, ein weiterer Hieb gegen dein zerbrechliches Vertrauensgerüst – und das Ergebnis ist eine noch tiefere Wunde. Der Kreislauf schließt sich. Die Kreise werden enger. Die Erinnerungen sind beinahe allgegenwärtig.

Ich kenne das. Glaub mir, ich kenne das zur Genüge.

Doch eine weise, ältere Mentorin sagte einmal zu mir: „Dein gesamtes Leben besteht aus zwei Teilen. Zehn Prozent repräsentieren, was dir widerfährt. Die anderen neunzig Prozent bestehen aus deiner Reaktion darauf." Natürlich wünschen wir uns, wir könnten alles kontrollieren und vieles Geschehene ungeschehen machen. Doch die Realität ist, dass wir es nicht ändern können. Auch nicht damals, als es geschah. Vielleicht passierten einige Dinge, als du noch sehr jung warst und du dich weder mit Worten noch Taten dagegen wehren konntest. Doch ohne die gewaltigen Auswirkungen dieser tragischen Ereignisse zu schmälern oder zu verharmlosen, machen sie nur einen kleinen Prozentsatz deines Lebens aus. Der viel größere Teil, der dich als Person letztendlich formt und dein weiteres Leben bestimmt, ist der Bereich, in dem du versucht hast (und immer noch versuchst), dich mit dem Geschehenen herumzuschlagen und es irgendwie zu bewältigen.

Genau für diese neunzig Prozent ist Vergebung von entscheidender Bedeutung.

Ich möchte noch einmal wiederholen, dass ich hier nicht vorgebe, die perfekte Ratgeberin zu sein. Ich kann in diesem kurzen Kapitel auch nicht alles behandeln, was die Bibel über Vergebung hergibt. Und ich möchte ganz sicher nicht damit sagen, dass man einfach einen Schalter umlegen kann, und zehn Minuten später ist alles vergessen. Ich sage dir einfach nur die Wahrheit.

Ich möchte, dass du dein überfließendes Leben zurückbekommst und nicht mehr im Kreis herumläufst.

Bitte, Herr, das muss aufhören!

Zu echter Vergebung gelangen wir durch eine Kombination verschiedener Handlungen.

Erstens: Halte nicht weiter an deinem Groll fest. Triff die Entscheidung, dem anderen nicht mehr seine Schuld vorzuhalten oder Buch über sein

Fehlverhalten zu führen. Entscheide dich stattdessen, ihn aus dieser Haftung zu entlassen und vertraue darauf, dass der Herr – der jedes Detail dieser Angelegenheit kennt – sich für dich einsetzt und dein Herz heilt, oder vielleicht sogar eine echte Lösung des Problems oder eine Wiederherstellung der Beziehung herbeiführt. Vergebung bedeutet, dass du die andere Person, die Umstände und das Ergebnis vollkommen in die Hand des Herrn gibst. Alles, vollständig.

So hat er es schließlich auch mit uns gemacht, nicht wahr?

> *Er hat uns alle unsere Schuld vergeben. Er hat die Liste der Anklagen*
> *gegen uns gelöscht; er hat die Anklageschrift genommen und vernichtet,*
> *indem er sie ans Kreuz genagelt hat.*
>
> Kolosser 2,13-14; Neues Leben

Das ist der Grundgedanke von Vergebung, dem wir uns anschließen müssen. Wir streichen die Anklagepunkte, die wir gegen jemand angehäuft haben und erlassen ihm die Schuld, unabhängig davon, ob er seine Fehler einsieht oder nicht. Wir lernen zunehmend, keine Bitterkeit mehr aufkommen zu lassen und kein Beweismaterial anzusammeln. Das ist eine schwierige, doch notwendige Übung, um im Sieg zu leben. Dieser Entschluss wird sich nicht nur auf die momentanen Beziehungen auswirken, sondern dir auch in Zukunft stabile und dauerhafte Beziehungen bescheren.

Wenn eine Frau Freude an ihrer Ehe haben möchte, muss sie ihrem Mann schnell vergeben können, wenn er sie verärgert. Wenn eine Mutter Freude an ihren Kindern haben will, muss sie schnellstens jede Verletzung überwinden, die sie ihr zufügen, und sie darf nicht zulassen, dass sich etwas Negatives festsetzt und schließlich in Groll oder Bitterkeit ausartet. Wenn eine Tochter die biblischen Voraussetzungen erfüllen will, um ihre Eltern zu ehren, dann muss sie ihnen jegliche Schuld erlassen, die sie ihrer Meinung nach aufgrund ihres Versagens als Eltern haben. Wenn eine Freundschaft mit einer gewissen Tiefe und Einfühlungsvermögen geführt werden soll, dürfen wir nicht an der verstaubten Sammlung katalogisierter Vergehen festhalten. Um eine Beziehung gesund zu erhalten, müssen wir sie von allem Groll befreien, der sich mit der Zeit angesammelt hat.

In der Tat kann sich ein verwundetes Herz nicht öffnen – weder um zu lieben noch um Liebe zu empfangen. Eine Frau, die ihre Wunden als eine

Art Schutz gegen weitere Verletzungen hegt und bedeckt, verstärkt nur noch mehr die bereits vorhandene Härte und Bitterkeit ihres Herzens, die sie in diesem Kreislauf gefangen hält. So wird sie niemals dem Ganzen entfliehen können, denn sie steckt fest in ihren festgefahrenen Bahnen und Reaktionen.

Deshalb lege ich dir dringend nahe, diese erste Entscheidung zu treffen. Mache reinen Tisch und höre auf damit, das Vergangene aufzurechnen.

Ich sage dir auch, wie du herausfinden kannst, ob du deinen Entschluss tatsächlich umsetzt. Wenn dir heute jemand etwas antut, das dich verärgert – was mit Sicherheit immer wieder passieren wird, auch wenn du diesen Entschluss gefasst hast –, und du erinnerst dich sofort an alles, was derjenige gestern und vorgestern getan hat, dann weißt du, dass du noch immer in Unvergebenheit lebst. Wenn das, was diese Person getan hat, nur das Sahnehäubchen auf dem Kuchen ist, den du seit Tagen, Wochen oder Jahren backst, dann weißt du, dass du noch immer dazu neigst, Beleidigungen und Ärgernisse zu horten.

Beginne, diese Menschen aus deiner Schuld zu entlassen – und dich damit selbst von der Bürde zu befreien, das Ganze mit dir herumzutragen und daran festzuhalten –, dann wird dein Umgang mit ihnen nicht länger von ihrem früheren Verhalten geprägt sein. Du wirst frei sein. Du wirst dich in der Gegenwart bewegen können. Du wirst dich wie ein neuer Mensch fühlen. Die Luft, die du atmest, wird nicht mehr von dieser erstickenden, ätzenden Bitterkeit erfüllt sein.

Deine Kreise werden größer. Du wirst immer lohnenswertere, erfrischendere Dinge erleben. Das beginnt sofort, und es wird mit jedem Tag mehr.

Zweitens: Gib Gott Raum, damit er sich für dich einsetzen kann. Das Gefühl, deine Vergebung ließe den anderen mit seiner Sünde einfach so davonkommen, ist ganz normal. Du bist schließlich das Opfer und der andere ist der unbestrafte Übeltäter, der sich seiner Schuld überhaupt nicht bewusst zu sein scheint. Du fühlst dich vermutlich besonders deshalb so, weil sich der andere nie in irgendeiner Weise geäußert hat, dass er sein Verhalten bedauert. Vielleicht kam auch sein wenig überzeugender Versuch der Entschuldigung mehr einer Rechtfertigung gleich, um dir ebenso viel, wenn nicht mehr, Schuld zuzuschieben als ihm selbst. Seine klägliche Art und Weise zu sagen „Tut mir leid", offenbart lediglich, wie wenig der andere tatsächlich sein Verhalten bedauert.

Sicher ist eine Buße seitens des anderen ein wichtiger und notwendiger Schritt, um von den Auswirkungen seines Handels frei zu werden. Deshalb konnte Jesus auch sagen: „Wenn dein Bruder sündigt, so weise ihn zurecht, und wenn er es bereut, so vergib ihm! Und wenn er siebenmal am Tag an dir sündigt und siebenmal zu dir umkehrt und spricht: Ich bereue es; so sollst du ihm vergeben" (Lk 17,3-4). Die Erkenntnis des Unrechts wird also erwartet und ist unerlässlich.

Doch wenn der andere es nicht erkennt, es nicht erkennen kann oder das Unrecht, das er dir angetan hat, einfach nicht zugibt, ist es nicht deine Aufgabe, dafür zu sorgen, dass er bekommt, was er verdient hat. Indem du vergibst, überlässt du es Gott, mit ihm zu handeln. Und das wird er mit Sicherheit tun – auf seine Weise, zu seinem Zeitpunkt und viel besser und tief greifender, als *du* es je könntest.

Widerstehe dem Drang zurückzuschlagen. Hab Vertrauen, dass der Herr für dich kämpft. Glaube, dass er sich unter den gegebenen Umständen am besten für deine Interessen einsetzt, wenn du ihm gegenüber demütig bleibst und deinen Frieden bewahrst. Indem du dich entscheidest, nicht jeden freien Gedanken mit deinen eigenen, wohldurchdachten Wiedergutmachungsplänen zu füllen, gibst du stattdessen „Raum dem Zorn Gottes" (Röm 12,19).

Drittens: Bete! Du musst unbedingt den Herrn darum bitten, dir Kraft zu geben, damit du vergeben kannst. Du schaffst es nicht aus deiner eigenen Kraft, und das solltest du auch gar nicht von dir erwarten. Es bedarf einer übernatürlichen Kraftquelle, Stärkung und Ermutigung, andere aus ihrer Schuld zu entlassen. Bete dafür. Bete, dass du all das empfängst – er wird dich erhören.

Vergebung ist ein Wunder. Das ist es tatsächlich. Es ist ein übernatürliches Wirken des Geistes Gottes, das dich befähigt, dem anderen etwas zu gewähren, das du ohne seine innewohnende Wirkungskraft niemals tun könntest. Nur er allein kann eine trauernde Mutter dazu bewegen, dem Mörder ihres Kindes zu vergeben. Nur er kann einen hintergangenen Freund befähigen, eine Handlung voll emotionaler Missachtung und Grausamkeit zu vergeben. Nur er bewegt eine betrogene Ehefrau, den Mann wieder aufzunehmen, mit dem sie einst das gemeinsame Eheversprechen getan hat.

Es gibt nur eine Kraft, eine unsichtbare Macht, ein übernatürliches Wirken, das die nagende Krankheit beseitigen kann, die dich deines Friedens, deiner Liebe und der Freude am Leben beraubt. Nur eine Substanz ist wirksam genug, um die tosenden Feuer der Bitterkeit zu ersticken, die deine Lebensfreude zerfressen. Es sind jene Flammen, die dein Leben – so, wie es hätte sein können – in Schutt und Asche legen.

Nur Gott allein kann dein Verhaltensmuster ändern, deinen Schritt beschleunigen und deinen Wirkungskreis erweitern, um dich aus diesem Kreislauf herauszuholen.

Ich sage es noch einmal – ich kann es nicht genug betonen –, dass ich hier keinesfalls andeuten will, diese Schritte seien leicht oder einfach umzusetzen. Ich zeige nur anhand des Wortes Gottes auf, dass sie es wert sind. Wenn du eine Frau bist, die sich entschlossen hat, Vergebung zu leben, kannst du deine Freundschaften vertiefen, deine Ehe retten, Beziehungen wiederherstellen, dein Leben neu gestalten, dein Geschäft sanieren, deine Arbeit wiederaufnehmen und zurück zu dir selbst finden, damit du ein freies Leben führen kannst. Ein Leben voller Liebe und Freude.

Das ist der Sinn und Zweck dieses Teils der *Erklärung*. Sie soll dafür sorgen, „dass nicht irgendeine Wurzel der Bitterkeit aufsprosse und euch zur Last werde und durch sie viele verunreinigt werden" (Hebr 12,15). Sie ist dafür angelegt, *dich* zu erretten, hat aber zugleich den Effekt, dass du die Auswirkungen der empfangenen Gnade auch den dir nahestehenden Menschen vermitteln kannst.

> *Vergesst nicht, dass der Herr euch vergeben hat*
> *und dass ihr deshalb auch anderen vergeben müsst.*
> Kolosser 3,13; Neues Leben

Das ist dein Opfer. Du gewährst Vergebung – genauso wie er sie dir in einer so wundervollen, überreichen und einzigartigen Weise zuteilwerden hat lassen.

Sicher hast du jetzt nicht zum ersten Mal über das Thema Vergebung gelesen, und du hast bestimmt auch schon Predigten darüber gehört. Ich bin mir bewusst, dass die Notwendigkeit dieses Themas so alt ist wie die Bibel selbst. Was ich dir hier mitteile, ist nichts Neues oder besonders Scharfsinniges – nichts was bis dato unbekannt war, keine Zauberformel, die dich aus dem Gefängnis deiner Bitterkeit befreit.

All das ist dir bereits bekannt. Aber was hast *du* damit gemacht?

Hast du beschlossen, sowohl Vergebung zu empfangen als auch anderen zu vergeben? Die notwendigen Schritte zu unternehmen, wird einen enormen Unterschied in deinem Leben ausmachen.

Hierin liegt das Geheimnis, das du vielleicht schon immer lüften wolltest: Eine verlässliche Möglichkeit, die Geometrie deines Lebens zu ändern – dein Herz aus den endlosen Kreisen zu befreien und in den besten Zustand zu bringen, den es jemals hatte.

§ *Markiere den Schritt, der für dich am schwierigsten ist, wenn du jemandem vergeben sollst. Finde heraus, warum das so ist. Es fällt dir schwer, …*

- ♦ *dich zu weigern, Groll zu hegen und zu pflegen.*

- ♦ *es Gott zu überlassen, sich um die Angelegenheit zu kümmern.*

- ♦ *Gott im Gebet darum zu bitten, dir das Verlangen zu schenken, anderen vergeben zu wollen*

§ *Denke an die Namen, die du zu Beginn dieses Abschnitts aufgeschrieben hast – an die Menschen, gegen die du Groll hegst. Bitte den Herrn darum, dich zu befähigen, ihnen zu vergeben. Dann ersetze die unterstrichenen Worte des folgenden Verses mit deren Namen: „Vergebt* EINANDER, *so wie auch Gott in Christus euch vergeben hat!" (Eph 4,32).*

§ *Der Fairness und Vollständigkeit halber: Gibt es jemanden, den du um Vergebung bitten solltest? Wie es in der Schrift heißt: „Wenn du nun deine Gabe darbringst zu dem Altar und dich dort erinnerst, dass dein Bruder etwas gegen dich hat, so lass deine Gabe dort vor dem Altar und geh vorher hin, versöhne dich mit deinem Bruder, und dann komm und bring deine Gabe dar!" (Mt 5,23-24). Das betrifft auch deine Gabe der Vergebung.*

§ *Wenn du dich nun daranmachst, diese Erklärung zu unterzeichnen, denke immer daran, dass dies nur der Anfang ist. Es ist der Beginn eines Prozesses, der möglicherweise Zeit und Rat bedarf, um ihn zu vollenden. Zeige die Bereitschaft, dir die notwendige Hilfe zu suchen, um in den vollen Genuss des Segens zu kommen, den Vergebung mit sich bringt.*

MEINE VERGEBUNG

Ich werde allen vergeben, die mir Unrecht getan haben, und mich mit den Menschen versöhnen, denen ich Unrecht getan habe.

MEINE INTEGRITÄT

❧

Der Entschluss, den höchsten Maßstab von Integrität
und Reinheit für mein Leben anzulegen

Strukturelle Integrität

Glücklich sind die Menschen, die ihr Leben aufrichtig leben,
die das Gesetz des Herrn befolgen.

Psalm 119,1; Neues Leben

Bei der Vorbereitung eines Buches wie diesem, das eine große Anzahl verschiedener Themen abdeckt, schien es mir notwendig, noch andere Frauen in die Bearbeitung mit einzubeziehen. Also habe ich alle Punkte der Erklärung an eine ausgewählte Gruppe befreundeter Frauen geschickt – Frauen unterschiedlichen Alters, unterschiedlicher ethnischer Herkunft und Lebensumstände. Ich bat sie, jede einzelne dieser Aussagen im Gebet zu prüfen, vor allem aber, inwieweit sie mit der Realität vereinbar sind. Überraschenderweise war es gerade dieser Teil der *Erklärung*, der sich mit Integrität und persönlicher Reinheit befasst, der die Herzen der Frauen am meisten bewegte und sie auf eine sehr nachhaltige Art und Weise herausforderte und überführte.

Ich werde keine üblen Einflüsse – selbst wenn sie noch so gerechtfertigt erscheinen –
in mir oder meiner Familie dulden …

… selbst wenn sie noch so gerechtfertigt erscheinen. Diese Worte gehen irgendwie unter die Haut. Sie lassen uns sichtlich zusammenzucken. Unfreiwillig! Autsch! Die meisten Frauen haben kein Problem, die offensichtlichen Sünden und Tabus zu vermeiden (oder sie zumindest als problematisch zu erkennen). Es sind diese verdeckten, unterschwelligen Dinge, die sich unter dem Deckmantel von Freizeitgestaltung und Unterhaltung verbergen, die uns ködern. Sie sind zu unauffällig, zu leise, zu bequem und zu vertraut, um sie loswerden zu wollen. Da haben wir's – sie sind „gerechtfertigt".

Doch wenn man sie im schonungslosen Schwarz-Weiß dieser Erklärung betrachtet, verlieren sie seltsamerweise ihre Tarnung. Viele Frauen zucken beim Lesen dieser Seiten plötzlich zurück, als ob sie sich den Finger an einem heißen Bügeleisen verbrannt hätten. Das Brennen an ihren Fingerspitzen passt zu dem fast unheimlichen Schauer der Überführung, der ihnen über den Rücken läuft. Wäre jetzt nicht ein guter Zeitpunkt, diese Seiten beiseitezulegen oder wenigstens zu überspringen, um etwas weniger Schmerzhaftes, etwas weniger Durchdringendes zu lesen?

Zweifellos erfordert dieser Teil der *Erklärung* einen sehr persönlichen, nach innen gerichteten Blick auf das, was in unserem Herzen und in unserer Familie geschieht. Es geht hier um die gewissen Zugeständnisse, die wir hinter verschlossenen Türen, in der Stille unserer Kammer oder unseres Wohnzimmers machen, wo sich für gewöhnlich nach dem Abendessen Trägheit und Nachlässigkeit breitmachen und man oft bis in die Morgenstunden herumhängt. Ganz ehrlich, gerade deshalb ist ein Entschluss wie dieser notwendig, damit wir erkennen, dass die Dinge, die wir billigen, indem wir ihnen unsere Zeit und Aufmerksamkeit widmen, im krassen Gegensatz zu dem stehen, was wir sind und was wir laut unserer eigenen Worte glauben.

Sobald sich meine Freundinnen von ihrem Schock erholt hatten, kamen wir zu einem gemeinsamen Entschluss. Da unser aller Leben nun dem Rampenlicht dieser *Erklärung* ausgesetzt war, ergaben sich eine ganze Reihe von Bekenntnissen über die Fernsehsendungen, die wir uns regelmäßig ansehen, über die Romane, in denen wir uns verlieren, über die Zeitschriften, die unsere Kaffeetische säumen, und über die Musik, die aus unseren Kopfhörern oder Autolautsprechern dröhnt.

Einer Schwester, die bereit war, ein wenig tiefer zu graben, wurde bewusst, dass der lustige und freundliche Kontakt, den sie zu einer alten Liebe unterhielt, das unterschwellige Potenzial einer gefühlsmäßigen Untreue und des unvermeidlichen Desasters mit sich trug. Eine andere gab offen zu, dass sie einen Weinvorrat hatte, den sie heimlich irgendwo in einem Wandschrank versteckt hielt, um regelmäßig davon Gebrauch zu machen, wenn keiner in der Nähe war.

Keine große Sache? Leicht zu rechtfertigen?

Doch jeder dieser heimlichen Kompromisse trübte und dämpfte auf unterschiedliche Weise die geistliche Empfindsamkeit jeder Frau, die sich das eingestand. Diese Entscheidungen reichten aus, um zumindest ein paar Gewissensbisse hervorzurufen. Wenn diese immer wieder ignoriert und übergangen werden, repräsentieren solche Entscheidungen noch viel mehr: die bewusste Weigerung, Gott Zugang zu diesem Bereich deines Lebens zu gewähren, zu dieser zweistündigen „Auszeit" oder jener verständlichen „kleinen Schwäche".

Was als harmloses Rinnsal beginnt, wird schnell zum reißenden Strom.

Offensichtlich sind viele der unterschiedlichen Möglichkeiten eines Lebensstils, die in dieser Sendung oder in jenem Buch dargestellt und angepriesen werden, Dinge, mit denen wir persönlich niemals übereinstimmen würden. Die dort gezeigten Aktivitäten und Verhaltensweisen würden wir nie übernehmen. Wir empfinden es als gesetzlich und unpersönlich, anderen vorzuschreiben, welche Art Sendungen sie sich ansehen sollten, welche Kinofilme und Bücher sie gut finden sollen, und doch kennen wir den Unterschied zwischen dem Wert einer ehrlichen Unterhaltung und dem Unterhaltenwerden durch Sünde. Wir wissen genau, dass wir uns nicht nur die pikanten, aus dem Leben gegriffenen Probleme anderer ansehen, nein, wir finden sie persönlich provokant, unterhaltsam und beinahe schon (nur beinahe?) erstrebenswert. Anstatt von bestimmten Verhaltensweisen abgestoßen zu sein und bekümmert zu sein über die Lügen, die unserer Generation aufgetischt werden, stellen wir fest, dass wir sie sogar akzeptieren. Wir sehen sie uns bereitwillig an, lassen uns belustigen und finden es ganz normal, diese Sendungen mit einer Tüte Popcorn in der Hand zu genießen.

Und genau das macht uns zu den Heuchlern, die wir nie sein wollten. Nach außen hin raten wir von diesen Dingen ab, während wir persönlich fast schon süchtig nach ihnen sind und sie äußerst aufregend finden.

Hier kommen wir zu der wahren Bedeutung von Integrität.

Integrität bedeutet, dass wir innerlich genauso sind, wie wir uns nach außen hin geben. Unerschütterlich, heil und ausgewogen. Genau das versucht ein Ingenieur zu erreichen, wenn er eine Brücke konstruiert, die nicht nur so *aussieht*, als könne sie die Last des täglichen Verkehrs tragen, sondern architektonisch so gebaut ist, dass sie tatsächlich die Last tragen kann – Tag für Tag, Jahr für Jahr. *Strukturelle Integrität.*

Das ist unser Ziel.

Und genau deshalb ist diese *Erklärung* nichts für oberflächliche, wankelmütige Menschen.

Du klatschst ja nicht einfach irgendetwas zusammen und entwirfst dein Design aufgrund dessen, was sich gerade gut anfühlt, und benutzt irgendwelches Material, das du gerade zur Hand hast. Jemand, der auf strukturelle

Integrität achtet, baut mit dem langfristigen Ziel vor Augen, sein Leben vor Gott und seinen Mitmenschen tadellos zu führen – nicht nur an den verkehrsberuhigten Sonntagen, sondern auch während der Stoßzeiten, die ganze Woche hindurch.

Das ist eine ernste Angelegenheit.

Ich gebe gerne zu, liebe Schwester, dass diese Erklärung auch mich dazu gebracht hat, einen Schritt zurückzutreten und mein Leben neu zu überdenken. *Denke bloß nicht, du wärst die Einzige, der hier auf den Zahn gefühlt wird.* Auch ich möchte eine Frau sein, die einen Unterschied macht – gekennzeichnet von Gottes Geist. Ich habe ein Verlangen danach, die Ehefrau, Mutter und Frau zu sein, zu der Gott mich bestimmt hat. Ich möchte, dass meine geistlichen Ohren seine Stimme hören und meine geistlichen Augen seine Gegenwart ungetrübt wahrnehmen können. Ich möchte in der Lage sein, den Frieden zu empfangen, den nur seine Gegenwart in mein Heim bringen kann. Ich möchte erfahren, wie seine Kraft in unserer Familie und in unserem Dienst pulsiert.

Doch ich weiß, dass dieser praktische, tagtägliche Segen niemals neben dem anstößigen, schlüpfrigen Unsinn existieren kann, der heute durch unsere beliebtesten Sender, Magazine und andere Medien vom Stapel gelassen wird. Ich habe nun verstanden, was die Mutter des Evangelisten John Wesley zu ihrem Sohn gesagt haben soll:

> „Alles, was deine Vernunft schwächt, was die Empfindsamkeit deines Gewissens beeinträchtigt, was deine Gotteswahrnehmung verdunkelt oder die Freude an geistlichen Dingen trübt – kurzum alles, was die Kraft und Autorität deines Fleisches über deinen Verstand verstärkt, ist für dich Sünde, ganz gleich wie harmlos es an sich ist.[1]

Also müssen wir uns entscheiden – du musst dich entscheiden …

Was ist uns wichtiger?

Gottes Bestes oder unsere persönlichen Vorlieben?

Vielleicht war es diese Art unverblümter, grundsätzlicher Fragen, die König David dazu trieben, sich so ernsthaft für ein Leben in Lauterkeit und Reinheit zu entschließen:

> *Ich will darauf achten, ein vorbildliches Leben zu führen. Wann wirst du mir beistehen? In meinem Haus will ich ein tadelloses Leben führen.*

Böses und Gemeines will ich nicht einmal ansehen.

Gottes Gebote zu übertreten ist mir verhasst, damit will ich nichts zu tun haben.

Psalm 101,2-3; Neues Leben

Für die Könige der antiken Völker war das nicht gerade die Norm. Mächtig und niemandem verantwortlich, nahmen sich die Monarchen die Freiheit, wo auch immer sie hingingen, so zu leben, wie es ihnen gefiel. Besonders aber innerhalb ihrer persönlichen Wohnquartiere lebten sie unkontrolliert und zügellos. Niemand hatte das Recht, ihnen etwas vorzuschreiben. Doch König David wollte anders sein und formulierte einige Entschlüsse, die er für sich selbst festlegte, um sein Ziel zu erreichen – und diese können wir auch für uns übernehmen.

1. *Toleriere nicht das Böse. „Böses und Gemeines will ich nicht einmal ansehen",* schrieb er in Vers 3. Er duldete nichts zu seiner Unterhaltung, das nicht dem Standard und den Weisungen des Herrn folgte. Er versprach, sich nicht mit Aktivitäten zu beschäftigen, die ihn langsam aber sicher unempfindlich gegenüber der Sünde machten.

2. *Prüfe sorgfältig die Menschen, die Einfluss auf dich haben. „Das Tun der Abtrünnigen hasse ich, es soll mir nicht anhaften! Ein verkehrtes Herz soll von mir weichen; von Bösem will ich nichts wissen!"* (Vers 3-4; Schlachter). Er hatte keine engere Beziehung zu Menschen, die verleumderisch, hochmütig oder unehrlich waren. Ihr schlechter Charakter und fragwürdiger Rat durfte zu keiner lauten, aufdringlichen Stimme in seinen Gedanken werden oder ihn von seinen aufrichtigen Wegen abbringen.

3. *Erkenne, dass du die göttliche Hilfe brauchst. „Ich will darauf achten, ein vorbildliches Leben zu führen. Wann wirst du mir beistehen?"* (Vers 2). David wusste, dass er niemals seinen Entschluss aus eigener Kraft erfüllen konnte. Nur durch Gottes Befähigung und Ermutigung hatte er überhaupt eine Chance, der List des Feindes und seinen eigenen fleischlichen Neigungen zu widerstehen. Nur durch die ständige und reichliche Hilfe, Gnade und Fürsorge Gottes konnte er die Frequenz der Signale richtig justieren. Er wird dir zeigen, wo Veränderungen nötig sind und dich auch mit der Kraft und Fähigkeit ausrüsten, sie praktisch umzusetzen.

Zugegeben, das sind extreme Beschlüsse. Doch ehrlich gesagt kenne ich keine rechtschaffene, bewundernswerte Frau, deren Leben ich mir als Vorbild nehmen wollte, die nicht von extremer Tatkraft und Konsequenz geprägt war. Frauen, die eine Extraportion Segen und Gunst Gottes erfahren und ihr Leben wirklich hervorragend meistern, leben extrem diszipliniert. Wie David hielten auch sie es für notwendig, sich kraftvoll dem gesellschaftlichen Mainstream entgegenzustemmen.

Ich möchte dir wirklich keine Schuldgefühle aufladen oder gesetzlich wirken, als wollte ich jede Freiheit, die Gott dir gegeben hat, um dein Leben zu genießen, ausmerzen. Was für den einen ein Problem ist, ist nicht unbedingt für alle verboten. Die Tatsache, dass einige es nicht für „gut" erachten, bedeutet noch lange nicht, dass es grundsätzlich verwerflich ist (siehe Röm 14,16). Denkst du, dass deine eigene strukturelle Integrität deiner christlichen Berufung standhalten kann? Würde es den Überraschungsbesuch einiger Gemeindeglieder aushalten?

Bist du, was du vorgibst zu sein?

Bringt diese Frage, wie wohl jeden, dich in Konflikt, in Verlegenheit? Dann tu Folgendes: Reagiere einfühlsam und kooperativ, wenn der Heilige Geist dir bestimmte Vorlieben, Entscheidungen oder Handlungen zeigt. Höre auf seine Impulse. Übergehe seine Anweisungen nicht. Sei bereit, deine momentanen Wünsche gegen die viel bessere Alternative einzutauschen, die er dir bieten kann, weil er dich persönlich kennt und in dir etwas Wunderbares vollbringen will. Sein Ziel ist nicht, dir den Spaß zu verderben, sondern er möchte dich als reine, geheiligte und verfügbare Empfängerin seiner besten und erfüllendsten Segnungen wissen.

Durch seine Kraft kannst du dich dazu entschließen.

Durch seine Stärke kannst du untadelig leben.

Durch ihn kannst du integer leben, sowohl im Verborgenen als auch im Licht.

   ❧ *Stelle dir im Hinblick auf die Worte, die John Wesleys Mutter an ihren Sohn schrieb (siehe oben), folgende Fragen. Gibt es momentan in deinem Leben Dinge, die …*

- ♦ deine Einsicht und Vernunft schwächen?
- ♦ die Empfindsamkeit deines Gewissens beeinträchtigen?
- ♦ deine Gotteswahrnehmung verdunkeln?
- ♦ dir deine Freude an geistlichen Dingen rauben?

Die entscheidenden drei Prozent

Seid wachsam, damit euer Sinn nicht vernebelt wird.
Lukas 21,34; frei übersetzt nach der Holman Bible

Rattengift.

Ich hatte diesem Zeug nie besondere Aufmerksamkeit gewidmet ... bis heute, als ich von einem Freund erfuhr, dass die meisten Sorten bis zu 97 Prozent aus Lebensmitteln bestehen, und nur zu drei Prozent aus Gift. Diese Produkte locken diese scheußlichen Nager durch den Geruch und Geschmack von Dingen an, die sie tatsächlich gerne fressen – ein köstlicher Leckerbissen, ein wahres Geschmackserlebnis beim Schlucken. Doch zusammen mit diesem wohlschmeckenden Futter nehmen sie minimale Spuren tödlichen Giftes auf, ausreichend, um ihre Herrschaft über den Müll zu beenden (und sind wir nicht froh darüber?). Diese geringen Anteile von Gift, unter eine verführerische Mahlzeit gemischt, reichen dafür aus.

Drei Prozent.

Ist das nicht eine passende Beschreibung dafür, wie unsere Tugend geraubt wird? Wie unsere Integrität verwässert wird? Wie unser Herz verhärtet? Wie unser Geist gegenüber den Dingen Gottes unsensibel gemacht wird? Wir werden durch etwas scheinbar Harmloses geködert – eine erheiternde Form der Unterhaltung, der Kameradschaft einer anfänglich netten Beziehung – doch dann ...

Gift.

Strategisch verborgen, fachmännisch getarnt. Unter der Oberfläche, geradeso unterhalb des Radars. Wir lecken uns die Lippen, machen uns wieder an unsere Arbeit und glauben, alles sei in bester Ordnung. Es dauert vielleicht einige Tage oder Wochen, bevor wir bemerken, dass unsere geistlichen Organe allmählich versagen. Unsere Leidenschaft ist gedämpft. Unsere Empfindsamkeit und unser Unterscheidungsvermögen schwinden. Wir verlieren unseren „Würgreflex".

Wir sterben einen langsamen Tod.

In Dreiprozentschritten.

Du hast es bei anderen Menschen schon beobachtet. Vielleicht eine prominente Persönlichkeit, ein berühmter Sportler, ein bedeutender Politiker, die offensichtlich nicht die Absicht hatten, ihr Leben zu zerstören. Doch jagten sie einem bestimmten Vergnügen oder Erlebnis nach und endeten schließlich im Fadenkreuz der nationalen Boulevardpresse. Ungeschützt, bloßgestellt und peinlich berührt im Rampenlicht unerwünschter Aufmerksamkeit und ungewollter Konsequenzen, sind sie jetzt ein Abbild des Schadens, den diese unscheinbaren drei Prozent anrichten können. Du bist geschockt und fragst dich, wie sie das nur tun konnten! Ihr Leben für so wenig einfach wegzuwerfen!

Doch macht das der Feind nicht auch so mit dir? Was hat er so geschickt benutzt, um *dich* in ein Netz zu verstricken, das viel zu eng gewebt ist, als dass du dich allein daraus befreien könntest – genau so, wie er es geplant hatte? Wo hat er die winzigen Körnchen Gift versteckt, die so lange unentdeckt bleiben, bis du plötzlich die tödliche Wirkung bemerkst, die sie auf dein Leben haben?

Sogar auf die Menschen, die dir nahestehen.

Ich vergesse nie, als ich mir einmal den ersten Teil der neuen Staffel einer Fernsehserie ansehen wollte, die ich seit dem Pilotfilm letztes Jahr durchweg verfolgt und wirklich genossen hatte. Ich war damals angenehm überrascht gewesen, wie anständig und unverdorben diese Sendung war und wartete schon gespannt auf die zweite Staffel, die im Herbst beginnen sollte. An dem Abend, als die Serie beginnen sollte, setzte ich mich mit meinem dreijährigen Sohn aufs Sofa. Wir machten es uns richtig gemütlich. Voller Begeisterung schaltete ich das Gerät gerade rechtzeitig an, um die Vorschau mit den Höhepunkten des Films zu erwischen. Doch innerhalb der nächsten fünfzehn Sekunden erschien eine wilde Sexszene auf dem Bildschirm, mit der ich überhaupt nicht gerechnet hatte. Hektisch stürzte ich mich auf die Fernbedienung und tastete wie wild nach dem Umschaltknopf. Doch es war bereits zu spät. Dieser Sekundenbruchteil hatte gereicht, um dieses Bild in die Gedanken meines kleinen Jungen einzubrennen. Wie konnte ich das nur zulassen? Wie konnte ich ihm das nur antun?

Ich muss dazu sagen, dass wir trotz größter Anstrengungen nicht verhindern können, dass unsere Kinder gewisse Dinge hören und sehen und so manchem ausgesetzt sind, das wir am liebsten ungeschehen machen würden. Wenn wir uns in Sachen Integrität nicht auf die Füße stellen, machen wir es diesen verunreinigenden Einflüssen natürlich leichter, ein Schlupfloch zu finden. Wenn es doch einmal passiert ist – ganz gleich ob durch die logischen Konsequenzen unseres Handelns oder durch puren Zufall – können wir leider nicht alles ungeschehen machen. Aber wir können und sollten beten, dass Gott in seiner Gnade den Feind davon abhält, solche Momente zu regelrechten Festungen im Leben unserer Kinder auszubauen. Wir können mit Freimütigkeit beten, dass jeder potenzielle, langfristige Schaden und jede Verwirrung durch das Blut Jesu bedeckt wird und sich auflöst, bevor sie Wurzeln schlagen und in irgendeiner Weise zum Stolperstein für sie werden. Gott sei Dank ist dies durch die Kraft Jesu möglich.

Doch die Tatsache, dass so etwas ganz schnell passieren kann, ist ein Grund dafür, warum Paulus uns so ausgiebig erklärt: „Weil ihr Gott gehört, soll es keine Unzucht, Unreinheit oder Habgier unter euch geben" (Eph 5,3; Neues Leben). Nicht einmal ein flüchtiger, indirekter Blick. Nicht einmal eine Andeutung oder eine kurze Bemerkung. Das ist bereits zu viel für Gottes Volk – für uns, die wir durch eine ganz bewusste Handlung der Gnade geheiligt wurden und die Verantwortung tragen, die zarten Herzen und Gedanken unserer geliebten Kinder zu schützen.

Es fängt bei diesen drei Prozent an.

Wer weiß, wohin das sonst noch führen könnte?

Während Paulus im ersten Teil seiner Ermahnung von sexueller „Unzucht" spricht – einem geistlichen Gift, das in der damaligen Kultur weit verbreitet war – erweitert sein Begriff „Unreinheit" den Geltungsbereich auf alle anderen verunreinigenden Aktivitäten, die dem Lebensstil eines Gläubigen gänzlich fremd sein sollten. Er sagt deshalb, dass sie nicht einmal unter uns genannt werden sollen. Nichts davon. Er wusste, was bereits „ein wenig" anrichten kann. „Ein wenig Sauerteig durchsäuert den ganzen Teig", sagte er einst (Gal 5,9).

Wenn es dir also ernst damit ist, schlage ich vor, dass du dieses Versprechen nicht nur Gott und dir selbst gegenüber ablegst. Tu es auch vor (und mit) anderen. Denn so sehr wir auch darum bemüht sind, die Schlacht um unsere Integrität zu kämpfen – diese Art Lebensstil macht eine Rechenschaftspflicht anderen gegenüber notwendig. Das ist einfach so. In einer Kultur, die durchdrungen ist von unzähligen Gelegenheiten, sich aus einem reinen, einwandfreien Leben wegziehen zu lassen, muss sich eine Frau, die sich zu einem anständigen Leben entschlossen hat, mit anderen Schwestern umgeben, die ihr zur Seite stehen und ihr helfen, auf ihren heiligen, untadeligen Standard zu achten.

Ich bin dem Herrn so dankbar, dass er mir Freundschaften geschenkt hat, die diesen Rahmen der Rechenschaftspflicht in Form eines Netzwerks ermöglichen. Einige von uns Frauen genießen es sehr, regelmäßig zusammenzukommen und sich mitzuteilen. Wir reden, stellen Fragen, lachen und weinen. Wir haben nicht nur Mitgefühl füreinander. Wir stellen uns selbst und einander unter den Ratschluss des Wortes Gottes.

Gelegentlich sehen wir uns gemeinsam einen Kinofilm an – bestens versorgt mit Popcorn und Cola. Dann kann es passieren, dass eine von uns mit dem Verlauf der Handlung nicht so gut zurechtkommt. Überrascht von einer Welle der Überführung bin *ich* oft diejenige, die für eine Weile hinausgehen muss. Manchmal kommen wir alle zu demselben Schluss und dann verlassen wir mitten im Film geschlossen den Saal. Ich weiß nicht, wie ich Gott je genug dafür danken kann, Freunde zu haben, die mich nicht für meine geistliche Empfindsamkeit in Verlegenheit bringen. Freunde, bei denen ich mich nie wegen meines Entschlusses, ein reines Leben zu führen, unter Druck fühlen muss – Freunde, die mich nie auslachen oder sich nie gegen mich verschwören würden. Unsere Bereitschaft, einander zu unterstützen, hilft uns dabei, standhaft unserem Versprechen treu zu bleiben.

Wir brauchen das.

Wir können es sonst nicht schaffen.

Es ist nicht viel Gift nötig, um uns „umzubringen". Drei Prozent genügen bereits. Drei Prozent können tödlich sein.

Doch wenn wir sie auf eine ganze Gruppe verteilen, die sich beständig gegenseitig unterstützt, reduzieren wir die drei Prozent auf zwei, dann auf ein Prozent, bis nicht einmal mehr „ein wenig" übrig ist. Bis wir wieder fest auf unseren Füße stehen. Indem wir unser Leben offen vor anderen darlegen, gestatten wir Frauen – ledige und verheiratete gleichermaßen –, dass andere uns prüfen und über uns Bescheid wissen, die nur das Beste für uns im Sinn haben. Menschen, die eine gute Spürnase für Gift haben. Wenn du über keine derartige Beziehung verfügst, mache das zu deinem Gebetsanliegen. Ich glaube, dass der Herr dein Verlangen ehrt und deiner Bitte nachkommt. Er möchte, dass du gesegnet, rein und im Frieden mit dir selbst ein Leben genießt, das ihm gefällt und Ehre bereitet.

Das ist der Lebensstil, der dir und deiner ganzen Familie Sicherheit gibt.

Dessen bin ich mir zu 103 Prozent sicher.

§ *Gibt es einen Bereich in deinem Leben, der dich in Verlegenheit bringen würde oder dessen du dich schämen würdest, wenn andere davon erfahren würden?*

§ *In welcher Weise würde dir eine intensivere, umfassendere Art von gegenseitiger Verantwortlichkeit helfen, ein hohes Level von Integrität beizubehalten? Wie sollte das praktisch aussehen, und wärst du bereit, dich darauf einzulassen?*

Von Kraft zu Kraft

Hinter einem Nachbarhaus liegt ein großartiges Grundstück, wo meine Jungs und ich unglaublich gerne spielen. Gott sei Dank hat meine Freundin nichts dagegen, wenn wir einfach dort auftauchen. Durch das dichte Gebüsch und die ausladenden, riesigen Bäume ist es irgendwie vor Eindringlingen geschützt. Aber meine Jungs sind clever und wissbegierig. Sie haben gleich bei der Eingrenzung einen verborgenen Pfad entdeckt, der uns um die einschüchternde Baumreihe herumführt. Wenn wir diesem schmalen, verwitterten Trampelpfad folgen, verlieren wir uns schnell in den verlockenden Abenteuern dieses dicht bewaldeten Wunderlands und denken uns immer wieder neue aufregende Geschichten aus. Schnell werden wir zu Entdeckern und bauen Festungen, ducken uns unter abgebrochenen Ästen hindurch und verstecken uns in flachen Gräben vor angriffslustigen Feinden.

Dieser Pfad schlängelt sich schließlich um ein schmales, ausgetrocknetes Bachbett herum, das sich als perfekter Ort für unsere imaginären Abenteuergeschichten erweist. Bei einer Begebenheit weckte ein riesiger Baum, der über die Vertiefung des Flussbetts gestürzt war, unser reges Interesse. Für meine Kinder war das eine aufregende Entdeckung. Jeder meiner Söhne balancierte nun vorsichtig darüber, sie wechselten sich ab, lachten über die Hopser und Stürze des anderen und freuten sich miteinander, als sie die Überquerung schließlich erfolgreich bewältigten.

Ich saß ganz in der Nähe im trockenen Laub und genoss es, einfach nur zuzusehen. Ich verspürte nicht das Bedürfnis, mich auch auf dieses Ungetüm zu begeben. Aber meine Kinder ließen mich nicht so leicht davonkommen. Sie fingen an, mich zu bedrängen, ich solle doch mitmachen und auch versuchen, auf dem Baumstamm von einer Seite zur anderen zu balancieren.

Ich tat ihnen schließlich den Gefallen.

Als ich mich daranmachte, wusste ich nicht, dass es so schwierig sein würde. Schließlich war ich als Kind eine gute Turnerin gewesen. Sicher würde ich die paar Meter auf diesem breiten Baumstamm schaffen – elegant wie auf dem Schwebebalken – besonders jetzt, da die Jungs mich anfeuerten.

Alles lief wunderbar, bis ich etwa in der Mitte angelangt war und ein leises Knacken unter mir vernahm. Oh nein! Wenige Sekunden später brach der ganze Baumstamm in Stücke und fiel krachend ins Flussbett. Und ich mit dem Hinterteil voran gleich hinterher.

Ich saß dort auf dem Boden und war vollkommen verdutzt. Es war alles so schnell gegangen. Ich brauchte einen Augenblick, um meine Fassung wiederzuerlangen. Doch nachdem ich mich aufgerappelt und mir den Staub abgeklopft hatte, sah ich die zersplitterten Überreste des Baumstamms, die überall am Boden verstreut waren und mir wurde klar, wo das Problem lag. Trotz der kräftigen, dicken Rinde, die den Baum äußerlich so stark und sicher aussehen ließ, wurde durch den Fall, der sein Innenleben offenbar machte, deutlich, wie verrottet er tatsächlich war. Er war mit der Zeit innerlich zerfallen und verwest, was ihn wohl ursächlich zerbrechen ließ. Als die Jungs darüberspazierten, reichten ihre kleinen Körper anscheinend nicht aus, um die Schwachstelle des Stammes aufzudecken. Doch als ich mit dem Gewicht einer Erwachsenen darauf trat, konnte er nicht mehr standhalten. Die Elastizität in seinem Inneren reichte nicht aus, um mit dem äußeren Erscheinungsbild mithalten zu können. Er konnte dem Druck nicht standhalten. Er hatte keine …

Integrität.

Früher oder später wird es uns allen so gehen, dass der unvermeidliche Druck des Lebens die Wahrheit dessen offenbart, was tatsächlich in uns ist. Natürlich kann allein die äußerliche Stärke ausreichen, um die einfacheren, weniger anspruchsvollen Situationen zu meistern. Doch wenn der Stress ein gewisses Gewicht aufgebaut hat und nach unten drückt, wenn es um mehr geht, als nur unseren Körper zu tragen, wird der Mensch zusammenbrechen, dem es an tief verwurzelter Integrität mangelt. Er wird in Stücke brechen. Implodieren. Und dann kann jedermann deutlich erkennen, dass unter der Maskerade von Stärke ein heimliches, inneres Leben verborgen lag – zersetzt von Verwesung, unbeachtet und vernachlässigt.

Bedauerlicherweise sehen wir das nur allzu oft in uns selbst und in anderen.

Doch nicht in jedem. Und wenn uns jemand über den Weg läuft, der diesem deprimierenden Trend trotzt, sollten wir einmal näher hinsehen. Hier können wir etwas lernen.

Schlag einmal den Propheten Daniel auf.

Als er und seine begabten jungen Freunde im Jahr 605 vor Christus zusammen mit zehntausend anderen Hebräern von König Nebukadnezar gefangen genommen und nach Babylon weggeführt wurden, hatte man sie des Öfteren bedroht, ihren Lebensstil zu ändern und sich der neuen Umgebung anzupassen. Sie sollten etwas anderes werden als das, wozu sie als Anhänger des Gottes Israels bestimmt waren. In der Absicht, ihre Fähigkeiten und ihr Potenzial für die nationalen Zwecke zu vereinnahmen, gaben ihre Aufseher ihnen babylonische Namen, unterrichteten sie in babylonischer Literatur und versuchten sogar, ihr Geschmacksempfinden anzupassen, indem sie ihnen babylonisches Essen servierten.

Doch selbst in dieser völlig neuen Umgebung weigerte sich Daniel, Kompromisse hinsichtlich seines Standards von Heiligkeit einzugehen. Und niemand kam umhin, den überragenden Verstand zu bemerken, den Gott ihm geschenkt hatte, plus seiner Fähigkeit, Träume und Visionen auszulegen, die sogar die der fähigsten Weisen und Hofbeamten bei Weitem übertraf. Somit wurde Daniel rasch befördert und durchlief verschiedene Stufen in der babylonischen Hierarchie, bis er schließlich in einer Position war, in der er sogar Einfluss auf den König ausüben konnte.

Eine ziemlich steile Karriere für einen jungen Hebräer.

Als das persische Imperium schließlich die Herrschaft über Babylon errang und die Machtstrukturen verändert wurden, sah sich Daniel mit einer neuen Situation konfrontiert. Nun könnte er seine angesehene Karriere mit ihren vielversprechenden Perspektiven verlieren. Wenn er seine neue Position nicht aufs Spiel setzen wollte, an die er sich schon gewöhnt hatte, wäre jetzt vielleicht ein guter Zeitpunkt, wenigstens ein paar strategische, akzeptable Kompromisse hinsichtlich der Werte seiner ursprünglichen Erziehung einzugehen.

Er brauchte nicht lange auf eine Gelegenheit zu warten. Eine eifersüchtige, hinterhältige Brut von Hofbeamten versuchte, ihn zu Fall zu bringen, indem sie König Darius überzeugten, einen Erlass zu unterzeichnen, der jeden im Reich dazu zwang, dreißig Tage lang seine Gebete und Anliegen ausschließlich an den König zu richten, und nicht an irgendeinen anderen

Gott. Und das unter Androhung der Todesstrafe in der Löwengrube. Jetzt musste Daniel sich entscheiden. Er könnte vorübergehend seine Maßstäbe herunterschrauben, es war ja nur für einen Monat. Er könnte seine Gebete im Verborgenen verrichten, und nicht in der Öffentlichkeit, wo jeder ihn sehen konnte. Er könnte ein Doppelleben führen, um seine einzigartige Position zu behalten.

Doch stattdessen ...

Daniel wusste, dass dieses Gesetz vom König erlassen worden war. Er ging in das obere Stockwerk seines Hauses, wo er die Fenster, die nach Jerusalem zeigten, immer geöffnet hielt. Trotz des Verbotes kniete er sich nieder, dankte und lobte Gott und flehte ihn an, wie er es auch sonst dreimal täglich machte.

Daniel 6,11; Neues Leben

Er veränderte nicht seinen Standard, nur um in das neue Regime zu passen.

Er reformierte nicht seine Überzeugungen, um seine Popularität und sein Ansehen zu bewahren.

Er verbarg sich nicht während seiner Anbetungszeit, um nicht von anderen entdeckt zu werden.

Er änderte nicht seinen Zeitplan, um sich den neuen Auflagen des königlichen Erlasses anzupassen.

Stattdessen blieb er weiterhin unerschütterlich, stark und standhaft. Er blieb derselbe hinter verschlossenen Türen (und geöffneten Fenstern), der er auch in der Öffentlichkeit war. Selbst als er sich mit der ultimativen Prüfung konfrontiert sah – dem außerordentlichen Druck, den schmatzenden Löwen in der Grube vorgeworfen zu werden – brach er nicht unter der enormen Anspannung zusammen. Er konnte heldenmutig im Angesicht äußerst beängstigender Umstände standhaft bleiben, denn „ich bin unschuldig vor meinem Gott" (siehe Dan 6,22).

Seine Integrität hatte ihn gerettet.

Sie hielt die Rachen der Löwen verschlossen. Durch sie blieb er unversehrt und wurde nicht in Stücke gerissen. Durch sie blieb er inmitten wachsender Widrigkeiten geschützt.

Seine Integrität sandte eine durchdringende Botschaft über die Macht Jahwes durch das ganze Land. König Darius war so schockiert, überwältigt und dankbar für Daniels Wahrhaftigkeit und Jahwes Reaktion darauf, dass er einen neuen Erlass herausgab und den Gott Daniels als den einzig wahren, lebendigen Gott erklärte.

Sein Baumstamm der Integrität hielt dem möglichen Desaster stand. Das machte den entscheidenden Unterschied im Leben Daniels aus.

Und das wird auch in deinem Leben den entscheidenden Unterschied ausmachen.

§ *Die Entscheidung, eine Frau von Integrität zu werden, ist eines der schönsten Geschenke, die du dir selbst machen kannst. Es bedeutet für dich Freiheit! Du brauchst dich jetzt nicht mehr davor zu fürchten, dass dein verborgenes Leben „entdeckt" oder du „erwischt" wirst. Indem du mit deiner Unterschrift mit diesem Entschluss übereinstimmst, erklärst du dich einverstanden, dein ganzes Leben mit der Person in Einklang zu bringen, zu der dich Gott durch die Wiedergeburt bereits neu erschaffen hat. Du öffnest dich auch dafür, einen beispielhaften Einfluss auf deine Mitmenschen zu bekommen, die dadurch näher zu Christus gezogen werden. Betrete also dieses Land. Hier lässt es sich gut leben. Noch viel besser, als es die Werbung verspricht.*

MEINE INTEGRITÄT

Ich werde keine üblen Einflüsse — selbst wenn sie noch so gerechtfertigt erscheinen — in mir oder meiner Familie dulden, sondern ein Leben in Reinheit anstreben.

_____

Mein Herz

❧

Der Entschluss, Mitgefühl zu zeigen

Sieh noch mal hin!

Warum lässt du mich Unrecht sehen und schaust dem Verderben zu?
Habakuk 1,3

Ich wollte das nicht sehen. Die Bilder wühlten mich einfach zu sehr auf. Der gewaltige HD-Bildschirm, der von der Decke herabgelassen wurde, gab jedes einzelne Pixel einer niederschmetternden Geschichte in einer Größe und Schärfe wieder, die für mich und für die fünfzehntausend anderen Frauen, die dort versammelt waren, fast schon realer war als das Leben selbst.

Wir befanden uns auf einer Konferenz in Sydney, Australien, die einmal im Jahr stattfand und von Frauen aus allen Enden der Erde besucht wurde. Dunkelhäutige Inderinnen in ihren glitzernden Saris; hellhäutige Blondinen aus Dänemark, dunkelhaarige, exotische Russinnen; schwarze, Französisch sprechende Schwestern von irgendeiner Insel, von der ich noch nie gehört hatte – sie alle befanden sich an demselben Ort, um gemeinsam an dieser bedeutsamen Veranstaltung teilzunehmen. Diese Tagung ist eine der größten ihrer Art und hat jedes Mal einen ganz bestimmten Fokus. Sie ist nicht nur ein jährliches Ereignis, das du für ein Wochenende besuchst und dann bis zum nächsten Mal nicht weiter darüber nachdenkst. Daraus hat sich tatsächlich eine Schwesternschaft entwickelt, die das ganze Jahr über aktiv ist. Es ist eine weltweite Verbindung von Frauen, die Christus dienen wollen, für Gerechtigkeit kämpfen und die Menschheit durch besondere Einsätze und Dienste verändern wollen.

Ehrlich gesagt war diese Art Versammlung neu für mich. Die meisten Konferenzen, die ich in den USA besucht hatte, waren zwar immer ausgefüllt mit großartiger Lehre und außergewöhnlichen Lobpreiszeiten, doch hatten sie normalerweise nicht diesen Fokus auf humanitären Bemühungen. Hier, mitten in dieser Art Versammlung, wurden mir die Augen geöffnet und ich bekam eine ganz neue Sichtweise für die Probleme, mit der die Weltgemeinschaft konfrontiert ist.

Und die war sehr überführend.

Denn niemand kann abstreiten, dass diese Art aktiver Barmherzigkeitsdienst genau das ist, was Christus der Gemeinde aufgetragen hat. Und wenn das so ist, warum komme ich dem nicht nach? Warum nutze ich nicht die Plattform, die der Herr mir gegeben hat, um die Frauen zu ermutigen, einmal über ihre eigene kleine Welt und ihre ewig dringenden Angelegenheiten hinauszublicken und einen Blick auf das tiefe Leid zu werfen, das überall um sie herum geschieht? Und warum waren die amerikanischen Christen – so weit ich es beurteilen konnte – offensichtlich nicht so zerbrochen über diese himmelschreienden Nöte, wie es anscheinend die Christen aus Nationen waren, deren Heimatland in wirtschaftlicher Hinsicht weit weniger stabil war? Diese Frauen waren weit davon entfernt, allein zur persönlichen Erbauung eine Konferenz zu besuchen. Ihnen ging es während dieser gemeinsamen Zeit darum, Verantwortung zu ergreifen und die Gesellschaft und Kultur zu beeinflussen.

Einige der Probleme, die uns an diesem Tag vorgestellt wurden, kannte ich bereits zu einem bestimmten Grad. Doch schäme ich mich fast zu sagen, dass ich mich diesbezüglich bisher eigenartig distanziert gefühlt habe – jedenfalls ohne die Verpflichtung zu spüren, etwas zu unternehmen. Von anderen Dingen wusste ich überhaupt nicht, dass so etwas existierte … wie zum Beispiel das, was sich momentan direkt vor mir auf dem Bildschirm abspielte.

Es waren Bilder von Frauen. Ein grausamer Anblick. Gefoltert von gehirngewaschenen Kindersoldaten in Uganda. Diese verhärteten Kinder waren unter der Aufsicht der LRA (Lord's Resistance Army – Widerstandsarmee des Herrn) trainiert worden, die entsetzlichsten, herzlosesten Verbrechen und Ungerechtigkeiten zu begehen, die du dir vorstellen kannst. Sie verletzten und zeichneten diese Frauen fürs Leben, sodass sie kaum noch in der Lage waren, in den alltäglichen Abläufen der Gesellschaft zu funktionieren. Ihre Gesichter waren entsetzlich entstellt durch die Rasierklingen der rebellischen Soldaten. Wir erfuhren, dass Fachärzte für plastische Chirurgie bereitstanden, um zu helfen – bereit, ihre Zeit, Fähigkeiten und ihr Wissen zur Verfügung zu stellen. Alles, was sie jetzt noch brauchten, waren die notwendigen Mittel, um die Reisekosten und den medizinischen Bedarf zu decken. Und nun war es unser Auftrag, zu helfen.

Ein ständiges Stöhnen und Schniefen hallte durch die riesige Arena, während die Videopräsentation lief. Uns allen strömten die Tränen übers Gesicht und wir reichten Taschentücher durch die Reihen. Wir waren so bewegt, so berührt – so schockiert. Mehr als einmal musste ich meine Augen abwenden, um für kurze Zeit diesem visuellen Gewaltangriff zu entkommen.

Das konnte doch nicht wirklich geschehen! Solche Dinge geschehen doch nicht in der Realität. So etwas passiert doch nicht echten Menschen. Müttern und Töchtern. In ihrem eigenen Land. *Oder doch?*

Ich muss zugeben, dass ich mich hinausschlich, als derselbe Film am zweiten Wochenende noch einmal gezeigt wurde (die Konferenz wird dann für einen weiteren Besucherstrom wiederholt). Ich konnte mir das nicht noch einmal antun. Ich konnte es nicht verkraften, mir noch einmal die Bilder anzusehen, die mich so aufgewühlt hatten, dass ich den ganzen Tag keinen Appetit mehr hatte und nachts nicht schlafen konnte, weil ich ständig diesen Horror vor Augen hatte.

Ich wollte das nicht sehen.

Ich wollte einfach nicht hinsehen.

Und vielleicht willst auch du nicht hinsehen. Vielleicht zeigen die Bilder, die du siehst (aber nicht sehen willst), wie in diesem Fall auch irgendwelche entsetzlichen Zustände, die einen anderen Teil der Welt oder eine weit entfernte Volksgruppe peinigen. Normalerweise reagierst du, indem du den Sender wechselst oder die Seite umblätterst und wegsiehst von den aufgeblähten Bäuchen, den verseuchten Wasserbrunnen, der erbärmlichen Armut und den verwaisten Kindern.

Vielleicht ist aber auch das, was du lieber nicht sehen willst, gar nicht so weit weg. Gut möglich, dass es sogar in der Nähe deines Hauses stattfindet. In deiner eigenen Nachbarschaft entdeckst du Anzeichen für Dinge, die du eigentlich umgehen wolltest, indem du *hierher* gezogen bist. Oder die momentane politische Situation in deiner Stadt entwickelt sich in eine Richtung, die mit Sicherheit den Niedergang bestimmter Grundwerte bedeutet. Mit jedem Augenblick schleicht sich der moralische Zerfall immer unauffälliger in unsere Mitte. Exzessives Suchtverhalten beraubt die Jungen wie die Alten ihrer Gesundheit und ihrer Zukunft – Menschen, die sich anscheinend nicht von ihrem zerstörerischen Leben losmachen können.

Was auch immer es ist, allein der Anblick verursacht dir Magenkrämpfe. Deine Gefühle halten diesen Tatsachen keinen weiteren Augenblick länger stand – die vorbeihuschenden Szenen, eine Situation, die dir aufgefallen ist, aber über die du nicht nachdenken willst, die dir gleichgültig ist oder um die du dich nicht kümmern willst.

Bis jetzt.

Bis zu diesem Entschluss.

Obwohl du menschlich gesehen nicht für alles verantwortlich bist, was du siehst, und Gott auch niemals die Last der ganzen Welt auf deine Schultern legen würde, legt er dir doch *diese* eine Sache ans Herz. Und vielleicht sagt er dir auch im Gebet, dass ein kleiner Teil der Lösung dich morgens im Badezimmerspiegel anstarrt.

Höre mir zu. Ich verstehe vollkommen, warum du – und ich – lieber wegsehen würden. Wir tendieren stets dazu, zu denken, jemand anders würde sich schon darum kümmern. Es ist immer leichter und bequemer, sich zurückzuziehen und sich mit etwas Angenehmerem zu beschäftigen. Wie der Prophet Habakuk würden auch wir uns zuweilen am liebsten an den Himmel wenden, wenn wir Dinge sehen, von denen wir lieber nichts wissen wollen, und fragen: „Warum lässt du mich Unrecht sehen?" (Hab 1,3).

Sieht so aus, als hätte der Gott, der uns so leidenschaftlich liebt, nichts dagegen, uns ab und zu eine Pause zu gönnen. Mit all den Verpflichtungen, denen wir jeden Tag in unserem eigenen Leben nachkommen müssen, mit unserem Terminkalender und den Anforderungen unserer Umstände gibt er uns doch wohl auch das Recht, mal wegzusehen, etwas zu ignorieren und zu übersehen. Richtig?

Dann wird dich seine Antwort auf Habakuks Frage vermutlich überraschen. Denn nachdem er den Propheten gezwungen hatte, sich ganz bewusst das Leid seines geliebten Volkes anzusehen, sagte der Herr Folgendes zu ihm:

Seht … und schaut zu und stutzt, ja staunt! Denn ich wirke ein Werk in euren Tagen – ihr glaubtet es nicht, wenn es erzählt würde.
Habakuk 1,5

Mit anderen Worten: Sehen bedeutet Glauben.

Wenn Gott es dir nicht zeigt, kann dein Herz nicht berührt werden. Wenn er dir einfach nur *sagen* würde, wie seine Pläne aussehen oder wie er dich gebrauchen könnte, um das Problem zu lösen, würdest du das volle Ausmaß des Problems niemals begreifen. Auch nicht, was du durch ihn bewirken könntest, wenn seine übernatürliche Fürsorge, Freundlichkeit und Weisheit dich erfasst. Wenn er dir gestatten würde, dich abzuwenden und unwissend zu bleiben, könntest du nie das Wirken der Barmherzigkeit Gottes kennenlernen, das der Heilige Geist dir gerne nahebringen möchte und das du ganz praktisch erfahren kannst.

Also hat er beschlossen, es dir zu zeigen. Er lässt dich das Chaos, die Verwüstung, den Schaden, die Zerstörung, die Verschwendung und den Verlust *sehen*. Er bereitet dich darauf vor, dir auszumalen, wie außergewöhnlich sein Wirken sein kann – selbst durch ganz normale Menschen wie du und ich.

Höre nicht auf hinzusehen. Wende dich nicht ab. Denn was du siehst, hat er für dich vorherbestimmt. In seinem souveränen Plan für dein Leben ruft er dich, wirbt um dich und drängt, dich einzubringen.

Das Licht scheint am hellsten vor einem dunklen Hintergrund.

Diamanten glitzern am schönsten auf einer schwarzen Samtunterlage.

Sieh hin. Noch einmal.

So lange, bis nicht die Schwere des Problems dir den Atem raubt, sondern die Kraft Gottes, die Heilung bringt – eine Berührung, ein Mensch – einem nach dem anderen.

🔖 *Welche globale oder örtliche Katastrophe, von der du zurzeit weißt, bewegt dich am meisten?*

🔖 *Was hat dich daran gehindert, in irgendeiner Weise zu helfen?*

🔖 *Nenne eine Sache, die du tun kannst und für die du dir Zeit nehmen würdest.*

Wie heilt man ein ungebrochenes Herz?

Niemand rührte sich, als das Video zu Ende war.

Alle, mich eingeschlossen, saßen wie angewurzelt auf ihren Stühlen – unfähig, das soeben Gesehene sofort zu verarbeiten. Auch die Konferenzleiterin brauchte einen Moment, um sich zu sammeln, bevor sie mit dem Programm fortfuhr.

Es war ein besonderer *Moment*.

Du weißt bestimmt, was ich damit meine. Es sind diese seltenen, flüchtigen Momente einer übernatürlichen Heimsuchung, wenn du einfach spürst, wie Gottes Gegenwart über dir lagert, dich einlädt und dir den Eindruck seiner ganz spezifischen Berufung vermittelt. Wir alle wussten, dass wir nie wieder dieselben sein würden. Wie sollten wir auch? Es war unmöglich, so tief berührt zu sein und dann einfach weiterzuleben, als wäre nichts geschehen. Wir waren überzeugt – ich war überzeugt –, dass wenn es uns wirklich wichtig ist, andere Menschen zur Errettung zu führen, sollten wir uns mindestens genauso um ihre Lebensqualität hier auf der Erde kümmern.

Die Tage waren nun vorüber, an denen sich mein Dienst lediglich darauf beschränkte, von einem Podium zu lehren oder Bücher zu schreiben. Das reichte einfach nicht aus. Wenn wir nicht ganz gezielt und ganz bewusst die Entscheidung treffen, den Menschen ganz praktisch zu helfen und andere dazu ermutigen, das Gleiche zu tun, bleiben wir weiterhin einseitig und machen uns schuldig, nur die Hälfte von dem zu tun, wozu Gottes Volk eigentlich berufen ist.

Ich beugte mich also im Gebet vor dem Herrn, unsicher, was genau ich ihm eigentlich sagen sollte. Also fragte ich ihn einfach, was ich als Reaktion auf diese Betroffenheit tun könnte, die ich durch seinen Geist empfand.

Noch bevor sich in meinen Gedanken eine Antwort formen konnte, kam das Lobpreisteam auf die Bühne, und der Chorus, den sie anstimmten, erklang wie ein Wegbereiter für die Antwort des Herrn:

> Lass mich fühlen, was dein Herz zerbricht.
> Mit allem, was ich bin, lebe ich für dein Reich,
> bis ich zu dir heimgeh in die Ewigkeit.[2]

Da waren sie. Die ersten Hinweise einer Antwort des Herrn an mich. Ich brauchte ein zerbrochenes Herz. Es ging nicht darum, *zuzulassen*, dass er es zerbrach, sondern ihn tatsächlich darum zu *bitten*. Ich musste denselben Kummer und denselben inneren Schmerz über dieselben Dinge empfinden, die auch das Herz des Vaters berühren. Anstatt an der Liste meiner üblichen Gebetsanliegen zu kleben und ihn im Grunde genommen zu bitten, *nicht* zuzulassen, dass mein Herz zerbrochen wird, sollte ich ihn vielmehr darum bitten, es zu zerbrechen – bis es bereit war, ihm in die Richtung zu folgen, in die ich tatsächlich gehen sollte.

Jedenfalls sollte ich jetzt etwas tun. Ich war mir nicht sicher, wie das genau aussah. Doch bevor ich das erfahren und loslegen konnte, brauchte ich ein zerbrochenes Herz.

Hast du ihn jemals darum gebeten? Hast du jemals in Erwägung gezogen, dass dein eventuelles Desinteresse, anderen zu dienen, sich zu kümmern und sich die Hände schmutzig zu machen, vielleicht daran liegt, dass du ihm nie dein Herz ausgeliefert und ihn gebeten hast, es zu brechen, damit es empfänglicher wird für die Nöte anderer? Meistens bitten wir ihn, es zu heilen, zu stärken oder wiederherzustellen. Doch nach was für einer Erweisung seiner Kraft streben wir, um zu vermeiden, dass unser Herz hinsichtlich der Nöte unserer Mitmenschen zerbrochen wird?

Jesus hatte ein zerbrochenes Herz.

In der ganzen Schrift sehen wir das Porträt eines Mannes, der nicht blind durch die staubigen, uralten Straßen seiner Zeit spazierte und an jedem menschlichen Elend und Bedürfnis vorüberging, ohne es eines Blickes zu würdigen. Nein, er war vielmehr besonders aufmerksam. Er war *innerlich bewegt*. Er blieb stehen, um sich um die Entrechteten und Verzweifelten zu kümmern.

- Es brach ihm das Herz, als er die hungrige Volksmenge sah (Mt 15,32)
- Es brach ihm das Herz, als er die Kranken sah (Mt 14,14)
- Es brach ihm das Herz, als er die emotional Verzweifelten sah (Lk 7,13; Mk 6,34)
- Es brach ihm das Herz, als er die Einsamen und geistlich Verlorenen sah (Mt 9,36)

Und wenn er nicht Barmherzigkeit übte, sprach er darüber. Er erzählte Geschichten, erinnerte an bestimmte Dinge und wies die Menschen immer wieder in diese Richtung. Barmherzigkeit zu zeigen, war ein wichtiger Bestandteil der Art und Weise, wie er das Evangelium den Menschen vorstellte. Er verschloss nicht die Augen vor den körperlichen Nöten der Menschen, weil er sich lieber um „die viel wichtigeren" geistlichen Probleme kümmern wollte.

Du und ich sollten Frauen sein, die sich entschlossen haben, es ihm gleichzutun. Wir sind Teil der Gemeinde – seiner Gemeinde – Gottes Antwort auf die Hoffnungslosigkeit unserer Zeit. Wenn wir nur Frauenkonferenzen besuchen, ermutigende Bücher lesen, Predigten anhören, Lobpreislieder singen und nur wenig oder gar nichts tun, um anderen ganz praktisch zu helfen, degradieren wir die Demonstration seines Evangeliums zu einer machtlosen, verwässerten und selbstbezogenen Übung. Doch während ich hoffe, dass du all diese Dinge praktizierst und dadurch mächtig gesegnet wirst, bete ich, dass du ein wenig Unzufriedenheit verspürst, die dich dazu bringt, nach weit mehr zu suchen – nach Zielen, die auf die Welt dort draußen ausgerichtet sind. Er hat dich aus vielerlei Gründen errettet. Doch einer der Gründe besteht darin, dass andere durch dich Gottes Barmherzigkeit erfahren. Nicht nur in Worten. Und ganz bestimmt nicht durch Schweigen oder leere Blicke. Sondern durch Taten. Ganz praktisch.

Jesus *predigte* nicht nur das Evangelium. Er lebte es. Und nun sind wir seine Hände und Füße – Hände, die nicht nur dazu da sind, Schecks auszustellen und Füße, die eine höhere Bestimmung haben, als zur Gemeinde oder zum Briefkasten zu laufen, damit andere durch unsere Gaben losgehen können. Finanzielle Unterstützung ist eine sehr ehrenhafte Sache. Tu es. Die Menschen brauchen das. Doch wenn du dich weiterhin unter dem Deckmantel des Gebens versteckst, wirst du niemals den Segen erfahren, der praktische Helfer zu sein, zu dem Gott *dich* berufen hat.

Direkt von deinem Zuhause aus.

Mit deinen eigenen, ganz persönlichen Mitteln.

Indem du die Talente deiner Familie benutzt.

Indem du deine Freunde motivierst, ihre einzigartigen Qualitäten einzubringen.

Das Mitleid, das Jesus für andere empfand, war kein pathetisches Gefühl. Es war eine tief empfundene Betroffenheit, die für ihn – laut vieler Kommentatoren – sogar körperlich spürbar war, etwa so wie ein flauer Magen. Doch wie reagierte er darauf? Er ging nicht nach Hause in der Hoffnung, ein kleines Nickerchen würde seine Niedergeschlagenheit und das Unbehagen vertreiben. Er verstand dieses innere Bewegtsein – dieses zerbrochene Herz – als Signal, etwas zu unternehmen und in Übereinstimmung mit dem Willen des Vaters zu handeln. Er ging los. Er diente. Er hörte zu. Er heilte.

Also …

Was berührt dein Herz?

Was verursacht dir ein flaues Gefühl im Magen?

Ich wiederhole, es kann sich um ein Problem handeln, das Menschen auf der anderen Seite des Erdballs betrifft. Vielleicht geht es um ein paar Nachbarn in deiner Straße. Vielleicht bedeutet es eine langfristige Hingabe an eine Aufgabe, vielleicht auch nur ein paar Stunden an einem einzigen Nachmittag. Es könnte sich um eine ältere Dame handeln oder um ein neugeborenes Baby. Gelegenheiten, anderen zu dienen, gibt es in allen Formen und Größen – und keine ist bedeutungsvoller als die andere. Doch wenn du eine Not entdeckst und es liegt an dir, etwas zu unternehmen, dann wird er dein Herz berühren. Er wird deine Aufmerksamkeit vielleicht auf eine einzelne Person und ihre Nöte lenken oder auf eine Familie mit ihrem Leid, auf eine Gruppe Menschen mit ihren Herausforderungen oder zu einem bestimmten Land mit seinen Krisensituationen.

Betrachte das als dein Stichwort, wie eine Frau zu reagieren, die sich entschlossen hat, Barmherzigkeit zu üben.

Vielleicht bist du ein Mensch, der nicht so schnell ergriffen oder emotional berührt ist, jemand, der normalerweise einfach nicht auf diese Weise reagiert. Doch auch du kannst das haben, was Jesus hatte: ein göttliches Mitgefühl für die Dinge, die Gott das Herz brechen und das dich dazu bewegt, seine Berufung für dein Leben zu ergreifen. Wenn dein Herz angesichts der himmelschreienden Realitäten erweicht, mit denen andere Menschen konfrontiert sind, erfährst du, was das eigentliche Ziel deiner Heilung ist.

Du wirst verwandelt in das Ebenbild Christi. Du bekommst ein zerbrochenes Herz und bist berufen, in dieser Zerbrochenheit zu reagieren.

Ja, du kannst es haben – das göttliche Mitgefühl, das zum praktischen Handeln führt. Du *musst* es haben. Denn deine Welt wartet darauf, Christus durch dich zu erfahren. Du bist die Lösung, auf die das Problem bereits wartet. Deshalb empfindest du diesen Schmerz im Herzen. Deshalb ist es so schwer für dich, hinzusehen. Das ist der Grund dafür, dass sich dir bei so einem Anblick der Magen umdreht.

Das ist Barmherzigkeit.

Bitte also den Herrn, dein Herz zu zerbrechen und dir eine aktuelle Not mit ihren entsetzlichen Einzelheiten zu zeigen, bis er dir den Mut gibt, darauf zu reagieren.

Was bricht dir das Herz?

Die Antwort ist dein Signal.

Tu etwas.

🔖 *Vielleicht hast du dich schon einmal verbrannt, als du zu forsch versucht hast, etwas zu unternehmen. Vielleicht haben die Menschen deine Motive missverstanden oder dich ausgenutzt. Doch was ist dein wahrer Beweggrund, wenn du die Liebe Christi einer anderen Person nahebringst? Miss deinen Erfolg nicht allein an den offensichtlichen Wohlfühlergebnissen. Was ist ein besserer Indikator?*

Wenn ich bloß wüsste, was sein Wille ist!

Mein ganzes Leben war ich auf der Suche. Nachdem ich bereits in jungen Jahren Christus angenommen hatte und im Lauf der Zeit immer mehr verstand, was es bedeutete, als Christ zu leben, begann ich mich zu fragen, was wohl sein Wille für mein Leben war. Ich wusste, er hatte einen Plan – einen Plan, den er nicht spontan zusammengewürfelt, sondern den er bereits im Vorfeld – ehe ich geboren wurde – sorgfältig ausgearbeitet hatte (Eph 2,10). Dennoch hatte ich oft das Gefühl, als würde sein Plan sich mir nicht erschließen, als ob er immer außerhalb meiner Reichweite und meines Sichtfelds blieb. Als ich als junge Frau auszutüfteln versuchte, welche Fächer ich studieren und in welche fachliche Richtung ich mich festlegen sollte, wünschte ich oft, Gott würde mir klarer, unverblümter und verständlicher mitteilen, was er zu diesem bestimmten Zeitpunkt meines Lebens von mir erwartete.

Vielleicht fragst du dich das Gleiche. Vielleicht hast du in dem einen oder anderen Bereich deines Lebens das Gefühl, lediglich umherzuschlendern, ziellos durch die Wochen und Monate zu treiben und mit einem großen Fragezeichen über deinem Kopf durchs Leben zu gehen. Du *willst* unbedingt in seinem Willen sein, aber du kennst seinen Willen einfach nicht genau. Also wartest du ab. Und wartest. Du wartest darauf, dass er dir seinen Willen mitteilt, damit du ihn endlich tun kannst.

Ein beeindruckender Wunsch, liebe Freundin.

Doch was ist, wenn die Offenbarung seines weiteren Plans für dein Leben zumindest teilweise davon abhängig ist, inwieweit du in dem gehorsam bist, was er dir bereits vorgelegt hat? Was ist, wenn er sehen will, wie treu du auf das reagierst, *was* du bereits weißt, bevor er das ergänzt, was du noch *nicht* weißt? Es ist, als ob dein Kind dich dazu bringen wollte, Pläne für morgen zu machen, wenn es noch nicht einmal seinen Verpflichtungen für heute nachgekommen ist. „Nun, junger Mann, junge Dame, darüber kannst du dir Gedanken machen, wenn du deine *heutigen* Aufgaben erledigt hast." Funktioniert es nicht in dieser Reihenfolge?

Vielleicht lässt sich ja das gleiche Prinzip in Bezug auf die Offenbarung seines Willens uns gegenüber anwenden? Sicher ist uns einiges von dem, was er für uns bereithält, noch nicht bekannt, doch gibt es ein paar Dinge, die er eindeutig und unmissverständlich ausgedrückt hat. Ein typisches Beispiel:

Es wurde dir, Mensch, doch schon längst gesagt, was gut ist und wie Gott möchte,
dass du leben sollst. Er fordert von euch nichts anderes,
als dass ihr euch an das Recht haltet, liebevoll und barmherzig miteinander
umgeht und demütig vor Gott euer Leben führt.

Micha 6,8; Neues Leben

Deutlicher geht es nicht. Er „hat dir mitgeteilt". Nie wieder wirst du sagen können, dass du nicht weißt, was er von dir „fordert" – was sein Wille jetzt in diesem Augenblick für dich ist. Sicher steckt noch viel mehr dahinter, ein ganzes Spektrum von Details, die es noch zu entdecken gilt. Aber so viel weißt du jetzt schon:

1. an das Recht halten
2. liebevoll und barmherzig miteinander umgehen
3. demütig vor Gott euer Leben führen

Also, liebe Schwester, ich frage dich nun … tust du das bereits? Hast du ganz bewusst den Entschluss gefasst, auf das zu reagieren, was du mit Bestimmtheit als Gottes persönlichen Auftrag an dich erkannt hast? Es gibt keinen besseren Zeitpunkt, um diesen Entschluss zu fassen, als jetzt gleich, in dieser Minute. Dann gehst du weiter mit genug Erkenntnis über diese drei Aufforderungen, um ein paar ganz praktische Entscheidungen darüber treffen zu können, wie du sie in deinem Alltagsleben umsetzen wirst.

Recht. Als ich diesen Teil des Verses las, fiel mir sofort das nachfolgende Verb auf: „halten". Normalerweise haben wir von dem Begriff „Recht" eine etwas abstrakte Vorstellung. Eigentlich nicht etwas, das man *hält,* sondern eher eine *Sache.* Recht. Vielleicht wird uns ein Blick auf die Worte helfen, die Micha über die boshaften Aktivitäten des Volkes Israel zu sagen hatte:

Schrecken soll über die kommen, die nachts wach liegen und Böses aushecken.
Sie führen es gleich am nächsten Morgen aus, denn sie haben die Macht dazu.
Wenn sie ein bestimmtes Grundstück besitzen wollen, so bringen sie es
mit Gewalt an sich. Reizt sie ein bestimmtes Haus, so nehmen sie es einfach weg
und rauben damit dem Besitzer und seiner Familie das Erbe.

Micha 2,1-2; Neues Leben

Eine Frau, die beschlossen hat, das Recht zu halten, übervorteilt niemanden, selbst wenn sie die Mittel oder die Gelegenheit dazu hat. Stattdessen hat sie sich festgelegt, das Richtige zu tun – nach einer gerechten Lösung zu suchen – ganz bewusst zu überlegen, wie man Menschen oder Umständen in bestimmten Situationen zu Diensten sein kann, selbst wenn es (zuweilen) auf ihre eigene Kosten geht. Ich will damit nicht sagen, dass sie blauäugig oder leicht hinters Licht zu führen ist. Sie ist einfach nicht darauf aus, anderen eins auszuwischen oder Dinge so hinzudrehen, dass sie letztendlich als der große Gewinner dasteht. Ihr vornehmliches Interesse besteht darin, dafür zu sorgen, dass Recht geübt wird und Lösungen angestrebt werden, die fair, vernünftig und objektiv sind und – was am wichtigsten ist – die Liebe Jesu Christi widerspiegeln.

Passt diese Beschreibung auf dich? Hast du die Angewohnheit, den anderen übervorteilen zu wollen? Bist du mehr darum besorgt, dich selbst abzusichern als dich darum zu kümmern, was mit dem anderen geschieht? Bist du mehr darauf aus, das größere Stück des Kuchens zu bekommen, als dafür zu sorgen, dass andere gut versorgt sind? Kämpfst du für das Recht oder für dich selbst?

Barmherzigkeit. Das Wort, das hier im Urtext gebraucht wird, kann auch genauso als „Freundlichkeit" oder „Liebenswürdigkeit" übersetzt werden. „Liebevoll und barmherzig miteinander umzugehen" bedeutet, ein tief empfundenes Interesse daran zu haben, Dinge zu tun, die andere Menschen segnen und positiv beeinflussen. Es bedeutet, ihre Bedürfnisse über deine eigenen zu stellen – nicht unbedingt weil sie es verdient haben, sondern weil du es einfach „gerne" für sie tust.

Genauso sieht Gottes Barmherzigkeit aus, die er dir und mir entgegenbringt. Ist es nicht so? Er hat es erwählt, uns nicht das zu geben, was wir verdient hätten. Er hat das rechtmäßige Gericht und die Bestrafung zurückgehalten und uns stattdessen mit echter Zuneigung, zärtlicher Liebe und

Vergebung überschüttet. Wie Christus sollten auch wir bereit sein, anderen Menschen Freundlichkeiten zu erweisen, selbst wenn es ihr vorangegangenes Verhalten nicht unbedingt rechtfertigt. Einfach so.

Wir wissen, dass Barmherzigkeit unzählige Anwendungsbereiche findet in deinem Heim, bei deiner Arbeit und in deiner Gemeinde – einfach überall, wohin dich deine täglichen Aktivitäten führen. Doch gibt es keinen Ort, an dem Liebe und Barmherzigkeit sichtbarer werden als an den verborgenen Plätzen, wo du normalerweise nicht einfach so hinkommst, es sei denn, du gehst absichtlich dorthin. Es sind die Orte, die man ganz bewusst suchen muss, damit man sie findet. Das beschreibt auch sehr gut die wohlbekannte Frau aus Sprüche 31: „Ihre Hand öffnet sie dem Elenden und streckt ihre Hände dem Armen entgegen" (Vers 20). Jesus erwähnte es später als einen unerlässlichen Bestandteil einer reinen, unverfälschten Beziehung zu ihm. Wie wir mit Außenseitern und Hilflosen umgehen, also mit den „Geringsten", steht in direktem Zusammenhang mit unserer Hingabe an Christus persönlich.

Wenn wir diesen Maßstab als unseren Barometer benutzten, was würde dein Maß an Barmherzigkeit im Hinblick auf deine Beziehung zu Gott „anzeigen"? Führst du ständig Buch, um herauszufinden, was die Menschen von dir verdient haben? Gibst du ihnen nur das, was ihnen deiner Meinung nach rechtmäßig zusteht? Oder bist du stattdessen gewillt, denen zu geben, die dich nicht gebeten haben, den kaum Beachteten oder jenen, die dir niemals etwas zurückgeben können?

Das zeichnet eine Frau aus, die anderen Menschen Barmherzigkeit entgegenbringt. So kannst auch *du* sein.

Demut. Was kommt dabei heraus, wenn man Recht und Barmherzigkeit zusammenzählt? Eine Frau, die demütig mit ihrem Gott geht und für die die Nöte anderer an erster Stelle stehen. Eine Frau, die ihren eigenen Stellenwert richtig einschätzt – nicht zu hoch natürlich, aber auch nicht zu niedrig. Eine Frau, die jeden Tag nach dem Willen des Herrn fragt und im Glauben darauf vertraut, dass alles, was er ihr aufträgt, es wert ist, ihr Allerbestes zu geben. Und wann immer er bereit ist, ihr mittels seines Wortes und der Stimme seines Geistes mehr mitzuteilen, wird sie zur Stelle sein, um es zu empfangen – und darauf zu reagieren.

Da es nun so viel an Charakterstärke und Erfüllung im Leben zu ergreifen gibt, frage ich mich, warum wir so oft geneigt sind, diese schriftlich festgelegten Instruktionen des Herrn geringzuschätzen oder zu ignorieren, währenddessen wir verzweifelt danach fragen, was wohl „sein Wille für mein Leben ist".

Könnte es sein, dass es unseren behüteten, selbstbezogenen Lebensstil durcheinanderbringen würde? Machen wir uns Sorgen, dass es zu unbequemen Veränderungen kommen könnte, zu denen wir nicht bereit sind, wenn wir uns diesen Teil der *Erklärung* zu Herzen nehmen? Dennoch gehören diese Dinge zum Herzstück des Evangeliums, an das wir angeblich glauben. Es ist das, was der Herr von uns „fordert". Wie können wir dann sagen, dass wir in Gottes Willen sein wollen, wenn wir genau diesen Teil davon einfach ignorieren?

Ein Schriftsteller schrieb einmal über eine Situation, als er in genau diesem Punkt überführt wurde. Er las gerade entspannt eine Abhandlung, in der der Schreiber den Prozess beschrieb, bei dem Worte ihre Bedeutung verlieren. Ganz nebenbei erwähnte dieser, dass das beste Beispiel dieses Phänomens die Christen seien: *„Ich habe beobachtet, dass Christen anscheinend die erstaunliche Fähigkeit besitzen, die wundervollsten Dinge zu sagen, ohne sie tatsächlich zu glauben."*

„Was noch viel beunruhigender war", fuhr der Autor fort, „war seine Liste von Dingen, die Christen tatsächlich sagen, wie: Selig sind die Armen und Demütigen; es ist besser zu geben als zu nehmen; richtet nicht, damit ihr nicht gerichtet werdet; liebe deinen Nächsten wie dich selbst usw. Ich habe mich mit jeder einzelnen Aussage beschäftigt und festgestellt, wie anders ich doch mein Leben führen würde, wenn ich diese Dinge tatsächlich glaubte. Denn, wie der Verfasser schloss: *Die Aussagen Christi führen ein passives Schattendasein in ihren Gedanken und haben so gut wie keine Auswirkungen über das hinaus, was das Hören von so liebenswerten und freundlichen Worten ohnehin bewirkt.*"[3]

Wie herausfordernd! Und wie wahr!

Wenn wir tatsächlich das Evangelium glauben, das Christus predigte, dann werden wir auch danach leben – selbst wenn das bedeutet, die Unbequemlichkeiten auf sich zu nehmen, die seine Gebote verursachen könnten.

Wenn du jetzt auf den nächsten Punkt der Erklärung triffst, weißt du möglicherweise bereits, wozu der Heilige Geist dich drängt. Ein göttliches Mitgefühl erfüllt dich jetzt. Du könntest die Person oder die Menschen benennen, denen du freundlich begegnen oder für die du eintreten sollst.

Die Frau, die unter der Brücke lebt und die du jeden Tag auf dem Weg zur Arbeit siehst.

Die Frau eines Soldaten, der kürzlich verwundet von einem Kriegseinsatz zurückkam. Sie hat jetzt nicht nur ihre drei kleinen Töchter zu versorgen, sondern auch ihren arbeitsunfähigen Ehemann.

Das minderjährige Mädchen, das von seiner Familie verstoßen wurde, weil es zum zweiten Mal schwanger ist und dringend eine Schulter zum Anlehnen braucht.

Sicher, das macht vielleicht eine ganze Reihe nicht unbeachtlicher Investitionen in Form von Zeit, Kraft und materiellen Mitteln notwendig, um das umzusetzen – Geschenke und Extrazuwendungen, die du vielleicht nicht zur Verfügung hast oder hergeben willst. Doch wenn Gott in dir die Barmherzigkeit für andere erweckt, wird er auch in dir die Fähigkeit steigern, alle Anforderungen zu bewältigen.

Das sollte uns Anlass zu großer Freude und Begeisterung geben, denn dein Entschluss, Gott in dieser Hinsicht zu gehorchen, könnte der Schlüssel zu einer Tür sein, durch die er eintreten und dir seine weiteren Pläne für andere Bereiche und Dimensionen offenbaren kann. Das ist deine Gelegenheit, seinen Willen zu erkennen. Stell dir vor, *Gottes Willen zu erkennen* – und ihn dann vorbehaltlos auszuführen!

So sieht eine Frau aus, die das Recht hält, liebevoll und barmherzig mit anderen umgeht und demütig vor Gott ihr Leben führt.

§ *Ich glaube, es ist jetzt genug gesagt, nicht wahr? Nun ist deine Gelegenheit, darauf zu reagieren – schriftlich festzulegen, was Gott dir bereits aufs Herz geschrieben hat. Vielleicht weißt du noch nicht genau, zu wem Gott dich ruft, um in irgendeiner Weise zu dienen, oder wie er die Mittel bereitstellen wird, um den Nöten zu begegnen – doch du fasst den Entschluss, ihm zur Verfügung zu stehen, deine Augen und dein Herz offenzuhalten – und das Recht zu halten, liebevoll und barmherzig mit anderen umzugehen und demütig vor Gott dein Leben zu führen.*

MEIN HERZ

Ich werde danach streben, das Recht zu halten, liebevoll und barmherzig mit anderen umzugehen und demütig vor Gott mein Leben zu führen.

_____

Teil drei
Das ist mir wichtig

DIE OPTIMALE ERGÄNZUNG FÜR MEINEN MANN

❧

Der Entschluss, eine Frau zu sein,
die für ihren Mann ein wahrer Segen ist

Kurz vor der Hochzeit

Es waren noch etwa fünf Wochen bis zu meiner Hochzeit und ich schwebte auf Wolke sieben. Mit der Aussicht auf die ganzen Festlichkeiten, das spannende Geschenkeauspacken und wundervolle Flitterwochen wuchs meine freudige Erwartung von Tag zu Tag. Als eine Freundin mich anrief und fragte, ob sie mich zu einem vorhochzeitlichen Essen einladen durfte, sagte ich begeistert zu. Ich zog ein schickes Kleid an und machte mich mit leerem Magen und vollem Herzen auf den Weg – um zu feiern.

Doch als ich dort ankam, musste ich feststellen, dass die Stimmung gar nicht so fröhlich war, wie ich erwartet hatte. Sicher hatten wir unseren Spaß, aber ich merkte, dass etwas ganz anderes meine Freundin beschäftigte. Sie hatte sich nicht mit mir verabredet, um über Blumengestecke und Brautkleider zu reden. Sie hatte etwas viel Ernsteres auf dem Herzen.

Tatsächlich sah sie gleich zu Beginn des Essens von ihrem unberührten Teller auf und stellte mir die Frage, die sie so sehr beschäftigte: „Bist du dir sicher, dass du das wirklich tun willst?"

Wie bitte!? Ich war wie vor den Kopf geschlagen.

Doch bevor du einen falschen Eindruck bekommst, muss ich dir versichern, dass meine Freundin meinen Verlobten wirklich gut leiden konnte. Sie waren in der kurzen Zeit, seit sie sich kennengelernt hatten, gute Freunde geworden und sie war der Meinung, dass Jerry ein wundervoller Mann für mich war. Sie war auch vollkommen überzeugt davon, dass wir uns aufrichtig liebten.

Das Problem war … sie war verheiratet.

Und das kann die Vorstellung von „verheiratet sein" ganz schön verändern.

Nicht länger geblendet von der ersten Aufregung und dem romantischen Glanz sehnsüchtiger Illusionen, hatte sie eine ganz andere Meinung zu diesem Thema, als jemand in meiner Situation. Sie war nicht unglücklich, sondern nur realistisch. Sie genoss noch immer viele der Dinge, auf die sich unverheiratete Frauen hinsichtlich ihrer Ehe und ihres Ehemannes freuen. Doch gab es eine ganze Reihe anderer Dinge – Dinge, die sich einschleichen können und die frischgebackene Braut schneller überraschen, als sie ihr frisch gereinigtes Brautkleid ordentlich im Wandschrank verstauen kann.

Ich wusste zuerst nicht, wie ich ihr antworten sollte. „Ob ich mir sicher bin?" Natürlich war ich mir sicher! Doch bevor ich meine ersten, stockenden Versuche, dies zu bejahen, beenden konnte, stellte sie mir bereits die zweite Frage: „Wenn er niemals etwas anderes macht als jetzt, wenn er sich nie ändert und immer der Mann bleibt, der er im Augenblick ist – könntest du ihn für den Rest deines Lebens lieben, ehren und ihm stets treu sein?"

Worauf wollte sie nur hinaus?

Sie wollte, dass ich die Wahrheit erfahre. Sie wollte Klartext mit mir reden, damit ich keine Bauchlandung machte, wenn ich allmählich wieder von Wolke sieben herunterkam. Sie wollte mir verdeutlichen, dass eine Ehe mein vollstes Engagement für dieses Bündnis erforderte. Ich konnte nicht einfach sagen: „Ja, ich will", wenn ich es nicht wirklich „wollte" –, das heißt wenn ich nicht wirklich entschlossen war, diese Partnerschaft und diesen Mann zu meiner obersten Priorität zu machen. Ich konnte nicht in die Ehe gehen und nur daran denken, was er alles für mich tun würde. Ich musste auch daran denken, wie ich ihm dienen, ihn wertschätzen, ihn aufbauen und achten konnte. War ich bereit, die Zeit, die Energie, die emotionalen Bemühungen und die Aufmerksamkeit zu investieren, die notwendig waren, um meinem Mann in allen Dingen gerecht zu werden und dabei selbst zufrieden zu bleiben, auch wenn ich mich gar nicht danach fühlte? Auch wenn er es nicht verdient hatte?

Das war es, worauf ihre tiefgründige Frage abzielte.

Und ich frage mich, falls du noch unverheiratet bist, ob du das Thema Ehe schon einmal in diesem Licht betrachtet hast. Ich würde zu gerne wissen, ob du jemals über die Selbstlosigkeit nachgedacht hast, die nötig ist, um deinem Mann zu geben, was er braucht, und ihn darin zu unterstützen, seine gottgegebene Bestimmung hier auf der Erde zu erfüllen.

Und ich frage mich, falls du verheiratet bist, wie du bisher mit den Fakten umgegangen bist, die mir meine Freundin fünf Wochen vor meiner Hochzeit mitgeteilt hat. Fakten, über die du bestimmt schon unzählige Male gestolpert bist, ganz gleich wie viele Jahre du bereits verheiratet bist.

Doch jede Frau, die sich entschlossen hat, ihrem Mann in allen Dingen gerecht zu werden, muss sich dieser rätselhaften (und vielleicht unerträglichen) Facetten seiner Persönlichkeit bewusst sein und verstehen, dass ein großer Teil ihrer Ehe darin besteht, ihn wertzuschätzen, zu unterstützen, zu achten und ihn zu ermutigen, selbst wenn sich jede Faser ihres Seins dagegen sträubt. Das ist dein Geschenk an ihn, dem du dich verpflichtest, wenn du ihn heiratest – ihm ein weiches Lager zu bereiten, auf das er sich fallen lassen kann, wenn er sich durch sein eigenes Versagen entmutigt fühlt oder von dem Druck dieser Welt eingeschüchtert ist. Du verpflichtest dich, *für* ihn zu sein, selbst wenn du am liebsten *gegen* ihn wärst. Du bist entschlossen, ihm treu zu sein und gelobst, dass jede körperliche und emotionale Intimität ihm allein vorbehalten bleibt.

Manche dieser Punkte können sich als schwierig erweisen. Vielleicht beschreibt in deinem Fall das Wort *schwierig* nicht einmal annähernd die Probleme, die dein Mann mit in eure Beziehung gebracht hat. Abhängig davon, was in eurer Ehe geschieht (oder nicht geschieht), bewirkt vielleicht gerade dieser Punkt der *Erklärung*, dass du das Buch am liebsten in die Ecke pfeffern und dir ein anderes zur Hand nehmen würdest, das ein wenig wirklichkeitsbezogener ist.

Ich möchte in keiner Weise irgendwie herunterspielen, was du etwa gerade bei der Vorstellung durchmachst, ein paar einfache Kapitel darüber, was du in deine Ehe einbringen könntest, würden automatisch alle deine Probleme lösen. Ich bin mir sehr wohl bewusst, was für eine beängstigende Herausforderung es für dich sein mag, mich mit dieser Erklärung beim Wort zu nehmen, wenn du vielleicht mit einem Mann verheiratet bist, der von seiner Seite bisher nichts in diese Richtung unternommen hat. Es soll auf keinen Fall so klingen, als wäre dies ein Zuckerschlecken.

Doch die Tatsache bleibt bestehen, dass es ein bewundernswertes und biblisches Bestreben ist, optimale Ergänzung für deinen Mann zu sein. Und das es wert ist, darum zu kämpfen, ganz gleich in welchem Zustand du dich heute befindest – selbst wenn du gerade in einer unglücklichen Beziehung bist und vielleicht sogar angefangen hast, deine Erfüllung bei einer anderen

Person zu suchen – selbst wenn du noch unverheiratet bist und die Hoffnung hegst, eines Tages eine Ehefrau zu sein. Du möchtest Erfüllung finden, nicht wahr? Du möchtest, dass deine tiefsten Bedürfnisse gestillt werden. Nun, dein Mann wünscht sich das Gleiche. Vielleicht erfüllt er zurzeit tatsächlich seinen Teil der Vereinbarung nicht. Doch denke daran, in diesem Buch geht es nicht um ihn. Die Wahrheit ist, du kannst ihn nicht verändern. Doch du kannst in dir selbst gezielt einige Veränderungen vornehmen und das Ergebnis in deine Ehe einbringen. Du kannst treu sein. Das ist etwas, das du tun *kannst*.

Wie du, bin auch ich auf einer Reise – noch immer lerne und wachse ich jeden Tag, den ich mit meinem Mann verbringe. Doch das, was ich bei anderen beobachtet und selbst erlebt habe, hat mich gelehrt, dass diese Erklärung sehr oft gute Dinge in deiner Beziehung hervorbringt. Das ist so, weil es den Partner motiviert, dem Standard gerecht zu werden, den er bei dem Menschen sieht, mit dem er zusammenlebt. Das gilt auch für die Wertschätzung, die er von seinem Partner empfängt. Ignoriere also, was dein Mann deiner Meinung nach aufgrund seines Benehmens verdient hat. Halte dich vielmehr im Licht dieser *Erklärung* an deinen persönlichen Teil der Abmachung und an das, wozu du dich darin verpflichtet hast.

Vielleicht *willst* du es gar nicht tun … Aber ich stelle dir diese Frage: *Wirst du es trotzdem tun?* Nicht nur um deiner selbst willen, auch nicht um deines Mannes willen, sondern weil du dem Namen des Herrn Ruhm und Ehre bereitest, *wenn* du es tust.

§ *Welche Dinge würdest du einer jungen Frau am Vorabend ihres Hochzeitstages raten, wenn du die Gelegenheit dazu hättest?*

§ *Würdest du von dir selbst sagen, dass du die Verpflichtungen, die eine Ehe mit sich bringt, akzeptierst oder eher ablehnst?*

§ *Schreibe ein paar Eigenschaften deines Mannes auf, die sich wahrscheinlich nicht ändern werden, aber die du am liebsten ändern würdest. Schreibe danach auf, wie du dich ändern könntest, um mit den Eigenarten deines Mannes zurechtzukommen, selbst wenn er sich niemals ändert.*

§ *Wenn du unverheiratet bist, nimm während des Lesens dieser Kapitel die Gelegenheit wahr, deine Gedanken, Fragen und Erkenntnisse aufzuschreiben.*

Hoffnungen und Ängste

Das ganze Thema des letzten Kapitels ist zu vielschichtig, als dass wir es auf diesen wenigen Seiten auch nur annähernd abdecken könnten. Dein Mann könnte dir bestimmt einige Dinge nennen, die dazu beitragen würden, dass er sich sicherer, erfüllter und mehr geliebt fühlen würde. Vielleicht nutzt du diese *Erklärung* als günstige Gelegenheit, um ihn danach zu fragen. Er hat nicht nur tiefe emotionale, sondern auch (Gott weiß es!) körperliche Bedürfnisse, über die wir hier stundenlang sprechen könnten. Doch das wäre nicht annähernd so hilfreich und zielgerichtet, als wenn du diese Diskussion *mit deinem Mann* führst. Anstatt also auch nur zu versuchen, dieses Thema umfassend zu behandeln, setze ich meine Hoffnung darauf, dass diese Erklärung dich zumindest in einem bestimmten Bereich in die richtige Richtung weist. In eine Richtung, die letztendlich gewaltige Auswirkungen darauf hat, dass dein Mann sich in seinem Mannsein erfüllt, zufrieden und ermutigt fühlen kann.

(Liebe unverheiratete Schwester, du tust gut daran, weiterzulesen. Vertraue mir, hier geht es um Dinge, die du nicht verpassen solltest.)

Während der letzten Jahre hatte ich die besondere Ehre, das Podium mit zwei geschätzten Autorinnen und Bibellehrerinnen zu teilen – Kay Arthur und Beth Moore. Während einer unserer letzten Podiumsdiskussionen vor mehreren Tausend Frauen fasste Kay eine riesige Dosis Eherealitäten so kurz und treffend zusammen, dass es jeder von uns gut aufnehmen und verarbeiten konnte.

Sie sagte, dass Männer (insbesondere Ehemänner) von zwei großen Ängsten geplagt werden:

- die Furcht davor, als unzulänglich angesehen zu werden
- die Furcht davor, von einer Frau kontrolliert zu werden

Daraus entwickelten sich bei ihnen folgende Haltungen und Sehnsüchte: Dein Mann möchte dein Held sein. Er möchte, dass du dich für ihn interessierst und dass du ihn brauchst. Mehr als alles andere möchte er in deinen Augen einen Ausdruck von Liebe und Bewunderung entdecken. Er möchte wissen, dass du ihn bewunderst, ihn brauchst, dich privilegiert fühlst, ihn geheiratet zu haben und große Dinge von ihm erwartest.

Das ist in Ordnung.

Jetzt atme einmal tief durch.

Und nun versprich mir, dass du weiterlesen wirst.

Um ehrlich zu sein, habe ich keine Ahnung, inwieweit dich das betrifft. Doch ich weiß aus eigener Erfahrung als Ehefrau sowie von vielen anderen Leuten durch E-Mails und andere Blogeinträge, dass sich unsere Frustration hinsichtlich unserer Ehemänner zuweilen recht hoch auftürmen kann. In manchen Ehen ist der Ärger und die Verbitterung der Frau bereits jenseits von Gut und Böse. Das kann oft eine unangemessene, spontane Reaktion auf das sein, was wir ganz einfach als menschliche Unzulänglichkeiten seitens des Mannes bezeichnen. Ich weiß jedoch auch, dass in anderen Fällen die Reaktion gerechtfertigt scheint. Nach alldem, was er dir angetan hat, hältst du seine kleinen Bedürfnisse und Ängste für das geringere Problem. Die Bedürfnisse und Ängste, die *du* wegen ihm durchmachen musst, reichen schließlich für euch beide.

Vielleicht klingt dieses Thema für dich interessant und aufschlussreich, weil du sowieso schon versuchst, deinem Mann zu seinem gottgegebenen Potenzial zu verhelfen. Vielleicht macht es dich aber auch angesichts der Verhaltensweise, die er dir gegenüber bisher an den Tag gelegt hat, nur wütend. Wie auch immer, ich glaube jedenfalls, dass wir alle das hören sollten. Obwohl viele Dinge ins Haus geschleppt werden und sich in den dichten Fasern unseres „Eheteppichs" festtreten, tun wir weder uns noch unserem Mann einen Gefallen, wenn wir glauben, diese Flecken würden von ganz allein wieder verschwinden. Dieses Kapitel – diese *Erklärung* – ist unsere Gelegenheit, den Teppichreiniger und die Scheuerbürste zu zücken und uns an die Arbeit zu machen, um den tief sitzenden, festgetretenen Schmutz aus unserem Herzen und unserer Ehe herauszubürsten. Selbst wenn wir nicht alles sofort herausbekommen und sich nicht jeder Fleck restlos entfernen lässt, so ehren wir doch den Herrn, indem wir sein Wort und seine Bestimmung für unser Leben und diese so entscheidende Beziehung ehren.

Finden wir also heraus, was beide Ängste im Leben unserer Männer mit uns zu tun haben, und was geschieht, wenn wir versuchen, sie abzubauen.

Seine Furcht vor Unzulänglichkeit. Dein Mann ist fähig, achtbar und deiner Aufmerksamkeit und Bewunderung wert. Mehr als alles andere wünscht er sich die Gewissheit, dass du ihm vertraust und daran glaubst, dass er die Weisheit und das Talent hat, im Leben erfolgreich zu sein. Er ist zufrieden, wenn er spürt, dass du trotz seiner Unzulänglichkeiten das Potenzial und die Möglichkeiten erkennst, die Gott ihm als deinem Versorger und Beschützer gegeben hat. Er liebt es, wenn du für ihn betest, ihn anfeuerst und ihm versicherst, dass er noch immer das Zeug dazu hat, dein Traummann zu sein. Wenn er sich durch dich aufrichtig bestätigt fühlt, wird er in den meisten Fällen darum bemüht sein, dein Vertrauen nicht zu enttäuschen. Wenn er dennoch versagt, wirst du trotzdem sein Verlangen erkennen, deinen Erwartungen gerecht zu werden. Du wirst in seinen Augen sehen, dass er zumindest versucht hat, dir zu gefallen.

Allein diese Tatsache sollte für dich Anlass genug sein, ihm weiterhin Vertrauen und Wertschätzung entgegenzubringen, anstatt der generellen Missbilligung seines Verhaltens (wofür wir nur allzu oft bekannt sind). Wenn er erst einmal der Meinung ist, dass du ihn für nachlässig, vergesslich, fantasielos, verantwortungslos, schwach, unentschlossen und ratlos hältst, wird er immer weniger motiviert sein, dich eines Besseren zu belehren. Er weiß, dass du sowieso wieder etwas an ihm auszusetzen hast.

Ich weiß wohl, dass dein Mann nicht vollkommen ist. Nicht einmal annähernd, nicht wahr? *Und er weiß es auch.* Er macht sich diesbezüglich nichts vor. Er weiß, dass er Fehler hat, selbst wenn er das nur ungern zugibt. Doch du willst genauso wenig wie ich über unsere Fehler definiert werden, und das darf bei ihm auch nicht der Fall sein. Er hat die göttliche Bestimmung, ein Leiter, ein Vater und der Versorger deiner Familie zu sein. Deshalb ist das Letzte, was er jetzt braucht, eine Frau, die nicht an ihn glaubt, ihn ständig korrigiert und nicht bereit ist, diese Qualitäten an ihm zu erkennen und zu unterstützen.

Ein Wort der Unterstützung, der Zuversicht oder der Ermutigung wirkt geradezu elektrisierend auf ihn. Es beruhigt den inneren Kampf gegen jedes

Gefühl von Unzulänglichkeit, das in seinem Inneren schwelt. Wenn du ihn beiseitenimmst, um für ihn zu beten, wenn du ihm sagst, dass du an ihn gedacht hast oder wenn er in deinen Augen erkennen kann, dass du stolz auf den Mann bist, zu dem er sich entwickelt, wirkt das wie ein kräftiger Adrenalinstoß auf sein ganzes System. Es ist wie eine sanfte, wärmende Decke der Sicherheit, die ihn über den Spott einer rauen Welt und die Kämpfe mit seiner eigenen Unsicherheit hinwegtröstet. Sicher ist es manchmal an der Zeit, offen und ehrlich über die Dinge zu reden, die er verbessern sollte oder auf die er achten muss. Doch ganz bestimmt nicht gerade in der Hitze des Augenblicks, wenn ihm die Enttäuschung (über sein Verhalten) ins Gesicht geschrieben steht. Und auch erst dann, wenn er mit Sicherheit weiß, dass dein eigentliches Anliegen darin besteht, ihn zu lieben und dich an ihm zu erfreuen. In solch brisanten Situationen wird sich eine grundsätzliche Haltung der Anerkennung auf Dauer auszahlen.

Vielleicht geht es dir wie mir und du neigst dazu, das Verhalten deines Mannes überkritisch zu beurteilen. Wenn aber dein Mann auch nur annähernd so ist wie meiner (was ich fast vermute), dann sträubt er sich dagegen, von dir korrigiert, kritisiert und bevormundet zu werden. Er fühlt sich dadurch nicht ernst genommen und bedeutungslos, niedergeschlagen und entmutigt. Auch wenn du der Meinung bist, er *sollte* sich ruhig so fühlen, nach all dem, was er dir oder eurer Ehe angetan hat, schafft so ein Verhalten die besten Voraussetzungen dafür, dass dein Mann seiner Familie jetzt noch viel mehr Schaden zufügen könnte. Damit ist niemandem gedient.

Ganz ehrlich, Männer sind trotz ihrer Vielschichtigkeit eigentlich recht einfach und unkompliziert. Unsere bissigen, nörgelnden Kommentare können sie tief verletzen, besonders wenn sich diese Missbilligung über einen längeren Zeitraum hinzieht. Was wir für einen kleinen „Stich" hinsichtlich einer bestimmten Angelegenheit halten, wird zu einer richtig tiefen Stichwunde, die ihrem Mannsein beträchtlichen Schaden zufügt. Doch genauso kraftvoll sind unsere einfachen, ehrlichen, nur so dahingeworfenen Komplimente, die unserem Mann ein unbeschreiblich erhebendes Gefühl geben können. Wenn wir es uns zur Aufgabe machen, sie beständig an ihre Position in Christus und an das Potenzial erinnern, das in ihnen schlummert – nicht, weil wir sie bevormunden, sondern weil wir es tatsächlich glauben –, dann machen wir sie damit überglücklich. Ein Mann erzählte mir einmal, dass das einfache Kompliment, das seine Frau ihm eines Morgens machte, als er auf dem Weg zur Arbeit war, ihm den ganzen Tag über Zuversicht in seine Fähigkeiten hinsichtlich seiner Tätigkeit im Büro gab. Es zahlt sich aus, weise zu überlegen, *was* wir sagen und *wie* wir es sagen.

Und vor allem … zu *wem* wir es sagen.

Ehemänner haben ein Gespür dafür, die Art der Unterhaltung wahrzunehmen, die du mit anderen Frauen führst. Er weiß, ob die Ansichten, die du anderen gegenüber äußerst, wenn er nicht dabei ist, schmeichelhaft sind oder nicht. Die Gespräche, die du mit anderen führst, müssen wohlbedacht und mit Gnade durchwoben sein. Doch gleichzeitig solltest du über den tatsächlichen Sachverhalt ehrlich mit jemandem reden können, der dir mit gottgefälligem Rat zur Seite stehen kann. Dein Mann sollte niemals in peinliche Verlegenheit kommen, wenn er zu einem Gespräch hinzukommt, das du gerade mit jemandem begonnen hast. Er sollte sich auch nie gedemütigt fühlen, wenn er mal eine Frau trifft, mit der du dich zuvor unterhalten hast. Er sollte immer zuversichtlich sein und darauf vertrauen können, dass seine Frau ihn vor anderen Menschen wertschätzt.

Noch mal, das soll nicht heißen, dass wir ihn davor schützen, sich für seine Charakterschwächen oder Denkfehler verantworten zu müssen, besonders wenn es um Dinge geht, die deiner Ehe oder deiner Familie beträchtlichen Schaden zufügen könnten. Aber es soll heißen, dass du in jedem Fall dafür sorgst, dass das Bild, das du von ihm in der Öffentlichkeit vermittelst, erbaulich und ermutigend ist. Ich erinnere mich noch genau an die Worte eines Mannes, der mir mitteilte, wie gut er sich fühlte, weil seine Frau ihn nicht vor anderen niedermachte, wenn er sie in der Gemeinde oder bei irgendwelchen Feiern im Gespräch mit anderen Frauen reden und lachen sah, – weil sie es ihm versprochen hatte (und er ihr).

Vielleicht hat dein Mann aber immer wieder bewiesen, dass er dein Vertrauen gar nicht verdient hat. Er ist sorglos mit eurem Geld umgegangen, hatte mit Abhängigkeiten zu kämpfen und war möglicherweise sogar gegenüber eurem Eheversprechen untreu. Du sagst, du kannst seinem Charakter keinen hohen Wert beimessen, weil er noch nicht gezeigt hat, dass er einen guten Charakter hat. Und damit hast du vielleicht recht – seine Achtlosigkeit, Faulheit oder sein Mangel an Integrität sind nicht dein Fehler. Du bist nicht dafür verantwortlich, was er getan hat oder noch immer tut, selbst wenn du es völlig vernachlässigt hast, ihn liebevoll zu behandeln und sein Selbstwertgefühl zu stärken. Doch selbst du kannst in diesem Augenblick beschließen, deinen Mann zu bestätigen und ihm versichern, dass du das Vertrauen in ihn noch nicht verloren hast. Vielleicht muss es durch Hilfe von außen und nachhaltiger Rechenschaftspflicht wiederhergestellt werden, aber er muss einfach wissen, dass es dein Herzenswunsch ist, sein Selbstvertrauen wiederaufzubauen.

Wirst du dich also daranmachen, ihm sichtbare Zeichen des Vertrauens und der Bestätigung zu vermitteln, selbst wenn es nur minimale Schritte sind, die du in diese Richtung unternimmst? Wirst du ihm das völlig neue (oder längst vergessene) Gefühl geben, den Tag mit der Liebe und Wertschätzung seiner Frau im Schlepptau zu beginnen? Wirst du ihm in die Augen schauen und ihm sagen, dass du dir keinen Plan B ausgedacht hast, keinen Ersatzplan, für den Fall, dass er sich nicht vernünftig entwickelt? Dass *er* der einzig wahre Plan A für dich ist?

Was würde ein Mann anders machen, wenn er wüsste, dass er niemals die Liebe und den Respekt seiner Frau verlieren könnte, ganz gleich wie er sich verhielte? Ich stelle diese Frage nicht leichtfertig. Ich weiß um die schwierigen Verwicklungen, die dabei eine Rolle spielen. Ich weiß auch, dass dir bei dem Gedanken ein Schauer über den Rücken läuft. Doch lies die Frage noch einmal durch und stelle sie dir erneut. Und überlege genau …

Würde er sich dadurch seiner Verantwortung und der Folgen seines Handelns enthoben fühlen und sich noch mehr in seinem Egoismus suhlen, als er es bereits tut? Oder – was wahrscheinlicher ist – würde ihn die unerschütterliche Zusicherung deiner Unterstützung und Hingabe zu größeren Dingen inspirieren, als er bisher zustande gebracht hat? Würde es Durchbrüche bewirken, die letztendlich euch *beiden* zugutekämen, eure Beziehung segnen und ihr eine neue Tiefe verleihen? Es gibt nur einen Weg, das herauszufinden.

Nun zu seiner zweiten Befürchtung.

Seine Furcht, kontrolliert zu werden. In unserer *Erklärung* hinsichtlich des biblischen Frauseins haben wir uns bereits die unterschiedlichen Rollen von Mann und Frau angesehen. Beide haben den gleichen Wert und doch sind sie nicht gleich. Deine Maßstäbe und Ansichten unterscheiden sich in vielen Bereichen, möglicherweise gerade in denen, die das Potenzial für eine ernsthafte Auseinandersetzung enthalten. Das heißt aber nicht unbedingt, dass seine Sichtweise falsch ist. Sie ist nur anders, doch genauso wichtig und wertvoll für den konstruktiven Ausgang einer Situation. Diesen positiven Ausgang zerstörst du, wenn du versuchst, ihn zu kontrollieren und ihm deine Meinung aufzuzwingen, anstatt ganz einfach durch Verständnis und Wertschätzung die Situation zu entschärfen.

Wenn dein Mann sich kontrolliert fühlt, wird er letztendlich ganz dicht machen und seine Rolle als Leiter an dich abtreten, da du ja „sowieso alles besser kannst". Das Ergebnis ist der Schatten eines Mannes, den du einmal gekannt und geliebt hast – ein unsicherer, desinteressierter Faulpelz, der so gut wie keine Entscheidungen trifft und kaum irgendetwas anpackt. Doch in dem durch diese eheliche Konstellation entstandenen Teufelskreis wirst du immer frustrierter, überforderter und ärgerlicher werden, weil du das Gefühl hast, die Last zu tragen, die er eigentlich tragen sollte. In Wahrheit ist es jedoch genau die Last, die du ihm weggenommen hast, weil dir nicht gefallen hat, wie er damit umgegangen ist.

Wenn er aber andererseits nicht das Gefühl hat, aus seiner gottgegebenen Position als Leiter der Familie verdrängt zu werden oder Opfer deiner herrischen, peinlich genauen Überprüfung zu sein, wird er nicht nur sein Potenzial entfalten können, sondern auch deine Hilfe in Anspruch nehmen und dir bereitwillig bestimmte Verantwortungsbereiche überlassen, die dir deutlich leichterfallen als ihm. Mit anderen Worten, es macht ihm nichts mehr aus, dass du in bestimmten Dingen einfach besser bist als er. Manche Dinge, um die du bisher kämpfen musstest, um mehr Verantwortung und Einfluss zu bekommen, werden dir jetzt vielleicht kampflos überlassen – als ob es schon immer seine Idee gewesen wäre. Aber das ist nur möglich, wenn er nicht das Gefühl hat, keine andere Wahl zu haben, als diesen Bereich abzugeben.

Und weißt du was? Das könnte sich auch auf die intime und romantische Seite eurer Ehe auswirken. Ein Mann, der sich von seiner Frau kontrolliert fühlt, verliert schnell das Bedürfnis, Zärtlichkeiten mit einer Frau auszutauschen, die sich anhört, sich verhält und ihn behandelt wie seine Mutter. Kein Wunder, dass er ihr nicht verträumt in die Augen schaut oder sich um romantische Augenblicke bemüht, so wie damals, als sie einfach nur sein Schatz sein wollte und ihm zugestand, ihr Held zu sein.

Ich habe noch nie erlebt, dass ein Auto angesprungen ist, nur weil die Fahrerin am Steuer saß und erwartete, dass es sich vorwärtsbewegte. Bevor sie das Auto in Bewegung setzen kann, müssen erst einige Dinge erledigt werden: Der Schlüssel muss ins Zündschloss, der richtige Gang muss eingelegt werden und man muss sanft aufs Gaspedal treten. Ein Mann kommt nicht in Gang durch eine fordernde, keifende Frau, die weder seinen Wert noch seine

Bedeutung anerkennt, sondern durch eine Frau, die die strategisch richtigen Schritte kennt, um ihn in Bewegung zu setzen. Kontrolle und Intimität sind auf einem Kollisionskurs, der unweigerlich die eheliche Leidenschaft auf ein Abstellgleis verbannt, wo sie mit der Zeit durchrostet und größere Reparaturmaßnahmen notwendig macht. Wenn du deinem Mann den Rücken stärkst, wird er sich selbstsicherer und zufriedener fühlen. Das Ergebnis ist ein Bursche, der gerne in deiner Nähe ist, der es genießt, sich mit dir zu unterhalten und dem wieder einfällt, wie er dich umwerben kann.

Zwei Ängste. Die Furcht vor *Unzulänglichkeit* und die Furcht davor, *kontrolliert* zu werden. In beiden Fällen kannst du etwas dagegen tun. Die Wahrheit ist, dein Mann wird sie ohne dich nicht in den Griff bekommen.

Aber mit dir … wer weiß?

Du bist die Hilfe, die „ihm entspricht" (1 Mose 2,18). Der Herr hat dich ihm gegeben, damit du ihm hilfst zu erkennen, dass er mit Gottes Unterstützung tüchtig, ehrbar, vertrauenswürdig und absolut fähig ist, der Mann zu werden, den Gott aus ihm machen will – trotz all seiner Ängste und Befürchtungen.

Meine Freundin Raina ist wunderschön, kontaktfreudig, tatkräftig und lebensfroh. Sie ist engagiert im Dienst für den Herrn, hat ein wundervolles Heim, großartige Kinder und – vor allen Dingen – einen glücklichen Ehemann. Sicher hatten sie im Lauf der Jahre ihre Kämpfe. Finanziell, gesundheitlich. Er hat nicht immer die richtigen Entscheidungen getroffen. Sie aber auch nicht. Doch wenn man die beiden ansieht, kann man sagen: Sie hat einen zufriedenen Mann.

Nach dreiundzwanzig Jahren Ehe halten sie noch immer Händchen. Sie gehen miteinander aus. Er hält die Autotür für sie auf. Sie lachen miteinander und genießen ihre Insiderwitze. Ich habe ihn dabei beobachtet, wie er in der Menge zu ihr hinsieht und ihr zuzwinkert. Ich habe bemerkt, wie sie eine Versammlung oder ein Treffen mit Freunden früher verließen, um nach Hause zu gehen und – wie sie es nannten – „echten Spaß" zu haben. Sie haben die Art Ehe, die sich jeder wünscht.

Kürzlich waren Jerry und ich mit den beiden aus und ich fragte Rainas Mann, was denn der Schlüssel war, weshalb sie noch immer so glücklich und so offensichtlich verliebt waren. Er sagte mir, es sei nicht immer so gewesen und dass sie noch immer mit einigen Dingen zu kämpfen hatten. Doch seine Erklärung war tatsächlich ganz einfach: „Sie lässt zu, dass ich ihr Mann bin."

Wenn ich sehe, wie sie sich entspannt, weil sie an mich glaubt, oder wenn sie mir eine bestimmte Situation vollkommen überlässt und mir damit zeigt, dass sie mich für vertrauenswürdig hält, gibt mir das ein sicheres Gefühl von Männlichkeit. In unserer Beziehung kann ich tatsächlich ein Mann sein.“

Und es gibt nichts Beglückenderes (oder Attraktiveres) als ein Mann, der sich tatsächlich auch wie ein Mann fühlt.

Also liebe Schwester, jetzt ist dein Mann an der Reihe, sich wie ein Mann zu fühlen.

Beginne mit den nächsten vierundzwanzig Stunden. Mit nur einem Tag. Weigere dich, ihn zu korrigieren, ihm unaufgefordert Ratschläge zu erteilen oder seine Entscheidungen zu kritisieren. Geh mit ihm in das Restaurant, das er ausgesucht hat, lass die Kinder die Sachen tragen, die er für sie bereitgelegt hat und benutze den Routenplan, den er aus dem Internet ausgedruckt hat. Ich weiß, dass du jetzt das volle Maß an gefühlsmäßiger Zurückhaltung einsetzen musst, um das zu schaffen, doch schau einfach aus dem Seitenfenster und bete zu Gott, dass er deinen Messbecher neu füllt. Und das wird er tun. Er wird dir geben, was du brauchst, damit du eine Frau sein kannst, die es versteht, ihren Mann zu gewinnen. Vielleicht schmeckt dir sein Essen nicht, vielleicht gefällt dir auch nicht, wie deine Kinder angezogen sind und vielleicht müsst ihr zehnmal um denselben Häuserblock fahren, um die richtige Adresse zu finden. Doch du wirst einen großartigen Sieg erringen. Dein Mann wird sich nicht herabgesetzt oder entnervt durch deine ständigen Kommentare, Vorschläge und Anweisungen fühlen. Er wird sich nicht entfremdet oder ausgeschlossen fühlen. Du wirst auf dem besten Weg sein, ihn zurückzugewinnen und ihm das Gefühl zu geben, geachtet und respektiert zu sein.

Und das fühlt sich gut an.

Das ist das kluge Mädchen, das er einmal geheiratet hat.

   § *Kannst du bei deinem Ehemann anhand dessen, was er sagt oder tut, Anzeichen dieser beiden Befürchtungen entdecken? Schreibe die Punkte auf und überlege, was du dazu beiträgst. Dann überlege, was du tun könntest, um diese Ängste zu zerstreuen.*

§ Inwieweit kommt es auch der Frau zugute, wenn sie die Ängste und Befürchtungen ihres Mannes lindert?

§ „Eine weise Frau baut ihr Haus; eine unvernünftige reißt es mit eigenen Händen nieder" (Spr 14,1; Neues Leben). Überlege, wie du ganz praktisch anfangen kannst, „dein Haus zu bauen".

§ Wenn deine Freundinnen allein aufgrund deiner Kommentare und Gespräche deinen Ehemann beschreiben sollten, wie würde deiner Meinung nach ihre Darstellung aussehen?

Ein wenig Ruhe und Frieden gefällig?

Danke, dass du immer noch meinen Ausführungen folgst. Ich weiß, dieses Buch ist keine Strandlektüre. Obwohl wir bereits tapfer einige sehr herausfordernde Themen durchgegangen sind, weiß ich auch, dass es dir wahrscheinlich mehr abverlangt als alles andere, deine Berufung als Ehefrau zu erfüllen – ganz gleich wie liebevoll, umsichtig, fürsorglich und umgänglich dein Mann sein mag.

Wir brauchen Hilfe, um diese Rolle gut auszufüllen. Wir brauchen Anleitung.

Und wie immer ist Gottes Wort der beste Ort, um sie zu bekommen.

Ich muss zugeben, dass wir nicht immer alle Antworten deutlich ausformuliert mit einer Schritt-für-Schritt-Anleitung dazu finden, wenn wir die Bibel aufschlagen, um Rat für eine bestimmte persönliche Situation in unserer Ehe zu finden. Das ist die Aufgabe des Heiligen Geistes. Anhand der Schrift tritt er in einen laufenden Dialog mit uns ein und unterstützt uns durch weise, gläubige Menschen, die er dazu befähigt, uns durch diese Schwierigkeiten hindurchzuhelfen.

Doch das Wort enthält grundlegende Wahrheiten, die immer richtungweisend sind – Anweisungen, die für uns alle und in jedem Fall gültig sind. Im 1. Petrusbrief finden wir zum Beispiel einen entscheidenden Hinweis darauf, wie es ganz praktisch aussieht, deinen Mann zu lieben und zu ehren:

> *Ihr Ehefrauen sollt euch euren Ehemännern unterordnen, auch dann, wenn sie nicht an die Botschaft Gottes glauben. Das Beispiel eures Lebens wird sie mehr überzeugen als alle Worte. Sie werden für Gott gewonnen werden, wenn sie sehen, wie ihr vorbildlich und in Ehrfurcht vor Gott lebt. Macht euch keine*

Sorgen um äußere Schönheit, die auf modischen Frisuren, teurem Schmuck oder
schönen Kleidern beruht. Eure Schönheit soll von innen kommen – das ist die
unvergängliche Schönheit eines freundlichen und stillen Herzens, das Gott so
sehr schätzt. Das ist auch die Schönheit, mit der die heiligen Frauen sich früher
schmückten. Sie hofften auf Gott und ordneten sich ihren Ehemännern unter.

1. Petrus 3,1-5; Neues Leben

Ich weiß, dass man in einem Buch wie diesem allzu schnell geneigt ist,
Schriftstellen nur zu überfliegen, wenn sie so herausgestellt sind wie hier.
Doch nimm dir die Zeit dafür. Lies diese ausgesuchten Worte Gottes langsam
und ganz bewusst durch. Ich warte so lange …

Doch ich will ganz ehrlich mit dir sein. Diese Verse haben mir ein paar Mal
ganz schön zugesetzt. Immer wenn ich diese Beschreibung las, hatte ich das
Bild einer Frau aus längst vergangenen Tagen vor Augen, mit nie geschnit-
tenem, zu einem Knoten aufgerollten Haar und knöchellangem Rock über
dicken, raschelnden Unterröcken. Dagegen ist absolut *nichts* einzuwenden.
Aber das bin einfach nicht ich. Und ich dachte immer, es sei unfair, wenn
Gott von mir erwartete, mich in diese Rolle hineinzuzwängen. Und dann
noch „Schönheit eines freundlichen und stillen Herzens"? Ich bin ein sehr
geselliger, ausgelassener und extrovertierter Typ Mensch. Würde ich das
Herz meines Mannes nur mit einer Persönlichkeit gewinnen können, mit
der Gott mich offensichtlich nicht ausgestattet hatte?

Doch wir haben es hier mit dem Wort Gottes zu tun. Ganz offensichtlich
versuchte der Herr, mir etwas Wichtiges mitzuteilen – etwas, das ich unbedingt verstehen musste. Und wenn du – wie auch ich – an Jesus Christus
glaubst und der Heilige Geist in dir wohnt, dann kannst du darauf vertrauen,
dass er dir die Kraft dafür gibt. Er wird uns befähigen, etwas zu erreichen,
das wir nicht mit den uns zur Verfügung stehenden eigenen, natürlichen
Mitteln schaffen können.

Wie zum Beispiel, „freundlich und still" zu sein. Das sind die Hauptzutaten
für eine glückliche Ehe.

Freundlich. Im griechischen Originaltext wird hier das Wort *praus* benutzt,
was bedeutet, nicht übermäßig von sich überzeugt zu sein, demütig, umsichtig und sanftmütig zu sein. Kurz gesagt, wir sollen freundlich mit unseren
Ehemännern umgehen – so, wie wir es uns von ihnen wünschen.
Kannst du dich dazu entschließen? Kannst du erst einmal darüber nachdenken, ob du ihm tatsächlich freundlich begegnest, bevor du weitere Kritik von

dir gibst? Wenn das nicht der Fall ist, würdest du bitte deine Meinung erst mal für dich behalten und Gott darum bitten, dir ein paar nettere Worte zu schenken?

Denke nicht, du müsstest dir ständig nur auf die Zunge beißen. Überlege vielmehr, wie du deinem Mann ganz demonstrativ eine Freundlichkeit erweisen könntest. Gibt es etwas, mit dem du ihm zeigen kannst, dass es dir ein Anliegen ist, seine Bedürfnisse über deine eigenen zu stellen? Vielleicht hat er gar nicht darum gebeten. Vielleicht erwartet er es gar nicht. Vielleicht hat er es deiner Meinung nach überhaupt nicht verdient. Doch was für einen Unterschied könnte es in eurer Beziehung ausmachen!

Vielleicht hast du es dir bereits zur Gewohnheit gemacht, ihm solche Freundlichkeiten zu erweisen. Sehr gut. Dafür verdienst du Applaus. Doch möchte ich dir eine Frage stellen, die ich mir oft selbst stelle: Haben manche dieser Erweise vielleicht mehr Bedeutung für dich als für ihn? Vielleicht könntest du in den nächsten Wochen darauf achten, was er wirklich gerne mag. Es sind vielleicht Kleinigkeiten, die du übersehen hast. Dann könntest du ganz bewusst kleine Veränderungen vornehmen, die ihm in diesen Bereichen deine Liebenswürdigkeit ausdrücken würden. Wenn du es dir zur Aufgabe machtest, ihn genau zu studieren und ihn besser zu verstehen, würdest du noch bessere Möglichkeiten finden, ihm deine Zuneigung zu zeigen? Damit meine ich, in Bereichen, die *ihm* wirklich etwas bedeuten? Diese Art von bewusst ausgedrückter Freundlichkeit würde beweisen, dass du es wirklich ernst damit meinst, „freundlich" zu sein.

Ich muss gestehen, dass dieses Konzept mich erst kürzlich selbst überführt hat. Ich trinke zum Beispiel keinen Kaffee. Deshalb hatte ich auch keinen weiteren Gedanken daran verschwendet, für meinen Mann eine Tasse Kaffee so zuzubereiten, „wie er ihn gerne mag". Doch für Jerry war es von großer Bedeutung, dass ich mir die Zeit genommen hatte, mir seine Kaffeevorlieben anzueignen. Es zeigte ihm, dass er mir wichtig war und ich mir Gedanken über ihn machte. Einfach, aber sehr wirkungsvoll. Das gibt ihm das Gefühl, wichtig und bedeutsam für mich zu sein, und die Auswirkungen dieses Gefühls kommen mir und unserer Ehe zugute.

Ein weiteres Beispiel: Du solltest wissen, dass dein Mann sich bestätigt fühlt, wenn du bei eurem intimen Zusammensein enthusiastisch bist. Meinungsforscherin Shaunti Feldhahn schreibt in ihrem Buch *For Women Only* (Nur für Frauen), dass 97 Prozent aller Männer sich wünschen, von ihrer Frau aktiv begehrt zu sein, und nicht nur toleriert zu werden, wenn sie mit ihr Sex haben wollen.[4] Höchstwahrscheinlich gehört dein Mann zu dieser Gruppe. Wenn eine Frau die Initiative für Intimität im Schlafzimmer ergreift, fühlt sich ihr Mann dadurch geliebt, respektiert, bewundert und begehrt.

Also schau dir deinen Mann genau an. Wie kannst du die Initiative ergreifen, um ihm deine Liebenswürdigkeit zu vermitteln?

Still. Auch dieses Wort ist aus dem Griechischen übersetzt und lautet im Originaltext *hesychois*. Zu meiner großen Freude bedeutet es nicht, zu schweigen, nie ein Wort zu sagen oder niemals seine Meinung zu äußern. Es bedeutet vielmehr, wohlgeordnet zu sein, ein friedfertiges, diskretes Leben zu führen und somit der Person, die in Autorität ist, seine Aufgaben zu erleichtern. Der letzte Teil trifft natürlich am meisten auf dein Zuhause zu: *du erleichterst die Last deines Mannes.*

Wenn wir unser Verhalten und unsere Reaktion als Ehefrau durch diesen biblischen Filter schleusen, werden wir uns ganz bewusst umsichtiger und besonnener verhalten. Wir werden mit aller Kraft versuchen, Dinge aus der Perspektive unseres Mannes zu sehen, anstatt ihn mit unseren eigenen Standpunkten, Ansichten und Darlegungen einfach zu überrumpeln. Wir behalten die größeren, langfristigen Ziele unserer Ehe im Blick, anstatt uns in bissigen Gefechten über Nichtigkeiten zu verzetteln. Anstatt darum zu kämpfen, selbst nicht übergangen oder ausgenutzt zu werden, konzentrieren wir uns auf das, was ihm dabei hilft, seine Aufgaben hinsichtlich unserer Familie mit mehr Weisheit, Vision und klaren Überlegungen zu erfüllen. Wir versuchen, Dinge für ihn einfacher anstatt schwieriger zu machen. Wir würzen unsere Worte und Taten mit Frieden und Besonnenheit, damit er zuversichtlicher und selbstsicherer sein kann in dem Wissen, dass wir ihn nicht niedermachen, sondern aufbauen wollen.

Liebe unverheiratete Schwester – das ist die richtige Einstellung, wenn du eine Ehe eingehen willst. Du fragst dich, wie du ihm seine Lasten erleichtern kannst, anstatt eine hilflose Frau zu sein, die bedient, verhätschelt und von ihrem Mann zufriedengestellt werden will.

Das sind vielleicht recht harte Worte und vielleicht beschließt du für dich, diese Seiten zu überspringen, weil du denkst, ich hätte das alles nur erfunden. Aber das habe ich nicht. Es sind die zeitlosen Wahrheiten direkt aus dem Wort Gottes.

Und es lohnt sich, darauf zu reagieren. Denn letztendlich formen uns die beiden gewaltigen Worte „freundlich" und „still" zu jemandem, der für unsere

Männer auch dann noch anziehend ist, wenn unser äußeres Erscheinungsbild schon lange vieles von seinem Glanz und Feuer verloren hat. Petrus nennt es einen „unvergänglichen Schmuck", der im Gegensatz zu dem „äußerlichen" steht. Es ist ein Schmuck, der deinen Mann auch noch in den kommenden Jahren faszinieren und interessieren wird.

Meine Mutter erzählte mir von diesem weiblichen Geheimnis, lange bevor ich es tatsächlich zu schätzen wusste. Ich konnte nie so recht verstehen, wie eine Frau diese Art Faszination für einen Mann beibehalten konnte, mit dem sie bereits so lange zusammenlebte und die Höhen und Tiefen des Alltagslebens miteinander teilte. Doch sie wusste etwas, dass ich bisher nur in seinen Anfängen kennengelernt habe. Was für einen Mann nach zehn, zwanzig, dreißig, vierzig oder fünfzig Jahren wirklich anziehend ist, ist die „unvergängliche Schönheit eines freundlichen und stillen Herzens". Das ist das tiefe Geheimnis, das die Begeisterung feurig und lebendig erhält. Die Realität ist, dass wir weit mehr benötigen als einen äußerlichen Glanz, um über die Jahre schön zu bleiben.

Laut Petrus hat so ein Lebensstil genug Wirkungskraft, um Einfluss auf das ewige Schicksal eines Mannes zu nehmen. Er kann dadurch, ohne dass wir ein Wort sagen, für Christus gewonnen werden – allein durch die Art und Weise, wie wir uns benehmen. Wenn so ein Verhalten das Potenzial hat, *das* zu bewirken, dann ist es sicherlich auch wirkungsvoll genug, es mit den täglichen Problemen aufzunehmen, die unserer Ehe so viel Kummer bereiten können.

Das ist die wahre Kraft, die in einem freundlichen und stillen Herzen liegt.

Im Gegensatz zu meinen früheren Vorstellungen ist das keine antiquierte Anregung für alle, die noch nicht bis in die moderne Gesellschaft vorgedrungen sind. Sie gilt für jeden von uns – selbst für die stilsichere, moderne, High Heels tragende, hoch technisierte, talentierte, geisterfüllte Frau, die möchte, dass ihr Mann glücklich und zufrieden ist durch die Achtung und den Respekt, den sie ihm vermittelt.

Das gilt für dich, und das gilt für mich.

Und es ist eine Ehre, wenn wir es gut machen.

Frage zu Beginn dieser Erklärung deinen Mann, was Achtung und Respekt für ihn bedeuten. Wodurch fühlt er sich missachtet? Seine Antwort wird dich vielleicht überraschen. Sei kreativ und überlege dir eine Sache, wie du ihm von dir aus eine Freundlichkeit erweisen kannst. (Wenn du unverheiratet bist, nimm dir vor, dich mit einem Ehepaar zu treffen, deren Beziehung dir ein Vorbild ist und frage sie, wie sie diesen Punkt in ihrer Ehe handhaben. Es ist klug, als Unverheiratete jede Gelegenheit wahrzunehmen, um solche Dinge im Vorfeld zu lernen.) Unterschreibe also diese Erklärung unter Gebet mit einem aufrichtigen, hoffnungsvollen Herzen und mit der Absicht, sie praktisch anzuwenden. Stelle dich darauf ein, sie zum Wohl deiner Ehe und zur Ehre des Herrn umzusetzen.

DIE OPTIMALE ERGÄNZUNG FÜR MEINEN MANN

Ich werde meinem Mann treu sein und ihn mit meinem Verhalten und meinen Worten ehren, um dem Namen des Herrn Ehre zu bereiten. Ich werde mich bemühen, meinem Mann eine Partnerin zu sein, die ihm entspricht, und ihm helfen, sein gottgegebenes Potenzial zu entfalten.

ICH WERDE MEINE KINDER LIEBEN

❧

Der Entschluss, meine Kinder Gerechtigkeit zu lehren

Wahre Liebe

Die Vorstellung, Kinder zu haben, erzeugt bei den meisten von uns Fantasien von süßer, winziger Kleidung, Spielnachmittagen und ruhigen, kuscheligen Augenblicken im schummrigen Licht des Kinderzimmers. Und so kann die Realität für manche Mutter – verheiratet oder unverheiratet – ziemlich ernüchternd sein, wenn sie feststellt, dass das Vorrecht der Eltern nicht darin besteht, mit ihren Kindern Spaß zu haben und Schokoladenkekse zu essen, sondern sie verantwortungsvoll zu erziehen. Ihre Hauptaufgabe besteht darin, ihre Kinder ganz bewusst zu Männern und Frauen zu erziehen, die sich ihrer Bestimmung bewusst sind, die sich einen Lebensstil von Integrität angeeignet haben, die gelernt haben, Verantwortung zu übernehmen und die fest gegründet sind in der Liebe Gottes und ihn mit ihrem Leben ehren.

Ich kann jedenfalls bestätigen, dass ich auf diese Realität überhaupt nicht vorbereitet war. Plötzlich Mutter zu sein, hat mein normales, unabhängiges und spontanes Leben gewaltig erschüttert. Bei der Geburt unseres ersten Sohnes war ich überhaupt nicht darauf vorbereitet, täglich die Disziplin aufzubringen, Dinge zu planen und gewisse Termine und Zeiten einzuhalten. Doch dies sollte das elementare Bestreben jeder Mutter sein, um nicht vollkommen den Verstand zu verlieren. Plötzlich gehörte mein Leben nicht mehr mir selbst. Meine Bedürfnisse standen jetzt nicht mehr an erster Stelle. Die Interessen einer anderen Person nahmen jetzt den vorrangigen Platz in meinem Leben ein.

Und das bereits bei nur *einem* Kind.

Als mein zweiter Sohn neunzehn Monate später zur Welt kam und (zu unserer Überraschung) vier Jahre danach unser dritter Sohn, wurde ich mir immer mehr der unglaublichen Mischung aus Verantwortung und Vorrecht bewusst, die mit der Erziehung meiner Jungs einherging. Inmitten dieser langen, ermüdenden Tage und zuweilen noch längeren Nächten begann ich, meine Bemühungen immer mehr im Licht ewigkeitsrelevanter Auswirkungen zu betrachten, was meinen Blickwinkel bedeutend veränderte. Schließlich boten mir diese kleinen Männer die enorme Aufgabe, Gottes Ebenbild auf dieser Erde zu reproduzieren. Durch diese kleinen Menschen, die hoffentlich eines Tages ihrer eigenen Familie vorstehen würden, konnte ich die Pläne des Vaters höchstpersönlich unterstützen.

Es ist *absolut* nichts Verkehrtes daran (es ist sogar *absolut* richtig), mit unseren Kindern auf dem Fußboden zu spielen, Waffeln zu backen oder Schnappschüsse von ihrem ersten Haarschnitt zu machen. Doch wir müssen stets daran denken, dass unsere Hauptaufgabe und Mission als Eltern darin besteht, unsere Jungen und Mädchen als junge Leute in die Welt hinaus zu entlassen, die erfüllt sind von Gottes Geist, die ihre Bestimmung für ihr Leben kennen und fest entschlossen sind, auf dieser Erde als Botschafter Gottes Veränderung zu bewirken. Sie sind wie „Pfeile in der Hand eines Helden" (Ps 127,4) – geschärft, zielgerichtet und abgefeuert, um die Aufgaben in der Welt zu erfüllen, für die sie von Gott erschaffen wurden. Das sollte dein unerschütterliches Ziel als Mutter sein. Aber das geschieht nicht von allein.

Andere Dinge hingegen schon.

Da unsere Kinder einen natürlichen Hang dazu haben, fleischlichen Neigungen nachzugeben, dauert es nicht lange, bis sie gelernt haben, selbstsüchtig zu sein, sich an rebellisches Verhalten zu gewöhnen oder in den Sog von Respektlosigkeit und Geringschätzung für andere zu geraten. Sich selbst überlassen, werden sie unweigerlich dem unterschwelligen (und dem offensichtlichen) Einfluss der neuesten TV-Shows und kulturellen Strömungen erliegen. Aber höre jetzt gut zu. Bist du bereit?

Höre – gut – zu.

Wir Mütter sind das Instrument, das Gott eingesetzt hat, um zu verhindern, dass das verdorbene Gedankensystem unserer Zeit im Herzen unserer Kinder Wurzeln schlägt und sich dort ausbreitet. Du bist in der Position, um eingreifen zu können. Liebe Schwester, Gott hat dich ganz bewusst deinen Kindern zur Seite gestellt, damit sie lernen, gegen eine Gesellschaft aufzubegehren, die ihnen beibringen will, gegen dich aufzubegehren.

Doch ganz gleich wie herausfordernd du dieses Bestreben findest (oder gefunden hast) – ganz gleich wie entmutigend diese *Erklärung* vielleicht auf dich wirken mag, weil dir bewusst wird, wie viele Jahre du bereits verschwendet hast – jetzt ist ein guter Zeitpunkt, bei deinen Kleinkindern oder Halbwüchsigen damit anzufangen, den Platz in ihrem Leben einzunehmen, den Gott dir zugedacht hat. Das ist vielleicht nicht einfach, doch es ist der Mühe absolut wert. Nicht nur zum Wohl deiner Kinder, die du so sehr liebst, sondern auch weil du dann eine der Aufgaben erfüllst, für die du erschaffen wurdest: Mutter dieser kostbaren Kinder zu sein, die der Herr dir von Anbeginn der Zeit bereits zugedacht hat. Das ist eine deiner wichtigsten, höchsten Berufungen.

Selbst wenn du zu diesem Zeitpunkt noch keine Mutter bist – selbst wenn Gott es in seiner Weisheit erwählt, dir einen anderen guten, souveränen Plan für dein Leben zuteilwerden zu lassen, der außer dem Muttersein andere Segnungen für dich bereithält, gibt es einige äußerst wertvolle Dinge zu lernen, die du als Freundin, als Ratgeberin und als einflussreiche Bezugsperson im Leben anderer Kinder anwenden kannst.

Wie das Thema unserer letzten *Erklärung*, ist auch Elternschaft ein so umfassendes Thema, dass man ganze Bücher darüber lesen könnte, und trotzdem noch genügend Dinge übrig blieben, die man nur durch ganz persönliche Erfahrung lernen kann. Deshalb lautet dieser Abschnitt auch ganz bewusst „Ich werde meine Kinder lieben", um die Thematik einzugrenzen.

Liebe.

Wie kann diese Liebe in der Beziehung zwischen Eltern und Kindern am besten praktiziert werden?

Die Schrift lehrt uns, dass Liebe keine passive Angelegenheit ist. Sie ist tatkräftig und überzeugend. „... wir wollen nicht nur davon reden, dass wir einander lieben; unser Tun soll ein glaubwürdiger Beweis unserer Liebe sein" (1 Joh 3,18). Als Erstes müssen wir wissen, dass Liebe in biblischem Sinn durch *sichtbare* Handlungen ausgedrückt wird. Zweitens zielt sie darauf ab, den Interessen des anderen bestmöglich zu dienen, indem man ihn darin ermutigt, ganz praktisch *in Gottes Wahrheit zu leben.*

Wenn es unser primäres Ziel als Mutter ist, unseren Kindern die Wahrheit Gottes zu lehren, verändert sich der Schwerpunkt unserer Erziehung grundlegend. Wir werden anfangen, jede unserer Entscheidungen anhand der Fragen zu prüfen: Ist es gut für mein Kind? Hilft es ihm, sich zu einem erwachsenen Menschen zu entwickeln, der Gottes Wahrheit kennt und danach lebt? Vielleicht klingt das für deine Kinder nicht nach Liebe, aber für dich sollte es auf jeden Fall so klingen.

Für deine Kinder bedeutet *Liebe* die Erlaubnis, endlose Stunden vor dem Fernseher zu verbringen, Unmengen Eis zu verschlingen oder die meisten (wenn nicht sogar alle) Verantwortungsbereiche im Haus und in der Familie erlassen zu bekommen. In ihrer Kurzsichtigkeit begreifen sie nicht, was außer einem kurzen vergnüglichen Erlebnis tatsächlich „zu ihrem Besten" ist. Also wird ein angemessener Beitrag deiner „liebevollen" Absichten von ihnen nicht immer als *Liebe* verstanden werden. Sie empfinden deine sogenannte Liebe möglicherweise als erdrückend und unnötig einengend.

Und ganz ehrlich gesagt wird sich diese hier beschriebene Liebe selbst für *dich* nicht immer wie Liebe anfühlen. Es wird Zeiten geben, in denen dir die Notwendigkeit, *wahre Liebe* zu erweisen, absolut widerstrebt, weil du dich viel mehr danach sehnst, mit dem kleinen Engel zu kuscheln und zu schmusen, dessen Windeln du einst im ersten Licht der Morgendämmerung gewechselt hast. Manchmal ist der größte Feind, deinem Kind wahre Liebe zu erweisen … du selbst. Ich glaube, das betrifft besonders uns Mütter. Wie oft lassen wir uns von unseren Gefühlen leiten, anstatt die schwierigere, dafür aber gesunde Entscheidung zu treffen, unsere Kinder mit Weisheit, Reife, Unterscheidungsvermögen und Korrektur zu lieben.

Wenn wir sie so lieben wollen, wie es in der Schrift beschrieben wird, können wir letztendlich nicht um ihre Freundschaft werben. Wir sind ihre Eltern. Das macht einen großen Unterschied. Wir sind in der Position, sie zu lehren, wie man ein gottgefälliges Leben führt. Wir lehren sie einen Lebensstil, der sie letztendlich zu respektablen, verantwortungsbewussten Erwachsenen macht. Natürlich kannst du den Herrn darum bitten, dich darüber hinaus mit ihrer Freundschaft zu segnen, doch das ist nicht unser vorrangiges Anliegen.

Nimm diese Erklärung nicht auf die leichte Schulter. Frage dich selbst: „Zeigt die Art, wie ich mein Kind erziehe, dass ich eine Mutter bin, die ihr Kind *liebt*, oder vielmehr eine Mutter, die in ihr Kind *verliebt* ist – also ein leichter Gegner, der sich schnell von Tränen, Wutanfällen und ständigen Launen beeinflussen lässt?" Wenn es kaum etwas gibt, das sich *für deine Kinder* nicht wie Liebe anfühlt, dann hast du Grund, dich infrage zu stellen. Wenn ihnen alles gefällt, was du tust und wie du es tust, dann bist du vielleicht die

Mama, die in ihre Kinder *verliebt* ist und solltest dringend daran arbeiten, sie wahrhaft zu *lieben*.

Liebe ist kein Kinderspiel. Es ist eine ernste Angelegenheit.

Und deine Kinder brauchen Eltern, die ihre Aufgabe ernst nehmen.

§ *Was wäre bei einer Entscheidung, die du gerade hinsichtlich deines Kindes treffen sollst, der Unterschied zwischen einer „liebenden" und einer „verliebten" Antwort?*

§ *Sei ganz ehrlich: Was wünschst du dir mehr…*

- ◆ deinem Kind eine gute Freundin zu sein?
- ◆ deinem Kind eine gute Mutter zu sein?

§ *Inwieweit beeinflusst das deinen Erziehungsstil?*

§ *Wenn du noch keine Kinder hast, dann denke über deine eigene Erziehung nach. Waren deine Eltern zu nachlässig? Oder zu streng? Welche Auswirkungen hatte das auf dein Leben?*

Du formst ihre Seele

Eine Mutter muss gleich drei Aufgaben ausfüllen, wenn sie ihre Kinder in der rechten Weise lieben will: Sie formt ihre Seele, ermutigt sie ganz bewusst und erzieht sie liebevoll, aber diszipliniert.

Schauen wir uns zunächst an, was einen sogenannten „Seelenformer" ausmacht.

Die menschliche Seele! Eine überwältigende Komposition aus Verstand, Wille und Gefühl, zudem der Sitz unseres Gewissens. Jeder Mensch wurde von Gott mit diesem Bestandteil seines Seins geschaffen. Das einzige und leider große Problem dabei ist, dass die Seele ohne die innewohnende Gegenwart des Geistes Gottes vollkommen degeneriert ist, von fleischlichen Begierden regiert wird und völlig von Gott getrennt ist.

In diesem Zustand ist das Gewissen allein nicht in der Lage, ein völlig korrektes Urteil über Recht und Unrecht abzugeben, was den Einzelnen dazu verleitet, ein Leben zu führen, das Gott missfällt. Er kann gar nicht anders. Niemand von uns. Wir kommen mit einer Seele zur Welt, die ganz dringend erweckt und neu programmiert werden muss.

Und das kann allein die Beziehung zu Jesus Christus bewirken. Er ist die einzige Hoffnung für die verlorene Seele.

Einschließlich der Seele deines Kindes.

Ja, ich sage dir das nur sehr ungern, falls es dir bisher nicht bewusst war, aber … dein Kind ist verloren. So süß und niedlich unsere Kinder auch sind, sie werden als Sünder in diese Welt geboren und müssen errettet werden. Und wie bei uns oder jedem anderen Menschen, ist Christus der Einzige, der etwas dagegen tun kann.

Er allein ist in der Lage,

- ihre widerspenstige *Gesinnung* davor zu bewahren, zum Tummelplatz des Feindes zu werden.
- sie an den Punkt zu bringen, nach Gottes Willen und Führung für ihr Leben zu fragen.
- ihre unkontrollierten *Gefühle* zu bändigen, bevor unsere Kinder in Schwierigkeiten geraten.
- ihr *Gewissen* zu schärfen, damit es durch den Geist Gottes geleitet werden kann und sie den Unterschied zwischen Recht und Unrecht auch ohne dich erkennen können.

Und weil sie Jesus unbedingt brauchen – damit sie eine persönliche Beziehung zu ihm entwickeln, und damit ihre Seele geformt wird –, ist es deine Aufgabe, von Geburt an den Herrn beständig zu bitten, in ihrem Herzen ein Verlangen nach ihm auszulösen. Du bist dafür zuständig, dieses Gebet beharrlich zu beten, selbst wenn sie erwachsen werden und das Haus verlassen. Du bist auch diejenige, die einmal sagen kann: „Ich kenne keine größere Freude als zu hören, dass meine Kinder so leben, wie es der Wahrheit Gottes entspricht" (3 Joh 4; Neues Leben).

Das macht dich zur „Seelenformerin".

So eine *Seelenformerin* ist sich erstaunlich bewusst, dass die Gebete für ihr Kind von großer Bedeutung sind. Sobald ihr Kind sein Leben Jesus übergibt und errettet ist, ist sie Gottes unmittelbares Werkzeug, um gemeinsam mit dem Heiligen Geist dafür zu sorgen, dass ein erfolgreicher, positiver Veränderungsprozess in der Seele des Kindes stattfindet. Ganz gleich ob sie verheiratet ist oder ihr Kind alleine erzieht, sie ist sich bewusst, dass sie das nicht alleine schaffen kann. Also bezieht sie andere Instanzen mit ein, wie zum Beispiel ihre Gemeinde oder Verwandte, um sie darin zu unterstützen. Doch wissen sie und ihr Mann (falls sie verheiratet ist), dass die Hauptverantwortung bei ihnen liegt. Sie lassen nicht zu, dass jemand anders ihren Platz einnimmt, um maßgeblichen Einfluss im Leben ihres Kindes auszuüben. Eine *Seelenformerin* hilft dem Kind jeden Tag ein bisschen mehr, zu lernen, wie es empfindsam gegenüber der Stimme Gottes wird und lernen kann, wie Gott es durch sein Gewissen leitet.

Auch wenn sie erwachsen werden, arbeitet sie mit dem Geist Gottes zusammen, um dafür zu sorgen, dass ihre Seele weiterhin geformt wird.

Ihre Erziehung lässt sich nicht durch Tränen und Wutanfälle ihrer Kinder steuern. Ihre Liebe zeigt sich vielmehr dadurch, dass sie sich bereits im Vorfeld entschieden hat, Gottes Werk hinsichtlich des Formens ihres Sinnes, ihres Willens, ihrer Gefühle und ihres Gewissens zu vollbringen. Dies bestimmt ihr Handeln. In enger Beziehung zum Herrn gestaltet sie den Veränderungsprozess im Leben ihrer Kinder. Die *Seelenformerin* macht ihre Erwartungen deutlich, daraus sollen gute Gewohnheiten entstehen. Sie ist bereit zu Konsequenzen, wenn ihre wohlwollenden Regeln nicht beachtet werden.

Selbst dann, wenn sie nicht mehr von triefenden Nasen, kleinen Zehen und zarten Stimmchen umgeben ist, bleibt sie an ihrer Aufgabe dran. Sie betet um Führung, was sie für ihre erwachsenen Kinder tun kann. Sie weiß, dass ihre Aufgabe eigentlich nie vollständig erledigt sein wird.

Keine leichte Aufgabe, nicht wahr?

Doch als Mutter, die beschlossen hat, ihre Kinder zu lieben, kann eine *Seelenformerin* einfach nicht anders. Sie sieht sich als Kriegerin, die für ihre Familie kämpft. Sie ist nicht bereit, tatenlos zuzuschauen, wie sich andere Menschen und gesellschaftliche Denkmuster das Denken ihrer Kinder beeinflussen und den durch sie angestoßenen Veränderungsprozess ihrer Seele durcheinanderbringen. Sie weiß, dass ihre Kinder mehr von Gottes Gerechtigkeit hören und sehen müssen als von dem Schmutz der Welt, wenn sie jemals so denken und handeln wollen, wie es Gott, dem Vater, Freude bereitet. Also überlegt sie sorgfältig und aufmerksam, wie sie sicherstellen kann, dass das eine immer das andere überwiegt, und kontrolliert somit die Einflüsse, die sie im Leben ihrer Kinder zulässt.

Das ist ihr Lebenswerk und sie verteidigt dies um jeden Preis. Sie achtet sehr darauf, dass geistlose Unterhaltungen, unanständige Anregungen und gottlose Lehren sich nicht negativ auf die Psyche ihrer Kinder auswirken können. Da sie ihre Kinder nicht völlig von allem abschirmen kann, tut sie ihr Bestes, Probleme vorauszusehen und etwas dagegen zu unternehmen. Sie nimmt sich nicht den Abend frei, um ihr „Lebenswerk" einer Familie anzuvertrauen, die sie kaum kennt. Sie lässt sie auch nicht an Veranstaltungen teilnehmen, über deren Programm oder Aufsicht sie viel zu wenig informiert ist. Sie kümmert sich um jeden Lebensbereich ihrer Kinder, und sie füllt diese Rolle mit größter Ernsthaftigkeit aus.

Sie ist nicht perfekt. Sie ist nur eine Frau, die die Erziehung ihrer Kinder als Angelegenheit des Reiches Gottes ansieht.

Überdies ist eine *Seelenformerin* nicht immer in der Defensive. Sie arbeitet vorausschauend, um den natürlichen, menschlichen Neigungen ihrer Kinder und dem Einfluss der Welt die Stirn zu bieten. Sie hat sich entschieden, eine Frau des Wortes zu sein. Sie weiß, wie wichtig es ist, ihre Kinder mit der Schrift zu durchtränken und sie ist kreativ und beharrlich, dies zu realisieren. Sie weiß, wie wichtig das Kennen und das Lernen aus dem Wort Gottes ist, nicht zuletzt auch für ihren Erfolg als Mutter und den Erfolg ihrer Kinder im Leben.

Sie lässt sich keine Gelegenheit entgehen, ihren Kindern aus der Bibel vorzulesen. Sie erwartet von ihnen, dass sie das Wort Gottes in ihrem Herzen bewahren, weil sie weiß, dass es sie davon abhält, von seinen Geboten abzuweichen (Ps 119,10-11). Auch wenn die Kinder nicht immer alles freudig aufnehmen, ähnlich wie bei den täglichen Hausaufgaben, lässt sie sich nicht von ein wenig Murren, Stöhnen und Schmollen von ihrer vorrangigen Aufgabe abhalten, ihre Seele zu formen. Sie weiß, dass durch diese beständigen Maßnahmen während der Zeit ihres Heranwachsens ihre Gesinnung verändert, ihr Geist erneuert wird und ihre Ohren geöffnet werden für die Stimme des Geistes.

Das bringt sie auf die Idee, überall im Haus Zettel mit Schriftstellen anzubringen, sodass ihre Kinder ihnen ständig begegnen, wenn sie ins Badezimmer zum Zähneputzen oder in die Küche gehen, um sich einen Apfel aus dem Obstkorb zu nehmen. Sie lässt das Wort Gottes in Form von Lobpreismusik durchs Haus wehen, während sie kocht, putzt oder die Wäscheberge bearbeitet. Sie trifft sich mit anderen Christen ihrer bibeltreuen Gemeinde, damit ihre Kinder sehen, dass ihre Familie nicht seltsam oder fremdartig ist, weil sie an diese Dinge glaubt, sondern Teil einer großen Familie ist, die man den Leib Christi nennt.

Sie ist radikal und kriegerisch.

Ihr Standpunkt und ihre Entschlossenheit sind unerschütterlich.

Sie ist eine *Seelenformerin* – unterwegs im Auftrag, die wenigen, kurzen Jahre, die sie mit ihren Kindern hat, zu nutzen, um sie Christus ähnlicher zu machen.

Ach ja, da ist noch etwas. Eine *Seelenformerin* weiß, dass sie auf Dauer niemals die Kraft haben wird, ihre Bemühungen fortzuführen, wenn sie selbst nicht den gleichen Veränderungsprozess durchläuft, den sie so eifrig in ihren Kindern kultivieren möchte. Wenn sie jemals Gott wirklich kennenlernen sollen (und nicht nur etwas *über* ihn erfahren sollen), muss sie eine Frau sein, die seine Freude ausdrückt, sein Wort und seine Gegenwart so sehr liebt, wie sie es von ihren Kindern erwartet. Sie bearbeitet ihre Kinder nicht mit ständigen „Du sollst nicht"-Drohungen. Stattdessen zeigt sie ihnen durch ihr Lächeln und ihren Lebensstil, wie viel Spaß dieses Abenteuer mit Gott machen kann. Sie ist sich bewusst, dass nichts so förderlich für das geistliche Wachstum ihrer Kinder ist, als wenn sie es vorgelebt bekommen. Sie folgt dem klaren Prinzip der Worte aus 5. Mose 6,5-7, indem sie ihre eigene Beziehung zu Gott pflegt, und dann ihre Kinder systematisch mit dem Zeugnis seiner Wahrheit umgibt.

Und du sollst den Herrn, deinen Gott, lieben mit deinem ganzen Herzen und mit deiner ganzen Seele und mit deiner ganzen Kraft. Und diese Worte, die ich dir heute gebiete, sollen in deinem Herzen sein. Und du sollst sie deinen Kindern einschärfen, und du sollst davon reden, wenn du in deinem Hause sitzt und wenn du auf dem Weg gehst, wenn du dich hinlegst und wenn du aufstehst.

Diese Worte inspirieren die *Seelenformerin*. Sie weiß, wenn sie Gott zuerst mit ihrem ganzen Herzen, mit ihrer ganzen Seele und mit ihrer ganzen Kraft liebt, dann kann sie es ihren Kindern auch glaubwürdig vermitteln und sie dazu motivieren, es ihr gleichzutun.

Das ist unser Entschluss, liebe Schwester. Wir verfechten einen neuen Standard. Wir beschließen von diesem Tag an, mit der überreichen Hilfe Gottes – ohne die keiner von uns irgendetwas zustande bringt –, die Anzeige auf dem geistlichen Thermostat unseres Hauses zu bewachen.

Und du kannst es schaffen.

Wir können es schaffen.

Die Veränderung eines Kindes fängt bei der Veränderung seiner Mama an. Und sie – ich meine damit dich, die *Seelenformerin* – lebt und sorgt dafür, dass dieser Veränderungsprozess stattfindet.

§ *Wie kann die Seelenformerin mit Gott zusammenarbeiten? Wo kann sie die Initiative ergreifen und wo sollte sie Gott ranlassen?*

§ Diese Frage gilt für alle, insbesondere jedoch für die alleinerziehende Mutter: Kennst du Menschen, die dich in dieser höchst herausfordernden Erklärung unterstützend begleiten können?

§ Etwas zur Anregung: Im siebzehnten Jahrhundert lebte eine Frau namens Amelia Hudson Boomhall, die beschlossen hatte, ihren Kindern eine Demonstration ihres Glaubenslebens zu geben. Sie sagte: „Ich hatte es mir zur Regel gemacht, jedes meiner Kinder einzeln mit mir in meine Kammer zu nehmen. Ich sorgte dafür, dass es bequem saß und teilte ihm mit: Ich werde jetzt mit Jesus reden. Dann schüttete ich dort, vor den Augen meines Kindes, mein Herz vor dem Herrn aus. Wie kostbar sind doch die Erinnerungen daran, wie es sein kleines Schürzchen hob, um mir die Tränen vom Gesicht zu wischen, oder der Klang ihres süßen Stimmchens, als ich hörte: Weine nicht, Mama."[5]

§ Wie kannst du dein Glaubensleben auf kreative Weise deinen Kindern vorleben?

§ Vielleicht bist du verheiratet, aber dein Mann ist nicht gewillt, das geistliche Ruder eurer Familie zu übernehmen. Lass dich nicht entmutigen und achte trotzdem darauf, dass du das geistliche Wohl deiner Kinder nicht vernachlässigst. Erweise ihm Respekt und frage ihn, ob er etwas dagegen hat, wenn du mit deinen Kindern kleine Andachten durchführst oder mit ihnen Bibelstellen auswendig lernst. Auf diese Weise fühlt er sich nicht von dir übergangen.

Gezielte und vorausschauende Ermutigung

Es ist eine klassische biblische Geschichte. Eines Nachts erscheint der Herr König Salomo und erzählt ihm, er würde ihm alles geben, was er sich wünscht. Er brauchte es nur zu sagen. Doch anstelle von Gesundheit, Reichtum, Wohlergehen oder Ansehen, bittet Salomo überraschenderweise um Weisheit. Das ist eine Bitte, die nicht nur Gott gefiel, sondern auch die Verheißung erfüllte, mehr Reichtum, Güter und Ehre zu erhalten, als je ein König vor ihm erhalten hat, noch einer nach ihm erhalten wird (siehe 2 Chr 1,7-12).

Ich bin nicht nur über Salomos Bitte erstaunt, sondern auch über folgende Tatsache: Als er dieses unglaubliche Angebot erhielt, war er nur zwanzig Jahre alt.

Zwanzig!

Ich frage dich: Wie viele Zwanzigjährige kennst du, die so eine göttliche Gelegenheit in einer so reifen, weitsichtigen Art und Weise ergriffen hätten, wenn sie so unabhängig wie der junge König Salomo gewesen wären? Nicht viele?

Ich auch nicht.

Ich denke, dies lässt sich vor allem durch die Erziehung Salomos erklären.

Sein Vater, König David, war der angesehenste Mann in ganz Israel. Er war von Gott in einer besonderen Weise gesegnet und wurde von seinem Volk für seinen außerordentlichen Mut und seine Führungsqualitäten geachtet. Er war nicht vollkommen. Im Gegenteil, er war weit davon entfernt. Er machte gravierende Fehler sowohl in seinem persönlichen Leben als auch hinsichtlich der Erziehung seiner Kinder. Doch um einen so sensiblen jungen Mann wie

Salomo großzuziehen, der in der Lage war, auf Gottes Angebot so umsichtig zu reagieren, muss David wohl auch einiges richtig gemacht haben.

Vielleicht bekommen wir ein wenig Einblick, wenn wir uns anschauen, wie David bei einem der letzten Ereignisse über seinen Sohn sprach. Er stand vor einer großen Versammlung (bei der Salomo vermutlich auch anwesend war) und verkündete seine Pläne, dass Salomo ihm auf den Thron folgen sollte und wie seine Vorbereitungen dafür aussahen. Er sagte:

Mein Sohn Salomo, den allein Gott erwählt hat, ist noch jung und unerfahren.
1. Chronik 29,1; Einheitsübersetzung

Es hört sich heute seltsam an, wenn Eltern zu ihrem großmäuligen, besserwisserischen Teenager sagen: „Hör zu, Freundchen, du weiß eben auch nicht *alles!*" Doch David war so offen und ehrlich hinsichtlich der Unzulänglichkeiten seines Sohnes, dass es sich fast schon wie eine öffentliche Kritik oder Zurechtweisung anhörte. Warum entmutigte es Salomo nicht? Warum fühlte er sich nicht angeklagt und wertlos, als er hörte, wie sein Vater öffentlich über seine Jugend und Unerfahrenheit sprach? Warum bewirkte das Ganze vielmehr, dass er noch mehr Eifer und Begeisterung entwickelte, der weiseste König zu werden, den es je gab?

Ich glaube, das hatte etwas damit zu tun, dass sein Vater den mittleren Satzteil genauso betonte wie den letzten: „den allein Gott erwählt hat". Trotz Salomos offensichtlicher Schwächen bestätigte David, was der Herr in seinem Leben vorhatte. Und das tat er nicht im Verborgenen, sondern öffentlich vor einer riesigen Menschenmenge. Er legte ihnen offen die Pläne und Vorbereitungen dar, die er hinsichtlich der zukünftigen Aufgaben seines Sohnes unternehmen würde. Trotz all seiner Schwächen forderte er die Versammelten sogar auf, ihn darin zu unterstützen, große Mengen an Schätzen und Baumaterialien für den Tempel heranzuschaffen, den Salomo eines Tages bauen sollte. David berief seinen Sohn zu etwas Großartigem, und er verpflichtete andere Menschen, ihm dabei zu helfen. Er unterstützte ihn unter großen Aufopferungen und bewies damit sein Vertrauen, dass sein Junge trotz der momentanen Aussichten fähig sein würde, seine Bestimmung zu erfüllen.

Mit anderen Worten: *David glaubte an seinen Sohn.* Das bewirkte, dass Salomo den Erwartungen seines Vaters gerecht werden wollte. Es störte ihn nicht, dass sein Vater so ehrlich hinsichtlich seiner Unerfahrenheit und

Jugend war, denn David hatte seine Aussage mit einer väterlichen Ermutigung gewürzt. Das Ergebnis war, dass David ein Kind großzog, das sensibel und scharfsinnig genug war, den Herrn um Weisheit zu bitten, anstatt all der anderen herrlichen Dinge, die ihm sonst noch zur Auswahl standen.

Davids beispielhaftes Verhalten lehrt uns etwas sehr Wichtiges. Wenn wir Kinder großziehen wollen, die sich hinsichtlich der wirklich relevanten Dinge des Lebens weise, zielgerichtet, scharfsinnig und leidenschaftlich verhalten, müssen wir sie *ganz gezielt dazu ermutigen*. So, wie David es tat. Obwohl Salomos Gaben noch nicht so recht erkennbar waren, obwohl seine Talente noch verfeinert werden mussten und seine Leiterqualitäten noch nicht vollständig entwickelt waren, ermutigte David Salomo, sein eigenes Potenzial zu erkennen. Und er ermutigte auch andere dazu. Anstatt seinen Sohn niederzumachen und zu entmutigen, akzeptierte David anscheinend den Istzustand dieser Lebensphase Salomos. Sicher, er war nur ein unreifes Kind und würde wahrscheinlich die Fehler des Unerfahrenen machen. Doch sein Vater sah bereits den König in ihm und teilte ihm und allen anderen mit, sich darauf vorzubereiten, selbst wenn seine momentanen Entscheidungen und Handlungen diesem Gedanken noch nicht entsprachen.

Das ist die Aufgabe eines vorausschauenden Ermutigers.

Das ist deine Aufgabe.

Eine vorausschauende, ermutigende Mutter ist ehrlich mit ihren Kindern. Sie sagt ihnen, was sie hören müssen, selbst wenn es nicht das ist, was sie hören *wollen*. Sie sieht nicht über ihre Unreife, ihre Fehler und Missgeschicke hinweg, doch wenn sie diese Dinge anspricht, geschieht dies nicht mit einer niederen Erwartungshaltung oder des Missfallens. Stattdessen wird sie ihre Aufrichtigkeit mit liebevoller Auferbauung und Ermutigung mildern. Der allgemeine Umgangston in ihrer Beziehung ist anerkennend und bestätigend. Sie zwingt ihre Kinder nicht, sich wie jemand anders zu verhalten, besonders nicht wie eines der Geschwister. Selbst während der Phasen ihres Lebens, von denen sie wünscht, sie würden schneller vorübergehen als andere, widersteht sie dem Drang, die Fortschritte des einen Kindes mit denen eines anderen zu vergleichen. Sie ist vielmehr darum bemüht, sie auf ihre einzigartigen Gaben, Talente und Fähigkeiten aufmerksam zu machen, die Gott in jedem Kind geduldig hervorbringt. Sie tut alles Mögliche, um sie zu fördern, selbst wenn sie sich anders oder langsamer entwickeln als erhofft.

Eine vorausschauende, ermutigende Mutter weiß einfach: „Denn wir sind Gottes Schöpfung. Er hat uns in Christus Jesus neu geschaffen, damit wir zu guten Taten fähig sind, wie er es für unser Leben schon immer vorgesehen hat" (Eph 2,10). Jedes Kind hat er so speziell gemacht, dass es seine gottgegebene Bestimmung erfüllen kann.

Eines Tages.

Und so kämpft sie während dieser von offenkundiger Unreife und Unerfahrenheit geprägten Phasen gegen jede Art von Entmutigung an. Selbst wenn sie direkt mit dem Versagen ihrer Kinder konfrontiert wird, bleibt sie ermutigt (und ermutigend), während sie gleichzeitig die notwendigen Schritte unternimmt, um sie wieder auf den rechten Weg zu bringen.

Dabei lässt sie sich selbst nicht entmutigen. Sie hört auch nicht auf die Stimmen, die ihr einreden wollen, sie sei eine schlechte Mutter. Sie versucht vielmehr, während dieser Lebensphase ihrer Kinder ruhig zu bleiben und sich (und andere, die vielleicht zu zweifeln beginnen), daran zu erinnern, dass Gott ihre Kinder für eine bestimmte Aufgabe auserwählt hat. Sie erkennt ihre Bestimmung, auch wenn sie noch „jung und unerfahren" sind und tut alles in ihrer Macht Stehende, um sie in den Eigenschaften zu stärken und zu ermutigen, die sie so besonders machen. Dabei sorgt sie für die notwendige Führung und angemessene Korrektur. Sie hört nie auf zu glauben, dass ihr fleißiges Bemühen als Mutter heute die Grundlage für den zukünftigen Erfolg ihrer Kinder ist.

Sie ist ermutigend – ganz gezielt ermutigend. Es ist auch Ausdruck ihrer Liebe, dass sie nicht zulässt, dass diese sich mit Unreife oder Mittelmäßigkeit zufriedengeben. Sie inspiriert sie, ihr Bestes zu geben. Jedoch nicht indem sie von ihnen erwartet, dem willkürlichen Standard anderer zu entsprechen, sondern dass sie ihre gottgegebene Bestimmung und ihr volles Potenzial in jedem Bereich ihres Lebens erreichen. Sie spricht anderen gegenüber immer gut von ihren Kindern, aber sie schämt sich auch nicht, jemanden um Gebet und Unterstützung zu bitten, damit sie sich positiv entwickeln. Sie weiß, wie wichtig es ist, ihre ehrliche Vertraute zu sein, aber auch ihr eifrigster Cheerleader.

Wie David, glaubt auch sie an ihre Kinder.

Und wer weiß? Vielleicht bewirkt diese Art gezielter, vorausschauender Ermutigung, dass dein zwanzigjähriges Kind, das sich normalerweise in den Torheiten verlieren würde, denen die meisten jungen Erwachsenen anscheinend nicht entfliehen können, eines Tages sein Gesicht zum Herrn erheben und sagen wird: „Herr, gib mir Weisheit."

Und wenn es das tut, dann kannst du dich darauf verlassen, dass Gott ihm gewährt, worum es ihn bittet.

Und noch vieles mehr.

§ *Liste die einzigartigen Eigenschaften von jedem deiner Kinder auf. Wie kannst du diese durch ganz spezifische Ermutigung fördern?*

§ *Liste die unreifen Verhaltensweisen und Launen auf, die dich normalerweise entmutigen würden. Bewahre diese Liste an einem Ort auf, wo du immer daran erinnert wirst, diesbezüglich zu beten. Finde jemanden, der dich darin unterstützen kann, deine Kinder in diesen Bereichen zu ermutigen.*

§ *Überlege sorgfältig, wie du den allgemeinen Umgangston mit deinen Kindern ermutigend und anerkennend halten kannst.*

Konsequente Erziehung

Kürzlich trafen Jerry und ich einen erfolgreichen Geschäftsmann namens Bill. Er ist etwa Mitte fünfzig, seit zwanzig Jahren verheiratet und hat zwei Söhne im Teenageralter. Wir saßen in seinem Büro und hörten gespannt zu, wie er von seiner Familie erzählte. Er und seine Frau hatten ein äußerst gutes Verhältnis zu ihren beiden Söhnen, eine lustige, ausgelassene Beziehung, die eine gemeinsame Familienzeit zu einem wöchentlichen Höhepunkt werden ließ.

Fasziniert von dieser seltenen Beziehung zwischen Eltern und ihren Teenagerkindern, frage ich Bill, worauf er das zurückführte. Seine Antwort war schlicht und ergreifend: „Wir haben heute so viel Freude an ihnen, weil wir uns ernsthaft ihrer Erziehung gewidmet haben, als sie noch jünger waren. Wir haben uns damals festgelegt, wie sie als erwachsene Menschen sein sollten, haben sie dementsprechend erzogen und darauf bestanden, dass sie diesen Erwartungen gerecht wurden. Das war nicht immer leicht, aber es war die Mühe wert."

Er fuhr fort und erzählte, wie die Menschen, die sie zu Hause besuchten, immer sehr erstaunt waren, dass ihre Jungs so bereitwillig den Tisch zum Essen deckten oder ihrer Mutter ohne zu Meckern am Waschtag dabei halfen, die Wäsche aus den Wäschekörben einzusammeln. Die respektvolle Art und Weise, wie die Brüder nicht nur mit Erwachsenen, sondern auch miteinander sprachen, zeigte deutlich die gründlich anerzogene Hochachtung für die Menschen, mit denen sie zusammenwohnten und zusammenkamen. Das Vertrauen, das sie sich bei ihren Eltern erworben hatten, war seither unerschütterlich, weil sie von Grund auf gelehrt wurden, wie wichtig es war, verantwortungsbewusst zu leben.

Bill käme nie auf den Gedanken, seine Kinder wären vollkommen. Denn das sind sie nicht. Auch ihre Eltern nicht. Sie hatten mit Sicherheit ihre Probleme mit der einen oder anderen Herausforderung. Doch sie sind zweifellos verantwortungsbewusste, umsichtige Menschen, deren Persönlichkeit ganz bewusst und zielgerichtet von ihren fürsorglichen Eltern geformt wurde.

Von *liebenden* Eltern.

Ich kann dir gar nicht sagen, wie sehr mich diese Unterhaltung ermutigte. Während unsere Jungs mit Riesenschritten dem Erwachsenenalter entgegenschreiten, trafen wir tatsächlich einige Eltern, die uns mitteilten, es sei alles nicht halb so schlimm, wie alle erzählten. Auch trafen wir viele Eltern, die nicht die gleichen Ansichten hatten wie wir, aber wir mussten feststellen, dass diejenigen mit den positivsten Erfahrungen anscheinend alle eines gemeinsam haben.

Sie erziehen ihre Kinder konsequent.

Diese Eltern steckten sich, wie Bill und seine Frau, gleich von Anfang an Ziele, zu welcher Art Mensch sich ihre Kinder einmal entwickeln sollten. Dann erstellten sie einen genau definierten Plan über ihre Vorgehensweise, um dieses Ziel zu erreichen. Sie sahen ihre Kinder nie als zu jung, zu herzig oder zu unwiderstehlich an, um nicht schon ganz früh damit zu beginnen, die Erziehungsmaßnahmen anzuwenden, die dieser Entwicklungsprozess mit sich brachte. Als liebende, aber konsequent erziehende Eltern achteten sie stets darauf, ihre „Kinder nicht zum Zorn" zu reizen, indem sie unangemessene Disziplinarmaßnahmen ergriffen, sondern zogen sie gemäß dem Wort auf: „Erzieht sie vielmehr mit Disziplin und zeigt ihnen den richtigen Weg" (Eph 6,4; Neues Leben). Sie wissen, dass *Selbstdisziplin* nur das Resultat einer liebevollen, aber konsequenten Erziehung sein kann. Also haben sie ihre Erwartungen klar definiert und ein Umfeld geschaffen, in dem ihre Kinder die Grenzen und Grundregeln genau kennen und wissen, wie man danach lebt, aber auch was passiert, wenn sie sich nicht danach richten – die sofortige Durchführung folgerichtiger, altersgerechter Konsequenzen. Diese Eltern drohen nicht irgendwelche Konsequenzen an, nur um sie dann doch nicht durchzuführen. Ihre Maßstäbe sind klar definiert und zuverlässig.

Das ist Liebe.

Ich erinnere mich noch an ein Buch, das ich gelesen hatte, bevor ich selbst Kinder hatte. Darin wurde erläutert, dass selbst Einjährige in der Lage sind, auf die Erwartungen und die Korrektur ihrer Eltern zu reagieren.

Ich weiß noch, dass es mir damals ziemlich unsinnig vorkam, das von einem so kleinen Kind zu erwarten. Doch erinnere ich mich auch daran, als nur wenige Jahre später mein Zweijähriger tatsächlich anfing, Bitte und Danke zu sagen, sein Spielzeug aufzuheben und seinen Trinkbecher ins Spülbecken zu legen, anstatt ihn auf dem Küchentisch stehen zu lassen. Als ich ihm zeigte, was er zu tun hatte und mir die Zeit nahm, ihm das beizubringen, konnte ich kaum glauben, was ich sah: Selbst diese Winzlinge können lernen, wie man sich benimmt, wenn man es ihnen vernünftig beibringt und wenn sie es vorgelebt bekommen. Ich bin nicht immer perfekt, aber ich versuche immer, zielgerichtet zu handeln.

Das hört sich doch sinnvoll an, nicht wahr? Wir können von unseren Kindern nicht erwarten, etwas zu tun, was wir ihnen nicht beigebracht haben oder worin wir sie nicht gefördert haben. Und was für Manieren und Trinkbecher gilt, gilt auch für alle weiteren Lektionen des Lebens.

Wenn wir wollen, dass unsere Kinder verantwortungsbewusst sind, müssen wir ihnen beibringen, verantwortungsvoll mit ihren häuslichen Pflichten, Hausaufgaben und persönlichen Verpflichtungen umzugehen. *Wenn wir wollen, dass sie umsichtig handeln*, müssen wir ihnen die Manieren beibringen, die sie gegenüber ihren Geschwistern und Freunden an den Tag legen sollen. Wenn wir wollen, dass sie Autorität achten und sich unterordnen, müssen wir mit ihrem Verhalten uns gegenüber anfangen, während wir ihnen zeigen, wie wir selbst das gleiche Prinzip bei uns zu Hause, auf unserer Arbeit, im Gemeindeleben oder in anderen Bereichen anwenden.

Eine Mutter, die ihre Kinder konsequent erzieht, erstellt Richtlinien für ihre Kinder, die sie immer vor Augen hat, während sie sie großzieht. Wenn sie Jungs hat, beinhalten diese Richtlinien nicht nur, dass sie sich anderen gegenüber verantwortungsbewusst und rücksichtsvoll verhalten sollen, sondern auch zu lernen, wie man sich Frauen gegenüber respektvoll verhält, sowie sie darauf vorzubereiten, ihre zukünftige Aufgabe als Vorsteher einer eigenen Familie gut auszufüllen. Wenn sie Mädchen hat, richten sich ihre Grundsätze vielleicht mehr auf Themen wie Exzellenz, Initiative und Empfänglichkeit für die Nöte anderer. Ebenso wichtig ist es, gutes Benehmen und dessen Wertschätzung zu fördern. Aufgrund dieser Grundsätze können konsequent erziehende Eltern diese Jahre sorgfältig und methodisch nutzen, um alles Notwendige zu tun, damit diese Dinge zu einer Selbstverständlichkeit im Leben ihrer Kinder werden.

Ein uns bekanntes Ehepaar, das gerade fünf Kinder großzieht, schloss in seine Erziehungsrichtlinien das tiefe Verlangen mit ein, seine Kinder zu lehren, andere zu ehren, indem sie einander Gutes taten – über ihre normalen Verpflichtungen hinaus und ohne großes Aufsehen. Um das ganz praktisch umzusetzen, fragten sie ihre Kinder immer wieder, wie sie eines ihrer Geschwister ehren könnten. Vielleicht, indem sie das Bett des anderen machten oder deren Teller mit abräumten, anstatt nur den eigenen wegzustellen.

Sie fördern auch ganz gezielt ihr Verantwortungsbewusstsein. Also widerstehen sie dem natürlichen elterlichen Drang, ständig jedes kleine Problem zu lösen, dem ihre Kinder ausgesetzt sind. Wenn eines der Kinder vergisst, sein Pausenbrot mitzunehmen, düst Mama nicht automatisch mit dem Brotbeutel in der Hand zur Schule. Wenn eines der Kinder nicht rechtzeitig seine Hausaufgaben erledigt, erinnern Mama und Papa es zwar daran, aber manchmal lassen sie auch zu, dass das Kind die Konsequenzen erfährt, bis zum letzten Augenblick damit gewartet zu haben. Wenn die Kinder eine Fensterscheibe zerbrechen, nachdem man ihnen ausdrücklich verboten hat, im Haus mit dem Ball zu spielen, können sie zumindest damit rechnen, einen Teil der Reparaturkosten von ihrem eigenen Geld zu bezahlen. Diese Eltern lassen ihre Kinder wissen, dass viele der Dinge, die sie aufgrund der Tatsache genießen, dass sie ihre Kinder sind, keine Rechte sind, sondern Privilegien. Und damit das so bleibt, müssen sie lernen, diese Dinge nicht für selbstverständlich zu nehmen. Sobald das geschieht, verlieren sie ihr Privileg.

Sie sind Eltern, die Erziehungsmaßnahmen anwenden, in der Absicht, der Aufgabe gerecht zu werden, verantwortungsbewusste, rücksichtsvolle und respektvolle junge Frauen und Männer großzuziehen.

Eine alleinerziehende Mutter, deren älteste Tochter gerade anfing zu studieren, ist ein richtiger Profi in Sachen kreativer, konsequenter Erziehungsmaßnahmen. Als ihre heranwachsende Tochter die Reinigung ihres Zimmers zu sehr vernachlässigte – und noch dazu den Nerv hatte, ihrer Mutter zu erklären, dies sei schließlich ihr Privileg, da es sich ja um „ihr" Zimmer handelte –, hängte sie kurzerhand die Tür zum Zimmer ihrer Tochter aus. So viel zu dem „Recht" auf Privatsphäre, auf das ein Teenager so viel Wert legt! Das war für ihre Tochter die schlimmste Bestrafung, die ihr widerfahren konnte. Aber es brachte sie dazu, ihr Zimmer aufzuräumen. Und es brachte sie einen großen Schritt weiter in Richtung der Eigenschaften, die ihre Mutter in ihr als Heranwachsende kultivieren wollte – respektvoll, dankbar und verantwortungsbewusst zu sein.

Ja, konsequente Erziehungsmaßnahmen erfordern viel Zeit und Mühe (und manchmal sogar eine Bohrmaschine). Sie sind oft unbequem, unangenehm und zuweilen versetzen sie deinem Ansehen zu Hause einen schweren Schlag. Doch das solltest du trotzdem bereitwillig auf dich nehmen, weil es deine wichtigste und schönste Aufgabe ist, Kinder großzuziehen, die verantwortungsbewusst, respektvoll, mitfühlend, rücksichtsvoll, demütig, selbstlos, großzügig und freundlich sind. Menschen, mit denen man gerne zusammen ist. Und letztendlich ist das der beste Weg – und der einzig wahre Weg –, um das Herz deiner Kinder zu gewinnen.

§ *Empfinde es nicht als Druck, perfekt zu sein, wenn du deinen Namen unter diese Erklärung setzt. Sehe es vielmehr als Ausgangspunkt für dieses Unterfangen und beschließe, deinen Kindern eine biblisch fundierte Liebe zu vermitteln. Erstelle Erziehungsgrundsätze für deine Kinder, und führe sie durch einfache, ganz praktische Anwendungsbeispiele in diese Richtung. Diese Erklärung ist ein Entschluss, in deinen Kindern das Potenzial für wahre geistliche Größe zu sehen und bereitwillig dafür zu sorgen, dass sie alles Notwendige bekommen, um dieses Ziel zu erreichen. Das bedeutet, sie zu lieben. Sie wahrhaft und rückhaltlos zu lieben.*

ICH WERDE MEINE KINDER LIEBEN

Ich werde meinen Kindern ganz praktisch zeigen, wie sie Gott mit ihrem ganzen Herzen, mit ihrer ganzen Seele und mit all ihrer Kraft lieben können. Ich werde sie lehren, Autorität anzuerkennen und verantwortungsvoll zu leben.

_____

Ein Leben aus Gnade

Der Entschluss, mein Heim zu einer Oase zu machen

Gnade

Er war ein hart arbeitender Vertreter, der jeden Morgen früh aufstand und im wahrsten Sinne des Wortes von einer verschlossenen Tür zur anderen ging und versuchte, die Produkte der Firma, für die er arbeitete, an den Mann zu bringen. Seine Tage waren lang und ermüdend und trotz aller Bemühungen hatte er oft nur wenig vorzuweisen. Doch nicht, weil er sich zu wenig anstrengte, sondern weil er zu wenig Abnehmer hatte.

Seine junge, rothaarige Frau war erst achtzehn gewesen, als sie geheiratet hatten. Als ihre Familie größer wurde, verbrachten sie einen Großteil des Tages damit, herauszufinden, wie sie trotz der finanziellen Engpässe ihre bescheidene Unterkunft zu einem angenehmen, wohnlichen Ort machen könnten. Doch dann kam der Tag, an dem der Druck so groß wurde, dass die junge Frau am liebsten aufgegeben hätte. Sie wollte das Licht anschalten – doch nichts geschah. In dem Glauben, es läge vielleicht nur am Schalter, ging sie zu einer anderen Lampe. Wieder nichts. Sie probierte eine weitere Lichtquelle – nichts. Sie eilte durch das ganze Haus und betätigte alle Schalter, doch nichts rührte sich. Das bestätigte, was sie bereits ahnte, doch einfach nicht wahrhaben wollte. Sie hatten ihre Stromrechnung nicht bezahlt.

Doch was noch schlimmer war – sie konnten sie nicht bezahlen.

Den Rest des Tages verbrachte sie damit, so gut es ging ihren häuslichen Verpflichtungen nachzukommen. Als die langen Schatten des späten Nachmittags das Licht in der Küche allmählich verdrängten, bereitete sie ein improvisiertes Abendessen. Dann deckte sie im beinahe dunklen Esszimmer mit größter Sorgfalt und Würde den Tisch. Mithilfe einer Taschenlampe fand sie ein paar halb abgebrannte Kerzen, die sie auf den Tisch stellte, anzündete und somit einen kunstvoll gedeckten Tisch kreierte. Das Ganze sah fantastisch aus.

Als ihr Mann abgespannt und des Herumwanderns müde nach Hause kam, wartete sie mit den Kindern lächelnd am Tisch, um mit ihm zu Abend zu essen. Im Schein der Kerzen genossen sie ihre Mahlzeit. Sie hatten gute Gespräche. Besonders die Kinder liebten die heimelige Atmosphäre des Kerzenlichts beim Abendessen. Für sie war es ein besonderes Vergnügen. Frieden und Heiterkeit bestimmte ihr Heim, trotz der gegebenen Umstände – Umstände, von denen die Kinder keine Ahnung hatten.

Und ihr Mann auch nicht.

Nach dem Essen fiel er erschöpft ins Bett, an dem weitere Kerzen brannten. Sie verlor kein Wort darüber. Erst am nächsten Tag, als er aufstand und sich für die Arbeit fertigmachte, bemerkte er, dass es keinen Strom gab. Er zählte eins und eins zusammen und wurde sich bewusst, was seine Frau getan hatte – wie sie seine Würde bewahrt hatte, weil sie es vorgezogen hatte, eine friedliche und schöne Atmosphäre zu schaffen, anstatt angespannt und gereizt auf die Unannehmlichkeiten zu reagieren.

Auf dem Weg zur Tür ging er noch einmal an ihrem Bett vorbei, strich eine Strähne ihrer roten Locken aus ihrem Gesicht und flüsterte ihr „Ich danke dir" ins Ohr. Er wusste nicht, ob sie ihn hörte, aber er war einfach zu dankbar, um diese Gelegenheit nicht zu nutzen. Er war dankbar, dass er dieses Heim – dieses Leben – mit einer Frau teilte, die sich entschlossen hatte, liebenswürdig zu sein, für Frieden zu sorgen, Missstände zu übersehen und eine Atmosphäre zu schaffen, in der ihre Familie trotz der unliebsamen Umstände gedeihen konnte.

An ihrem fünfzigsten Hochzeitstag standen ihre erwachsenen Kinder und ihre Enkelkinder an ihrer Seite, und als er gebeten wurde, eine ganz besondere Begebenheit aus ihrem gemeinsamen Leben zu erzählen, erinnerte er sich an diesen Augenblick.

Das ist das Bild einer Frau, die es versteht, in der Gnade Gottes zu leben.

Dein Heim ist heiliger Boden, ganz gleich ob du verheiratet bist oder nicht. Du hast Verantwortung und Privileg, eine Atmosphäre zu schaffen, in der das Wesen der Gnade Gottes, das dir reichlich zuteilwurde, von anderen gespürt und wahrgenommen werden kann. Dein Heim ist der Ort, an dem du einen Frieden kultivieren kannst, den jeder, der dort lebt und jeder, der diese Räume betritt, genießen kann.

Klingt das für dich utopisch? Mit all den anstehenden Hausarbeiten, den ständigen Belastungen, den zu schlichtenden Streitereien und der zu bewältigenden Unordnung? Vielleicht ist dein Heim deiner Auffassung nach der letzte Ort, an dem jemals Frieden einkehren könnte.

Dennoch bist oftmals *du* diejenige, von der das Ganze abhängt. Als Frauen sind wir vorrangig für die Stimmung, die Atmosphäre und die Lebensqualität in unserem Zuhause zuständig. Es geht hier nicht um schönere Dekorationen, umsichtigere Haushaltsplanung, bessere Möbel oder die neuesten Haushaltsgeräte, denn viele Menschen haben all diese Dinge, aber *trotzdem* keinen Frieden. Es geht darum, zu erkennen, dass es in deiner Macht liegt, das geistliche Klima deines Heims zu verändern. Das ist möglich, weil der Heilige Geist dich befähigt hat, den Entschluss zu treffen, eine Frau zu sein, die diese einfache, doch unglaublich bedeutsame Eigenschaft verströmt …

Gnade.

Diesen Rat bekam ich einst von Rhoda, einer zehn Jahre älteren Pastorenfrau, die ich schon seit meiner Teenagerzeit kenne. Während wir uns einmal über unser Heim und unsere Familie unterhielten, lehnte sie sich vor und sagte zu mir: „Priscilla, den Frieden, den ihr in eurem Heim erfahrt, steht in direktem Verhältnis zu der Gnade, die dort gewährt wird. Gewähre also Gnade, wo immer du kannst."

Gnade gewähren.

Gnade wird definiert als „unverdiente Gunst oder Freundlichkeit gegenüber anderen". Gnade bedeutet, nachsichtig mit jemandem zu sein, wenn er es am allerwenigsten verdient hat. Genauso ist Gott mit uns verfahren, als er uns trotz der Tatsache, dass wir voller Sünde waren, die Errettung von unseren Sünden gewährte.

> *Denn das Gesetz wurde durch Mose gegeben;*
> *die Gnade und Wahrheit ist durch Jesus Christus geworden.*
>
> Johannes 1,17

Bevor Christus kam, war das mosaische Gesetz der Standard, nach dem das Volk Gottes leben sollte – eine Liste von Regeln und Geboten, die jedes Mal, wenn sie nicht erfüllt werden konnten, mehr Schuld und Scham mit sich brachten. Als aber Christus kam, nahm er den Menschen diese beängstigende Last und die Bindung an eine endlos lange Liste gesetzlicher Forderungen und ersetzte sie durch die sanfte, werbende Einladung zu einer persönlichen Beziehung mit Gott (was er sich eigentlich schon immer von seinem Volk gewünscht hatte). Indem Jesus alle Anforderungen des Gesetzes in sich selbst erfüllte, sorgte er dafür, dass unsere Hoffnungen und unsere Errettung nicht mehr von unserem eigenen Bemühen abhängig waren. Anstatt ständig nach seiner Anerkennung zu streben, wird sie uns einfach gewährt, indem wir *an ihn* glauben. Indem wir *ihm* glauben. Indem wir sein Geschenk annehmen.

Das Geschenk seiner Gnade.

Und als Folge der Gnade seine Freiheit.

Wenn wir nun als Empfänger der Gnade Gottes – seiner „Gabe" (Eph 2,8) – erkennen, wie viele Schnitzer er uns jeden einzelnen Tag unseres Lebens vergibt und vergisst, sind wir plötzlich motiviert, dieselbe unverdiente Gunst auch unseren Mitmenschen zu erweisen. Seine Geduld, seine Annahme, sein Verständnis, seine Freundlichkeit – durch seine Gnade gehören diese Dinge uns. Nicht einfach nur um zu *empfangen*, sondern um sie *weiterzugeben*.

Wenn die Menschen in deinem Heim oder deinem Umfeld wissen, dass du nicht auf sie herabsiehst oder ihnen ihre Unzulänglichkeiten vorhältst, dann hast du ihnen ein großes Geschenk gemacht. Der Überfluss des Geschenks, das du selbst erhalten hast. Gnade. Das Geschenk, authentisch bleiben zu können in dem Wissen, sie sind so angenommen, wie sie sind.

Willst du dich nicht selbst so fühlen? Wünschst du dir nicht, dass andere diese Art Freiheit empfinden, wenn sie mit dir zusammen sind?

Jedes Problem, jede Herausforderung, jede potenzielle Katastrophe, jede Schwäche und jedes Versagen eines jeden Familienmitglieds und jeder wenig erstrebenswerte Umstand werden – durch die Linse der Gnade betrachtet – zu einer neuen Gelegenheit, um Güte und Freundlichkeit zu gewähren. Um Mitgefühl zu zeigen. Das Beste zu sehen, selbst wenn nur das Schlechteste sichtbar ist. Frauen, die Gnade gewähren, sind Frauen, die lieber Kerzen auf den Tisch stellen, anstatt im Dunkeln zu schmollen. Sie sorgen dafür, dass die Menschen in ihrem Heim genießen, was sie haben, anstatt sich auf das zu konzentrieren, was sie nicht haben. Sie wollen nicht, dass die Menschen, mit denen sie zusammenkommen, jedes Wort auf die Goldwaage legen, ständig ihre Gefühle unter Kontrolle halten und versuchen müssen, ihre Schwächen zu verbergen aus Furcht davor, missverstanden zu werden.

Sie lassen Frieden regieren.

Sie lassen Gnade regieren.

So eine Frau beschließt, ihr Heim zu einem sicheren Ort für ihre Familie und Freunde zu machen. Zu einem Hafen der Ruhe von der Welt. Jeder, der eintritt, findet eine heitere Gelassenheit, die ihn ergreift, einhüllt, beruhigt, umarmt und einlädt, teilzuhaben an der Tafel des Friedens und die Gemeinschaft mit angenehmen, freudigen Menschen zu genießen – weil sie anderen Annahme und Dankbarkeit zeigen und erfüllt sind mit der Gnade Gottes.

Das ist revolutionär.

Hat sich dein Leben nicht vollkommen verändert, als Jesus dir Gnade zuteilwerden ließ? Falls du zu jung warst, um dich daran zu erinnern, wie sehr dein Leben der Wiederherstellung und Buße bedurfte, hat nicht seine Gnade dich seither unzählige Male zu Tränen der Dankbarkeit und Anbetung bewegt? Gnade ist einfach überwältigend, wo auch immer sie sich erweist. Stell dir vor, was sie vielleicht bewirkt, wenn sie durch dein Lächeln, deine Umarmung, deinen Kuss, deinen sanften Klaps auf die Schulter oder ein Zeichen deiner Vergebung zu anderen strömt. Selbst schwierige Menschen oder Familienverhältnisse könnten durch solche Gnadenerweise rundum erneuert werden, sodass du sie nach einem Monat kaum wiedererkennen würdest.

So wie es bei *dir* geschah, als Jesus dein Leben mit Gnade erfüllte.

Unterziehe dich also einer persönlichen Inventur. Bist du ein umgänglicher Mensch? Ist es für die Menschen, die dir nahestehen, selbstverständlich, sich angenommen und geliebt zu fühlen? Hältst du ihnen ihre Fehler und ihr Versagen vor? Wenn ein Familienmitglied etwas tut mit der Absicht, dich zu erfreuen, bekommt es dann zu sehen, wie ein dankbares Lächeln dein Gesicht erhellt, oder nimmst du es kaum wahr und verweigerst ihm somit die Anerkennung? Beherrscht du andere durch deine kritische Einstellung? Spielst du die Märtyrerin wegen all den Aufgaben und Verpflichtungen, die dir abverlangt werden?

Oder …

Erinnerst du dich daran, was Christus tat, um jedes einzelne Vergehen in deinem Leben zu bedecken und dich von den Bindungen zu befreien, die dich dein Leben lang unbeständig und unzufrieden gemacht hätten? Bist du bestrebt, deiner Familie das gleiche Gefühl von Freiheit zu vermitteln?

Sei nachsichtig mit ihnen.

Selbst wenn sie es nicht verdient haben.

Denn das hast du auch nicht.
Aber du hast trotzdem Gnade empfangen.

   § *Benenne drei bestimmte Meinungen und Handlungen von Menschen, die du bewunderst, durch die dir Gnade schmackhaft gemacht wurde – nicht nur im Umgang mit dir, sondern auch im Umgang miteinander?*

   § *Was wäre deiner Meinung nach die größte Herausforderung für dich, wenn du in deinem Heim Gnade wirksam werden lassen wolltest? Sag Gott aufrichtig, wie es dir dabei geht. Bitte ihn, dir „Ruhe zu geben" und lass sein „sanftmütiges und von Herzen demütiges" Wesen durch dich wirken (siehe Mt 11,28-29). Er wird es bewirken. Nicht du. Deshalb nennt man es Gnade.*

Okay

„Manchmal sage ich einfach nur Okay und die Mauern stürzen ein.
Dieses kleine Wort hat schon so manche Streitsituationen beendet.
Das ist sehr erstaunlich. Außer den Namen Jesus direkt anzurufen,
halte ich dieses Wort für das zweitwichtigste Wort in unserer Sprache.“
Die Worte einer einunddreißigjährigen Frau,
die sich entschlossen hat, aus Gnade zu leben.

Es gefällt uns, recht zu haben und es gefällt uns auch, wenn andere uns darin bestätigen. Aus diesem Grund ist es eine der schwierigsten Herausforderungen im Leben, in der Ehe, in unserer Familie und in unserem Heim, dem Drang zu widerstehen, unser „Rechthaben" zur Schau zu stellen. Den Streit zu gewinnen. Den anderen mit hängendem Kopf ziehen zu lassen. Wir glauben, unsere Ansichten verdienten es, angehört, verstanden, akzeptiert und umgesetzt zu werden. Und so reden und diskutieren wir, hören irgendwann gar nicht mehr zu und machen den anderen nieder. Wir stampfen ihn in Grund und Boden. Bis zur völligen Unterwerfung.

Die Außenstehenden halten sich heraus, machen einen Bogen um die heiklen Themen und versuchen ihr Bestes, Stress und Aufregung in einem Heim zu vermeiden, das eigentlich ihr Ruheplatz sein sollte. Sie fühlen sich abgedrängt und ausgeschlossen und fragen sich, wie das Ganze wohl ausgehen wird.

Und all das nur, weil jeder recht haben will.

Doch niemand wird im Recht sein. Erst wenn einer tapfer genug, zuversichtlich genug, beherzt genug – und *gütig* genug ist, freundlich, liebevoll und umsichtig einzulenken und zu sagen …

„Okay."

Damit ist es beendet – ein für alle Mal. Nicht weil man auf irgendwelche Forderungen eingegangen ist oder dem anderen nach dem Mund geredet hat, sondern weil man Frieden dem Irrsinn vorgezogen hat. Man wünscht sich Versöhnung, keine Zwietracht. Jeder will ein Zuhause, das ausgefüllt ist, und nicht ausgelaugt und hohl wie eine leere Hülle, die nur das lange, harte Echo eines hitzigen, chaotischen Wortgefechts zurückwirft. Danach aber wird alles kalt und frostig, erfüllt von dem beißenden Stachel eisigen Schweigens.

Ein kleines *Okay* verändert alles.

Das ist jetzt keine neue New-Age-Philosophie. Es ist ein uralter, schriftgemäßer Bruchteil einer hochverehrten Weisheit:

Eine freundliche Antwort besänftigt den Zorn, kränkende Worte erregen ihn.

Sprüche 15,1; Neues Leben

Sicher wird eine kluge Frau nicht ständig danach trachten, angehört oder bestätigt zu werden. Doch um ihre Beziehungen zu schützen, zu erhalten und wieder Frieden in ihrem Heim zu schaffen, wird sie eine sanfte, feinfühlige und einfühlsame Antwort wählen, anstatt etwas zu sagen, das schroff, explosiv, zerstörerisch und verletzend ist. Sie ist entschlossen, das Feuer streitlustiger Unterhaltungen nicht zu schüren, denn sie weiß, dass sie noch lange, nachdem die letzte Glut erloschen ist, von dessen Asche bedeckt sein wird. Sie blickt hinter die Fassade unkontrollierter Temperamentsausbrüche und unsachlicher Kommentare auf die tatsächlichen Umstände der Situation und erkennt, dass die Sache, wegen der sie so einen Aufstand gemacht hat, im großen Gesamtbild eigentlich klein und ziemlich unbedeutend ist. Sie ist nicht bereit, den Krieg um ihr Zuhause wegen eines winzigen Gefechts um eine unbedeutende Angelegenheit zu verlieren. Sie lässt nicht die Gefühle anderer hochkochen, nur um der Befriedigung willen, sie unter dem wachsenden Druck nachgeben zu sehen. Sie ist geduldig. Sie stillt den Sturm.

Und das macht sie zu einem Musterbeispiel von Weisheit. Und Gnade. Sie ist kein Schwächling. Kein Fußabtreter. Sie gibt nicht klein bei und wird auch nicht niedergemacht. Sie verhält sich auch nicht überheblich oder selbstge-fällig mit ihrem abschließenden *Okay*. Es gibt keinen sarkastischen Unterton in ihrer Bemerkung. Kein hinterhältiges Grinsen in ihrem Gesicht. Sie ist einfach nur stark. Gott hat genug Courage in ihr geschaffen, um die dauerhafte Süße der respektvollen Rücksichtnahme dem unbedeutenden, vergänglichen, unbefriedigenden Sieg über die momentane Schlacht vorzuziehen.

Also ... sagt ... sie ... „Okay.“

Nicht leichtfertig, sondern ganz bewusst, kraftvoll und nachdrücklich.

Sie atmet einmal tief durch. Sie zwingt sich zu einem leisen Seufzen und einem Lächeln, das von irgendwo tief aus ihrem Inneren kommt. Mit einem einfachen Wort und einem enormen Gottvertrauen verleiht sie dieser Erfahrung einen vollkommen neuen Stellenwert – nicht nur für sich selbst, sondern für jeden Beteiligten. Für die Menschen, die sie liebt und für die sie sorgen wird.

„Okay“, flüstert sie.

Und am Ende hat sie den größten Sieg von allen errungen.

§ *Betrachte betend die folgenden Verse und überlege, wie du ihre Botschaft in deinem täglichen Leben umsetzen kannst:*

♦ „Freundliche Worte schenken Leben; eine betrügerische Zunge aber zerstört den Geist“ (Spr 15,4; Neues Leben).

♦ „Geduld kann einen Fürsten überzeugen, und sanfte Worte können den heftigsten Widerstand brechen“ (Spr 25,15; Neues Leben).

§ *Es wird viel Zeit und Übung erfordern, diesen Entschluss in deinem Heim zu einer Gewohnheit zu machen. Beschließe, dieses schlichte Wort (Okay) ganz unkompliziert während der nächsten vierundzwanzig Stunden zu benutzen. Notiere die Auswirkungen, die es auf deine Beziehungen hat.*

Ein Drehbuch, das nicht funktioniert

Du hast die Rollen mit handverlesenen Schauspielern besetzt und das Drehbuch bereits vor langer Zeit geschrieben. Die Handlungen in jeder einzelnen Szene sind sorgfältig durchdacht und systematisch durchgeprobt. Du bist dir sicher, dass alle Beteiligten dieses schauspielerische Meisterwerk einfach nur lieben werden.

Du hast es schließlich nur um ihretwillen geschrieben. Zu ihrem eigenen Wohl.

Also hast du es immer wieder geprobt, hast deine eigene Rolle gespielt und auch die Rollen der anderen selbst ausgefüllt. Du hast rezitiert, was sie sagen sollen, dir die passende Gestik ausgedacht, die Betonung der Worte geübt und die Reaktionen durchgespielt – alles so, wie du es von ihnen erwartest. Wenn du morgens die „Garderobe" deines Schlafzimmers verlässt, sind die Rollen jedes einzelnen Schauspielers bereits zugeteilt und festgelegt. An jeden Darsteller auf der Bühne deines Lebens hast du äußerst hohe Ansprüche und sehr detaillierte Erwartungen.

Doch bei dieser Produktion gibt es ein Problem.

Außer dir weiß niemand, dass sie überhaupt existiert.

Die anderen Schauspieler haben nie einen Arbeitsvertrag unterschrieben. Ahnungslos müssen sie in ihrem Leben eine Rolle spielen, die sie nie angenommen haben. Auch wissen sie nicht, dass man von ihnen diese Rolle erwartet. Doch nun sind die Menschen, die in deinem Leben eine Rolle spielen – Ehemann, Tochter, Sohn, Freund, Eltern – durch deine Erwartungshaltung vollkommen versklavt und an eine Rolle gebunden, die du ohne ihre Zustimmung geschrieben hast. Sie möchten einfach nur sie selbst sein und in der gleichen Freiheit leben, die sie sonst überall haben. Doch wenn sie hier zu Hause aus der Rolle tanzen, kommt sie das teuer zu stehen.

Der vernichtende Ausdruck in deinem Gesicht.

Die schroffe Zurückweisung in deiner Reaktion.

Die deutlich vernehmbare Missbilligung in deiner Stimme.

Alle wissen, dass du es nicht duldest, dass einer von ihnen deine Produktion, dein Drehbuch und deine Rollenverteilung durcheinanderbringt. Also halten sie sich daran und spielen mit. Sie müssen ja. Du lässt nichts anderes gelten. Doch in diesem Prozess verlieren sie sich selbst. Sie vergessen, wer sie eigentlich sind. Sie lernen, ohne ihre Freiheit, ohne ihre Authentizität und letztendlich ohne Freude zu leben.

Sie tanzen einfach nur nach deiner Pfeife. Das ist viel einfacher.

Doch bei einer Frau, die in der Gnade Gottes lebt, kommt so etwas nicht infrage.

Sicher, sie erkennt und gibt zu, dass sie einen gewissen Handlungsablauf für ihr Leben und ihr Umfeld vorgesehen hat. Eine Kombination aus vergangenen Erfahrungen und gewissen Wunschvorstellungen. Wir alle tun das in einem gewissen Maß und schreiben ein Drehbuch für unser Leben. Wir bauen unsere Erwartungen in eine Beziehung, in eine Situation, in eine Abmachung oder in gewisse Umstände mit ein. Wir teilen natürlich nicht jedem genau mit, was wir geschrieben haben. Doch nur aus dem Grund, weil wir eigentlich gar nicht wissen, dass wir diese Erwartungen überhaupt haben, bevor wir einer bestimmten Situation zu Hause begegnen. Doch jetzt, da wir uns mittendrin befinden, werden unsere Erwartungen klar und deutlich, drastisch und überraschend, erstaunlich offensichtlich.

Hier ist nun die Frau gefragt, die wahrhaft aus und in der Gnade Gottes lebt. Jetzt muss sie ihren Regiestuhl verlassen und die Menschen in ihrem Heim aus der Fantasiewelt entlassen, die sie sich selbst geschaffen hat.

Wenn wir wirklich ehrlich mit uns selbst sind, ist es nicht schwer, den Schaden zu erkennen, den unsere Erwartungshaltung angerichtet hat. Sie ist die Glut, die hinter jedem Konflikt, jeder Spannungssituation und jeder Meinungsverschiedenheit in unserem Heim schwelt. Also wird eine Frau, die beschlossen hat, in der Gnade Gottes zu leben, ihre Erwartungshaltung ganz bewusst der Situation anpassen, ohne sie dabei herunterzuschrauben. Anstatt sie auf ein Fantasiegebilde zu gründen und jeden zu zwingen, sich dort hineinzufinden, betrachtet sie zuerst die Realität und passt dann ihre Erwartungen den Umständen an. Sie versucht herauszufinden, was die tatsächlichen Bedürfnisse ihrer Lieben sind und passt ihre eigene Sichtweise entsprechend an. So kann sie tun, was das Beste für sie ist und eine Atmosphäre schaffen, in der sich alle Beteiligten wirklich entfalten können.

Das bewirkt Gnade. Sie löst, sie befreit, sie entspannt, sie gibt den anderen frei. Sie gibt dem anderen Raum, beruhigt die Nerven, erteilt Erlaubnis und drückt Annahme aus. Ein Prediger beschrieb Gnade einmal als das Schmiermittel, das knirschende Reibungsflächen gängig macht und Spannung abbaut. Es ist das Multifunktionsöl (zum Beispiel Caramba) des Lebens, das Blockaden löst und quietschende Scharniere ölt. Gnade ist das befreiende Lächeln, auf das die Menschen, die du liebst, warten … damit sie endlich sie selbst sein können, wenn sie mit dir zusammen sind.

Es ist an der Zeit, die Fantasiebühne auszublenden. Wir kontrollieren nicht mehr die Lichter und den Glamour dieser Bühne. Wer braucht das schon? Wir brauchen Glaubwürdigkeit mehr als jede Drehbuchhandlung. Wir wünschen uns echte Freundschaften und eine entspannte Atmosphäre, anstatt all der geschminkten Gesichter und nervöser, bedeckt gehaltener Unterhaltungen. Wir wollen das Leben – das echte Leben – ein Leben, das von einem mächtigen, wirksamen und angenehmen Frieden durchströmt ist.

Eine Frau, die beschlossen hat, die Gnade Gottes in ihrem Leben walten zu lassen, kann genau das erreichen.

  § *Hast du schon ein vorgefertigtes Drehbuch im Sinn? Wenn ja, ist dir aufgefallen, dass deine Familie durch deine Erwartungshaltung negativ beeinflusst wurde?*

  § *Hast du das Gefühl, deine Erwartungen herunterschrauben zu müssen, wenn du sie der jeweiligen Situation anpasst? Warum ist das so?*

  § *Versuchst du das, was andere Menschen, Fernsehsendungen oder äußere Einflüsse zu deiner Fantasiewelt beitragen, in deine Realität hineinzuzwängen? Wie kannst du ihren Einfluss auf dich mindern?*

§ Wenn du die Geisel der Forderungen und Anweisungen eines anderen Menschen bist, überlege, wie du ihm respektvoll deine Anliegen und Gefühle mitteilen und die Situation so gestalten könntest, dass du wieder in Freiheit kommst.

Raum für Sabbatzeiten

Als ganz Dallas in einem ungewöhnlich kalten Februar von eisigen Temperaturen und allen möglichen winterlichen Niederschlägen überrascht wurde und Schnee und Eis vier volle Tage lang die Straßen und Brücken bedeckte, blieben die Schulen und Geschäfte für eine ganze Woche geschlossen. Meine drei Söhne hatten schulfrei. Also tobten sie im Haus herum und genossen die seltene Gelegenheit, lange aufzubleiben und dafür morgens noch länger liegen zu bleiben. In der ganzen Gegend waren die Menschen gezwungen, im Haus zu bleiben, während der städtische Räumdienst sein Bestes tat, um die Sicherheit auf den Straßen zu gewährleisten.

Natürlich hatten wir zuvor schon mal Schnee gesehen. Vielleicht klingt es für dich ein wenig lachhaft, dass ein paar Zentimeter Schnee (oder schon allein die Ankündigung!) eine Stadt in den Südstaaten zum Erliegen bringen kann. Doch dieser Schneeeinbruch war besonders herausfordernd für uns. Wir waren einfach nicht auf so eine strenge Kälte vorbereitet gewesen. Nur wenige Menschen besaßen die geeignete Kleidung, um es draußen lange aushalten zu können.

Also blieben die meisten zu Hause und genossen die unerwartete Gelegenheit, dem Alltagstrott zu entkommen, sich zu entspannen und etwas verpasste Zeit mit den Menschen zu verbringen, mit denen sie zusammenlebten und die sie liebten.

Richtig?

Hm … nicht unbedingt.

Als ich während dieser eisigen, verschneiten Tage zu Hause festsaß, entdeckte ich im Internet die Schlagzeile eines Nachrichtenberichtes: „Fort Worth, Texas, leidet unter Lagerkoller!" Als Anhang an diesen Bericht waren die Kommentare von Einheimischen zu lesen, die unter schlimmen klaustrophobischen Attacken litten. Sie fühlten sich eingesperrt, gelangweilt und von der Außenwelt abgeschnitten.

Sieh dir ein paar der Beiträge an.

- „Schnee. Eis. Frostige Temperaturen. Könnte eine Heuschreckenplage schlimmer sein?"
- „Morgen schon wieder keine Schule! Es macht mich wahnsinnig, hier zu Hause festzusitzen!"
- „Ich hatte mich schon auf eine fantastische Woche gefreut, jetzt ist alles verdorben. Ich musste sogar zwei flexible Urlaubstage darauf verschwenden."
- „Ist das nicht reizend? Eben fiel der Strom im gesamten Viertel aus! Na toll. Nicht nur, dass ich hier zu Hause in der Falle sitze, jetzt kommt auch noch ein Stromausfall dazu. Großartig."

Meine Güte! Man sollte meinen, die Tatsache, dass wir zu Hause bleiben müssen, um die Ruhe und Entspannung zu genießen, die uns so oft versagt bleibt, wäre ein *Geschenk*, eine willkommene Pause in unserem überfüllten Terminkalender? Ich weiß nicht … Denn die Schlagzeile dieses Artikels besagt, dass die Menschen sich „geplagt" fühlen. Sie sind gelangweilt und können es kaum abwarten, wieder ihren Alltagsgeschäften nachgehen zu können.

Das ist doch sehr bezeichnend, nicht wahr? Haben wir uns bereits so an unsere ständige Geschäftigkeit (sogar an unseren Stress!) gewöhnt, dass wir ganz verlernt haben, uns zu entspannen? Sind wir so getrieben von Leistung und Perfektion, dass wir nicht mehr den Wert eines ruhigen, gemächlichen Tages erkennen können? Haben wir uns so sehr daran gewöhnt, keinen Frieden zu haben, dass wir nicht mehr seine Vorzüge wertschätzen können? Und das nicht nur, wenn wir die Gelegenheit dazu haben, sondern auch dann, wenn uns gar nichts anderes übrig bleibt? Aber was noch schlimmer ist – zeigen wir damit der nächsten Generation, dass Ruhephasen, einfacher Spaß und Familienzeiten nicht mehr attraktiv genug sind?

Die Frau, die die Gnade Gottes kennt, wehrt sich gegen die Weigerung unserer Kultur, zur Ruhe zu kommen. Sie hat verstanden, dass wahrer Friede nur dann in ihr Heim einkehren kann, wenn sie ihrer Familie ganz bewusst Zeiten einräumt, die ihr wenigstens *gelegentlich* die Möglichkeit bieten, den ständigen hektischen Anforderungen des Alltagslebens zu entkommen. Also übernimmt sie die Verantwortung, gezielte Gelegenheiten für die uralten Gepflogenheiten des Ruhens und Rastens zu schaffen. Sie ist davon überzeugt, dass die Aufforderung „Seid still und erkennt, dass ich Gott bin" (Ps 46,10; Schlachter) noch immer der beste Weg für sie und ihre Familie ist, die Gegenwart Gottes in ihrem Heim zu erfahren.

Ich bin überzeugt, dass Gott genau dieses Prinzip im Sinn hatte, als er Mose detaillierte Anweisungen gab, die er seinem geliebten Volk, den Kindern Israel, übermitteln sollte. Nach beinahe vierhundert Jahren des ständigen, aufreibenden und täglichen Frondienstes für den Pharao von Ägypten, hatte diese auserwählte Generation endlich die Freiheit gekostet. Und im Zuge der Befreiungsaktion Gottes bekamen sie unter anderem eine bemerkenswerte Anweisung:

> *Denk an den Sabbat und heilige ihn.*
> 2. Mose 20,8; Neues Leben

„Sabbat" kommt aus dem Hebräischen und bedeutet „Innehalten", „Stillstand" oder „still sein". Gott forderte sein Volk auf, genau das Gegenteil von dem zu tun, was ihnen zur Gewohnheit geworden war. Anstatt unablässig zu arbeiten und Tag für Tag allen Anforderungen gerecht zu werden, sollten sie jetzt Pause machen. Sie sollten sich ganz bewusst Zeit nehmen, um stille zu sein und sich am Herrn zu erfreuen. Sie sollten diese Zeit der Ruhe, der Erholung und der geistlichen Besinnung feiern, um das Gefühl ihrer neu gewonnenen Freiheit lebendig zu erhalten – nicht nur theoretisch, sondern auch ganz praktisch. Mit anderen Worten, das Prinzip des Sabbats war das genaue Gegenteil von der Sklaverei, die sie bereits in Ägypten erfahren hatten und diente auch als Schutzmaßnahme, um nicht wieder in irgendeine andere Art Knechtschaft zu verfallen.

Obwohl wir nicht mehr unter dem Gesetz des Alten Testaments leben, ist das Prinzip des Sabbats noch genauso wirksam wie eh und je.

Unsere Neigung zu unablässiger Aktivität wird überall dort sichtbar, wo sich in unserem Leben Überfüllung zeigt: volle Terminkalender, vollgestopfte Kleiderschränke, hyperaktive Gedanken, die wir weder abschalten noch zur Ruhe bringen können. Wir werden zu Sklaven unserer Beschäftigung, Sklaven unseres Terminkalenders, Sklaven der Unordnung in unserem Heim und in unserem Leben. Wir können nicht länger als dreißig Sekunden einen einzigen Gedanken verfolgen. Das Getöse hört nie auf. Wir nehmen uns niemals ein wenig Zeit um … *um einfach mal nichts zu tun*. Wie das Volk Israel haben auch wir uns so sehr an ständige Aktivitäten gewöhnt, dass wir unweigerlich unruhig werden, wenn wir eine Gelegenheit bekommen, uns auszuruhen oder einfach mal still zu sein.

Um uns also selbst davor zu schützen, von unserem Chaos kontrolliert und versklavt zu werden, müssen wir ganz bewusst für „Sabbatzeiten" sorgen. Zeitliche Abschnitte in unserem Alltagsleben, die ganz gezielt frei und unbesetzt gehalten werden, damit wir unsere gottgegebene Freiheit genießen können. Tun wir das nicht, werden wir immer tiefer in die Knechtschaft unserer Aktivitäten geraten.

Es gibt nichts Schlimmeres oder Traurigeres, als wenn ein befreiter Mensch – buchstäblich, bildlich oder geistlich gesehen – sich selbst wieder die Ketten anlegt. Wenn wir diese Lektion nicht ganz bewusst der nächsten Generation beibringen, werden wir ihnen die gleichen Ketten des Chaos und der Unordnung anlegen, die die meiste Zeit auch an unseren Knöcheln rasseln.

Du kannst das beenden.

Einer Freundin von mir fällt das besonders schwer. Während ihre Familie beschlossen hat, an den Sonntagnachmittagen eine Sabbatzeit einzulegen, um auszuruhen und Zeit miteinander zu verbringen, läuft sie in der Wohnung umher und versucht, aufzuräumen und zu putzen, wobei sie von ihrem Mann und ihren Kindern erwartet, ja manchmal sogar deutlich fordert, es ihr gleichzutun. Letztendlich ruht sich keiner aus oder genießt das Zusammensein, weil Mama fieberhaft alle antreibt, ihre „Ruhepause" zu nutzen, um zu arbeiten. Es ist für sie eine echte Herausforderung, ihre Familie einfach in Ruhe das Leben genießen zu lassen. Das erfordert Disziplin. Wie für die meisten von uns.

Doch packen wir es an.

Beginne mit einem Schema, das ich die „14er-Herausforderung" nenne. Der Sabbat ist ursprünglich einer der sieben Wochentage. Das sind umgerechnet vierzehn Prozent von einer Woche. Wir fangen ganz einfach mit der Zahl *Vierzehn* an. Nimm dir deinen Terminkalender vor und überlege, wann du dir eine Sabbatzeit von vierzehn Minuten täglich nehmen kannst – für dich selbst, für deinen Mann (falls du verheiratet bist) oder um mit deiner ganzen Familie zusammen zu sein. Das klingt vielleicht recht einfach, doch du wirst überrascht sein, wie schwierig es sein kann, das umzusetzen und beizubehalten. Doch du wirst auch staunen, wie erholsam diese kleine Zeitspanne für dich sein kann.

Ermutige deine Kinder, sich an den Wochenenden jeden Tag mindestens vierzehn Minuten Auszeit zu nehmen, um in ihrem Zimmer zu lesen oder leise zu spielen. Das lehrt Krabbelkinder wie Teenager gleichermaßen, dass es völlig in Ordnung ist, nicht ständig von Fernsehen, Videospielen und anderen vorgegebenen Unterhaltungsformen bombardiert zu werden, an denen sie sich nicht weiter beteiligen müssen. Vielleicht fühlt sich dein halbwüchsiges Kind ohne Facebook und Twitter erst mal ziemlich aufgeschmissen, doch es wird darüber hinwegkommen. Und du bringst ihm eine wertvolle Lektion bei.

Wenn du verheiratet bist, möchte ich dich auch ermutigen, ein Wochenende oder eine ganze Woche auszuwählen, die du mit deinem Mann als Sabbatzeit nutzen solltest, um euch von den restlichen einundfünfzig Wochen des Jahres zu erholen und euch neu auf das Wesentliche zu besinnen. Das brauchst du genauso wie dein Mann. Und es tut eurer Beziehung gut.

Das bedeutet nicht, dass ihr einen teuren Urlaub *an* einem bestimmten Ort verbringen müsst. Manchmal ist es einfach nur nötig, Urlaub *von* einer bestimmten Tätigkeit zu nehmen. Einfach eine Woche „frei" von der allgegenwärtigen Technologie und dem üblichen Programm kann dir ganz neuen Schwung verleihen. Oder es bietet sich die Gelegenheit, Dinge zu tun, für die du normalerweise keine Zeit hast, wie zum Beispiel eine betagte Verwandte zu besuchen, einen Roman von Anfang bis Ende zu lesen, deinen Kleiderschrank mal auszuräumen, die Fotos vom letzten Jahr einzukleben oder einfach öfter mal ein kleines Nickerchen zu machen. Wenn du diese Sabbatzeiten nicht vernachlässigst, wirst du frischer, unbelasteter und besser vorbereitet sein, dich um deine häuslichen Pflichten zu kümmern, ohne schnell frustriert und gestresst zu sein.

Zusätzlich zu deinen persönlichen Auszeiten solltest du dir überlegen, wie du in deinem Heim auch ganz praktisch solche Sabbatfreiräume schaffen kannst. Genauso schnell wie unser Terminkalender von Aufgaben und Pflichten überfüllt ist, kann auch unser Haushalt zu einer wahren Müllgrube werden, in der sich alle eher wie in einer Räuberhöhle oder einem Verlies fühlen, und nicht wie in einer Oase. Warum solltest du dir also nicht auch für dein Zuhause solche „Zeiten" einräumen? So, wie du dir vierzehn Minuten von deinem täglichen Programm abgezweigt hast, kannst du dir auch einmal pro Woche vierzehn Zoll (etwa 35 Zentimeter) von deinem Wohnbereich vornehmen.

Vielleicht ist dein unordentliches Regal etwa 1,40 Meter lang. Nimm dir vor, einen Abschnitt von vierzehn Zoll aufzuräumen, nicht mehr. In der folgenden Woche dann weitere vierzehn Zoll in einem anderen Bereich deiner Wohnung. Übertreibe es nicht, indem du versuchst, einen ganzen Hausputz zu veranstalten oder einen Rundumschlag im Staubwischen zu organisieren. Du solltest dich auch nicht überfordert fühlen, weil du nicht alles auf einmal schaffen kannst. Doch als einfacher Gehorsamsschritt gegenüber Gott – oder sogar als Teil deiner Anbetung Gottes – beginne damit, deinem Zuhause etwas Luft zum Atmen zu verschaffen. Nimm ganz bewusst immer einen kleinen Abschnitt deiner Welt in Besitz, bis du sie von dem ganzen Gerümpel befreit und zu einem Ort des Friedens und der Freude gemacht hast. Wenn du das unbeirrt durchziehst, wirst du in ein paar Monaten morgens aufwachen und eine Wohnung vorfinden, die ordentlich, harmonisch und für Gottes Absichten zu gebrauchen ist. Und das durch Vierzehn-Zoll-Maßnahmen.

Es gibt für mich nichts Erfreulicheres, als mein Ankleidezimmer zu betreten … *und tatsächlich in der Lage zu sein, einzutreten!* Ich genieße es, mir etwas Passendes auszusuchen, wenn ich meine Kleider auf der Stange hin- und herschieben und tatsächlich sehen kann, was überhaupt zur Auswahl steht. Wenn alles vollgestopft und zerknittert ist und ich die Kleiderbügel nicht bewegen kann, bin ich frustriert und genervt. Wie wäre es, wenn mein Kleiderschrank diese Woche um vierzehn Zoll übersichtlicher würde? Und wenn ich nächste Woche einen anderen Bereich meiner Wohnung auch um vierzehn Zoll wohnlicher machen würde? Dann wäre ich schon sehr bald zu 100 Prozent zufrieden.

Denke darüber nach. Gibt es ein Regal, das du diese Woche in deinem Wandschrank im Flur aufräumen könntest? Nur einen kleinen Bereich, wo du ein wenig Platz zurückerobern könntest? Gibt es eine Nische oder eine Ecke, die zum Ablageplatz für Dinge missbraucht wird, die man einfach mal durchsehen und vielleicht auf dem Dachboden verstauen könnte? Gibt es irgendwo eine Arbeitsplatte, die man von Unordnung befreien könnte, damit man sie wieder benutzen kann? Was ist mit der Kramschublade in deiner Küche, die alles Mögliche, aber nichts Wichtiges enthält? Wo ist die Grenze, der „Schlusspunkt" für deinen ganzen Kram?

Nur die Frau, die in und durch die Gnade Gottes lebt und dem Frieden nach-
jagt, wird die richtigen Prioritäten setzen, um den Wert dieser Sabbatzeiten
zu erkennen. Anstatt sich vor der Stille oder vor dem zu fürchten, was durch
die Maschen fallen könnte, bewacht und nutzt sie ihre zeitlichen Spielräume.
Sie sieht sie als ein Geschenk. Sie weiß, dass man nichts genießen kann, wenn
es zu viel zu genießen gibt. Sie kann nicht erkennen, was ihr eigentlich zur
Verfügung steht, wenn die wichtigen Dinge unter einem Berg von allem möglichen Kram versteckt sind. Also nimmt sie sich ein paar Minuten Zeit, um
sorgfältig ihre Zeit und ihre Platzmöglichkeiten zu prüfen. Dann entscheidet
sie, dass es wichtiger ist, Frieden *einzufordern*, anstatt an dem ganzen Krempel
festzuhalten, der langsam, aber sicher sie *überfordert*. Sie lässt los. Sie sorgt
für eine Atmosphäre des Friedens in ihrem Heim. Jetzt ist es ein Ort, den
man genießen kann und nicht ein Ort, der belastet und knechtet.

Ein Ort für Sabbatzeiten.

Du brauchst diesen Freiraum in deinem Heim, in deinem Alltag, in der
Woche, in deinem ganzen Leben. Wenn du keine Ahnung hast, wie du diesen Raum schaffen kannst, vertraue auf die Gnade – sie wird es für dich
bewirken.

§ *Wenn du dich bereit machst, diese Erklärung zu unterzeichnen, erwäge sorg-*
fältig die praktischen Aspekte deiner Entscheidung. Welche Dinge kannst du
in Ordnung bringen, damit Gnade und Frieden sich in deinem Heim wieder
ausbreiten können?

EIN LEBEN AUS GNADE

Ich werde für ein friedvolles Zuhause sorgen, wo jeder die Gegenwart Gottes
spüren kann – nicht nur durch praktische Liebesbezeugungen, sondern auch
durch mein freundliches und dankbares Verhalten.

_____

HINTERLASSE
EIN GUTES ERBE

⁓

Der Entschluss, heute schon
das Morgen im Blick zu haben

Eine folgenschwere Entscheidung

Gute Menschen (Frauen) hinterlassen ihren Nachkommen ein Erbe.
Sprüche 13,22; Neues Leben – Klammer hinzugefügt

Als mein Bruder einmal eine Gemeinde in einer anderen Stadt besuchte, traf er dort einen interessanten jungen Mann. Nachdem sie sich miteinander bekannt gemacht und sich eine Weile unterhalten hatten, erzählte er meinem Bruder von seiner Familie, die, wie sich herausstellte, ein sehr interessantes Vermächtnis vorzuweisen hatte.

Sein Urururururgroßvater (jedenfalls mit so vielen „urs", um sieben Generationen zu beschreiben), war eine bekannte politische und militärische Persönlichkeit der neu entstandenen Vereinigten Staaten von Amerika. Er war Vorsitzender des Verfassungskonvents im Mai 1787 und übte einen entscheidenden Einfluss auf die Struktur und Ratifikation unserer neu gebildeten Regierung aus.

Tatsächlich wurde er unser erster Präsident.

Während dieser ersten prägenden Jahre in der Geschichte unserer Nation mussten noch viele Entscheidungen darüber getroffen werden, wie diese Republik zu organisieren war. Damals hatten einige wenige, aber dafür lautstarke Bürger großes Interesse gezeigt, George Washington zum König zu machen, anstatt zum Präsidenten, denn sie wollten unbedingt, dass seine Leiterqualitäten dauerhafter zum Einsatz kamen. Das hätte bedeutet, dass die männlichen Nachkommen seiner Familie automatisch den Thron besteigen und seinen Titel tragen würden. Und vermutlich hatte er damals die Macht gehabt, das durchzusetzen, wenn er gewollt hätte – besonders wenn er der Überzeugung gewesen wäre, es sei das Beste für die Nation.

„Mit anderen Worten", sagte dieser junge, direkte Nachfahre George Washingtons zu meinem Bruder, „wenn er sich damals anders entschieden hätte, wäre ich heute König."

Eine Entscheidung.

Die Entscheidung eines einzigen Menschen.

Und die Auswirkungen dieser Entscheidung hatten für die nachfolgenden Generationen beträchtliche Folgen.

Ich frage mich, ob George Washington sich dessen bewusst war, als er seine Entscheidung traf. Es würde mich brennend interessieren, ob er nicht wenigstens einen Teil seiner Überlegungen dem Vermächtnis widmete, das er hinterlassen würde, als er über seine Entscheidung nachdachte. Ich kann ihn natürlich nicht mehr fragen, aber …

Ich kann *dich* fragen.

Bist du dir bei deinen heutigen Entscheidungen bewusst, welche Auswirkungen sie auf die Zukunft haben könnten? Wenn du deine Prioritäten setzt und dir gewisse Dinge zur Gewohnheit machst, denkst du dabei an deine Kinder – an deine Enkelkinder? Denkst du dabei daran, an welche deiner Eigenschaften sie sich einmal erinnern werden und dass du sie ihnen vielleicht einmal vererben wirst? Ist dir schon mal in den Sinn gekommen, dass du in dem Moment, in dem du dein Geld ausgibst, deine Modevorlieben pflegst, deine Meinung äußerst oder deinen Freizeitbeschäftigungen nachgehst, nicht nur für dich selbst entscheidest? Dass deine Entscheidungen auch die Menschen betreffen, die nach dir kommen? Dass du vielleicht hinsichtlich der Einstellung und Ansichten einer jungen Frau, die du kaum kennst, eine Rolle spielst? Vielleicht sogar für einen völlig Fremden, dem eines Tages jemand von dir erzählt.

Solche Fragen solltest du immer im Sinn haben, wenn du überlegst, was du heute unternehmen wirst. Wie wirst du in diesem Augenblick reagieren? Welche Art Festlegungen wirst du für dein Leben treffen? Diese Entscheidungen sind jetzt wichtig und werden auch *in Zukunft* wichtig sein.

Sie sind dein Vermächtnis.

Wir wissen, dass ein Vermächtnis im Allgemeinen ein Erbe ist, ein Geschenk, das anderen nach dem Tod eines Menschen vermacht wird. Ein Nachlass. Normalerweise sind die Modalitäten dieser Transaktion in einem beglaubigten Dokument sorgfältig formuliert. Dort steht genau beschrieben, wie viel Land, Geld, Eigentum und persönliche Besitztümer an die Menschen verteilt werden, die dem Verstorbenen nahestanden. Es enthält klare Anweisungen darüber, wer ein bestimmtes Schmuckstück oder ein besonderes Möbelstück bekommt. Doch so berechtigt und ehrenhaft es auch ist, die Art Vorkehrungen zu treffen, die eine greifbare Verbindung zwischen den Generationen darstellen, verbringen die Menschen anscheinend mehr Zeit damit, sich um ihr irdisches Erbe zu kümmern als um ihr geistliches.

Das Vermächtnis unseres Glaubens, unseres Mitgefühls, unserer Dankbarkeit, unseres Ausharrens, unserer Vergebung, unserer Geduld und unserer Liebe sollte sorgfältig aufgebaut und genauso sorgfältig weitergegeben werden. Besitz wird nicht erworben durch dubiose Investitionen, sondern durch das ganz praktische Leben. Geschenke sind nicht für den Jahresurlaub oder glamouröse Events reserviert, sondern werden an Dienstagen oder Sonntagvormittagen vergeben – in unseren Jogginghosen, ohne großes Tamtam.

Es geht nur um dich. Erwähle es, heute so zu leben, als ob das Morgen eines anderen davon abhängig wäre.

Dies waren offenbar die vorherrschenden Gedanken von Mose, als er an der Grenze zum verheißenen Land stand, nachdem er vierzig Jahre lang mit dem Volk Gottes durch die Wüste gewandert war. Hier stand er nun, 120 Jahre alt und beinahe am Ende seines Lebens angelangt, und teilte seinen geliebten Freunden und Mitbürgern in diesen letzten Stunden die entscheidenden Botschaften seines Herzens mit (5 Mose 28–30).

Er sprach von einem Erbe.

Er sprach von einem geistlichen Vermächtnis.

Er ermutigte das Volk Gottes, bei den heutigen Entscheidungen auch an das Morgen zu denken.

> *Siehe, ich habe dir heute vorgelegt das Leben und das Gute, den Tod und das Böse, indem ich dir heute gebiete, den Herrn, deinen Gott, zu lieben, auf seinen Wegen zu gehen und seine Gebote, seine Ordnungen und seine Rechtsbestimmungen zu bewahren, damit du lebst und zahlreich wirst und der Herr, dein Gott, dich segnet in dem Land, wohin du kommst, um es in Besitz zu nehmen … So wähle das Leben, damit du lebst, du und deine Nachkommen.*
>
> 5. Mose 30,15-16.19

Durch die Entscheidung des Volkes Gottes, den Herrn *heute* zu lieben, auf seinen Wegen zu gehen und ihm gehorsam zu sein, konnte es als Nation ein langes, erfolgreiches Leben für sein *Morgen* erwarten – ein Leben lang mit seiner Freude und seinem Frieden erfüllt zu sein. Das würde es ihnen und ihren Kindern ermöglichen, all die Vorteile zu empfangen, die durch den Bund, den Gott mit ihnen eingegangen war, vereinbart waren. Im Gegenzug zu ihren glaubenstreuen Entscheidungen hatten sie die Zusicherung, „Leben" zu empfangen – ein vielversprechendes Vermächtnis, bestehend aus göttlichem Schutz und übernatürlicher Versorgung, das sie an ihre Kinder und Kindeskinder als Erbteil und Geburtsrecht weitergeben konnten.

Ich frage mich, ob die Männer und Frauen, die den Worten von Mose lauschten, darüber nachdachten, was Gott ihnen eigentlich anbot. Ich frage mich, ob sie dabei auf ihre Kinder schauten, die zu ihren Füßen spielten, und sich vorstellten, wie sie als Erwachsene in dem vollen, überreichen Segen des Gehorsams ihrer Eltern lebten – als Kinder von Eltern, die es erwählten, ein Gott wohlgefälliges Leben zu führen.

Ich frage mich auch, ob sie sich genauso in Gedanken und Visionen über die Zukunft verloren, als Mose ihnen die andere Alternative darlegte: den *Tod*. Den Tod zu erwählen würde genauso unmissverständliche Folgen haben – Dinge wie Unheil, den Verlust der göttlichen Gunst und die Unsicherheit, die man erfährt, wenn man nicht mehr unter Gottes Schutz lebt. Furchtbare Dinge mit entsetzlichen, langwierigen Nebenwirkungen. Viel schlimmere Nebenwirkungen als jene, die in der Werbung für verschreibungspflichtige Medikamente heruntergerattert werden, während du das Mittagessen zubereitest.

Du hast die Wahl zwischen zwei Dingen: Leben und Tod.

Was gibt es da noch zu überlegen? Würde jemand wissentlich seiner Bosheit immer habgieriger werden? (siehe Ps 52,9; Neues Leben) und die Gelegenheit vertun, seinen Kindern ein beständiges, göttliches Erbe zu hinterlassen, komplett mit allen Segnungen und der ganzen Gunst, die nur von Gott kommen kann – sowohl für sich selbst als auch für die zukünftigen Generationen?

Ja, das würde er.

Und wir würden es auch tun.

Wir tun es – wissentlich oder unwissentlich – jedes Mal wenn wir kleine, alltägliche Entscheidungen treffen, die im Gegensatz zu den Absichten, Plänen und Verheißungen Gottes stehen. Wir setzen unseren Namen unter ein faules, mottenzerfressenes Erbe, das die Menschen, die der Herr uns anvertraut hat, eines Tages antreten werden. Immer wenn wir Gottes Prioritäten ignorieren und ohne Rücksicht auf andere unweise, selbstsüchtige Entscheidungen treffen, versetzen wir dem Erbe, das wir einmal hinterlassen werden, einen Schlag. Wir hinterlassen ein Vermächtnis von Kummer, Unruhe, Widerständen, unnötigen Schwierigkeiten und vielleicht sogar geistlichen Flüchen, mit denen unsere Nachkommen fertig werden müssen.

Vielleicht bist du dir dieser Realität erschreckend bewusst. Vielleicht trägst du an den Folgen der unweisen Entscheidungen deiner Eltern. Vielleicht besteht das Erbe, das dir hinterlassen wurde, aus Abhängigkeiten und Kompromissen, aus Schuld und Unvergebenheit, aus Versagen und einem zerstörten Selbstwertgefühl. Vielleicht wollten deine Eltern dich nicht mit so einem Erbe belasten, doch sie taten es – mit jeder Entscheidung, die sie nicht zielgerichtet, vorsätzlich und beständig mit den Konsequenzen für die Zukunft vor Augen getroffen haben. Als sie Spaß und Vergnügen der Reinheit und Treue vorzogen, als sie Schwachheit und Selbstsucht dem bewussten Gehorsam und der beständigen Liebe vorzogen, trafen sie unbewusst die Entscheidung, viel Gepäck auf deiner Türschwelle zum Erwachsensein abzuladen – Gepäck in Form von Müll, dessen Entsorgung oft jahrelang dauert.

Doch ganz gleich was für ein Erbe dir hinterlassen wurde, du kannst trotzdem morgens aufwachen und ein neues Vermächtnis auf dem Zeichenbrett deines Lebens entwerfen. Du kannst die Klauseln neu bestimmen. Du kannst die einzelnen Punkte und Paragrafen neu formulieren. Du kannst die Begünstigten neu benennen und die Geschenke, die du hinterlassen willst, neu verteilen. Das ist deine Gelegenheit, ein persönliches Erbe zu hinterlassen. Ein anderes Vermächtnis. Ein neues Vermächtnis.

Es fängt alles heute an.

Mit den Entscheidungen, die du jetzt, in diesem Augenblick triffst.

Das war auch für Eileen der Grund dafür, ein gutes Leben zu führen. Sie war Mutter von acht Kindern. Ihr Mann arbeitete wie ein Verrückter, um die Familie zu versorgen, indem er unablässig unterwegs war und sein Bestes tat. Auch für Eileen war es nicht leichter, denn sie hatte zwei Totgeburten, kämpfte selbst mit ihrer Gesundheit und war einmal sogar gezwungen, in einen ganz anderen Erdteil zu ziehen, um ihre Familie über Wasser zu halten. Das Leben war einfach hart. Und es wurde mit jedem Tag härter. Doch sie hatte bereits als junge Frau beschlossen, dass sie ein lohnenswertes Erbe aufbauen würde, das sie ihrer geliebten Familie hinterlassen konnte. Trotz der vielen Schwierigkeiten und Herausforderungen traf sie jeden Tag die Entscheidung, etwas in ihr Vermächtnis zu investieren. Zum Beispiel blieb sie ihrer Familie und dem Herrn treu ergeben. Sie versammelte ihre acht Kinder um sich, las ihnen aus der Bibel vor und betete für sie. Sie investierte sich voll und ganz in das Werk, das Gott ihr vorlegte. Es war schwer, doch es lohnte sich.

Heute noch – mit ihren zweiundneunzig Jahren, dreizehn Enkelkindern und einundzwanzig Urenkeln –, kannst du das Funkeln in ihren Augen erkennen, wenn sie die Frucht ihrer Mühsal um sich versammelt hat. Wenn sie sieht, wie ihre Nachkommen rundum gesegnet sind mit Gottes Schutz und Versorgung, kann sie zufrieden durchatmen. Du kannst die Struktur des Segens Gottes im Leben der Menschen sehen, deren Leben maßgeblich von ihr beeinflusst wurde. Du kannst erkennen, dass sich ihre klugen Entscheidungen ausgezahlt haben.

Das kann auch dein Vermächtnis sein.

Es ist nicht zu spät.

Heute noch – oder besser in den nächsten vierundzwanzig Stunden – wirst du mit einer aufschlussreichen Entscheidung konfrontiert sein. Sie kommt in Form einer nächsten Gelegenheit, einer nächsten Möglichkeit, eines nächsten Angebots für dich. Nun liegt es an dir, durch die Linse der biblischen Gebrauchsanweisung von Mose zu blicken und sie als kleine, doch bedeutsame Entscheidungen zwischen Tod und Leben zu sehen.

Was gibt es hier noch zu überlegen?

Erwähle das Leben.

Triff weise Entscheidungen.

Das Erbe, das du hinterlässt, hängt davon ab.

§ *Hast du schon einmal gesehen (oder selbst erlebt), wie sich persönliche Entscheidungen langfristig im Leben anderer auswirken? In welcher Weise bist du davon negativ betroffen? Wie bist du dadurch gesegnet worden?*

§ Welche der dir bereits bekannten Entscheidungen – die in den nächsten Tagen, Wochen oder Monaten anstehen – bieten dir eine Gelegenheit, dein Vermächtnis maßgeblich zu beeinflussen? Wie kannst du jetzt schon im Vorfeld dafür sorgen, dass du kluge Entscheidungen triffst?

§ Erstelle eine Liste der Menschen, denen du gerne ein göttliches Erbe hinterlassen möchtest.

Ein unerwartetes Erbe

Sie saß mir gegenüber – eine Tasse dampfenden Kaffee in der Hand und voll und ganz auf unsere Unterhaltung konzentriert. So war sie immer, wenn wir uns unterhielten – aufmerksam, persönlich und vertraulich.

Meine damals siebenundsechzigjährige Tante kommt jedes Jahr aus London zu Besuch in die Staaten. An diesem verregneten Morgen saßen wir zusammen und waren ganz in Frauengespräche vertieft, während sie es sich auf meinem abgewetzten Sofa gemütlich gemacht hatte. In ihrem unverkennbaren britischen Akzent erzählte sie mir, was der Herr ihr erst kürzlich gezeigt hatte.

Ich hörte zu.

Ich meine, ich höre ihr *immer* zu.

Ich fand ihre Erkenntnisse und Einblicke schon immer absolut fesselnd und anregend. Ihre tiefen Kenntnisse der Bibel und ihr Verständnis über geistliche Dinge erfüllen das Haus genauso wie der aufdringliche vertraute Duft ihres Lieblingsparfüms. Sie hatte immer eine Geschichte über die Ereignisse in ihrem Leben zu erzählen. Ihre ständigen Reisen in Länder, von denen ich noch nie gehört hatte, lieferten ihr immer genug Material für faszinierende Geschichten. Sie predigte das Wort unter allen möglichen Volksgruppen und sah Wunder und Erweisungen des Geistes, die dich in absolutes Erstaunen versetzen würden. Allein die detaillierte Beschreibung der wundersamen Werke des Herrn – Dinge, die sie persönlich aus nächster Nähe miterlebte …

Einfach atemberaubend.

Doch an diesem Tag war sie ernster und persönlicher als sonst. Während sie durch ihre eckigen, braun umrandeten Brillengläser spähte und ihren warmen

Kaffeebecher fest umklammert hielt, gingen mir ihre Ausführungen richtig nahe, denn an diesem Vormittag sprach sie über ganz private Dinge.

Sie sprach von ihrer Ehelosigkeit.

Und von ihrer Kinderlosigkeit.

Beides hatte sie sich für ihr Leben gewünscht, aber es war ihr versagt geblieben. Sie hatte nie geheiratet. Ein paar Mal stand sie kurz davor, aber letztendlich hatte sie nie den Eindruck, sie sollte mit einem dieser Männer den Bund fürs Leben eingehen. Und das war für sie in Ordnung. Mit der Zeit hatte sie sich damit abgefunden, dass es anscheinend der Wille Gottes für ihr Leben war, einzig und allein in ihm zufrieden zu sein. Sicher, es brauchte seine Zeit, aber sie schaffte es.

Aber da war die Kinderlosigkeit. Der Wunsch nach Kindern ist in der Seele einer Frau wahrscheinlich noch tiefer verwurzelt als der Wunsch, ihre große Liebe zu finden. Als sie aufgrund von bestimmten Schmerzen und körperlichem Unwohlsein einen Arzt aufsuchte, der ihr dann empfahl, sich einer Hysterektomie zu unterziehen, wurde sie von einer so tiefen Trauer überwältigt, die sie nie für möglich gehalten hätte. Der Gedanke, endgültig um die Möglichkeit gebracht zu sein, Leben hervorzubringen, löste tiefe, fast unerträgliche Gefühle von Einsamkeit in ihr aus. So etwas ist für eine unverheiratete Frau genauso niederschmetternd wie für eine verheiratete. Es ist der endgültige Abschied von einem Herzenswunsch, der tief im Inneren einer Frau verankert ist, ganz gleich wie ihr Familienstand ist. Wenn Gott jemals einen Mann für sie wählen sollte, wusste sie jetzt, dass sie ihm niemals Kinder schenken konnte.

Es war schwer für sie gewesen, sich mit Ehelosigkeit abzufinden. Doch sich mit Kinderlosigkeit abzufinden, war unerwarteterweise noch viel schwerer.

Als damals die Operation anstand, hatte sie es geschafft, den Großteil ihres schmerzlichen Verlustes mit Gott zu verarbeiten. Als sie sich im Krankenhaus von dem Eingriff erholte, hörte sie einmal ein Baby ganz in ihrer Nähe schreien. Erstaunlicherweise löste dieses süße Geräusch keine weitere Welle des Kummers und Schmerzes aus, sondern ermutigte sie, diesen Augenblick als Gelegenheit zu nutzen, ihre Kinderlosigkeit anzunehmen und ihr Leben weiterzuleben, anstatt dagegen anzukämpfen. Als sie das tat, durchströmte sie ein überwältigendes Gefühl des Friedens. Gott umhüllte sie auf eine bemerkenswerte Weise mit Frieden und Zufriedenheit. Sie wusste, dass er sie durch diesen qualvollen Prozess siegreich hindurchführen würde. Es war, als ob er zu ihr sagte: „Du hast deinen physischen Mutterleib verloren, aber ich habe dir einen geistlichen Mutterleib gegeben."

Etwas sechs Monate später während eines Gemeindebesuchs war sie mit einer kleinen Gruppe von Brüdern und Schwester im Büro des Pastors versammelt. Leidenschaftlich und ernsthaft beteten sie gemeinsam für das Werk des Herrn und für sein Volk. Während der Gebetszeit kam ein weiser, gottesfürchtiger Mentor, der nichts von ihrer Situation und ihrem Prozess des Loslassens wusste, leise zu ihr herüber, legte ihr liebevoll eine Hand auf die Schulter und sagte ihr mit Worten, die übernatürlich Gottes Führung bestätigten: „Du bist nicht unfruchtbar. Aus deinem Schoß wird neues Leben kommen. Durch dich wird neues Leben entstehen und du wirst ein Erbe hinterlassen. Du wirst viele Töchter haben."

Viele Töchter.

Vielleicht kennst du den Schmerz, den meine Tante Ruth durchgemacht hat. Vielleicht fühlst du dich um die Erfahrung eines biologischen Vermächtnisses betrogen. Doch wenn du genauer hinsiehst, wirst du vielleicht das Gleiche sehen, das meine Tante entdeckte, als Gott ihr die Augen öffnete: eine geistliche Nachkommenschaft, eine Vielzahl von Töchtern, die nur darauf warten, Weisheit, Rat und Ermutigung zu empfangen – durch die Umarmung und den Einfluss eines Menschen mit mütterlicher Liebe.

Als Frauen, in denen der Geist Gottes lebt und Frucht gebracht hat, sind wir alle dazu berufen, ein göttliches Erbe zu hinterlassen. Wir sollen den Stab seiner Gnade und Wahrheit an andere weiterreichen, die in Bereiche vordringen, in die wir selbst nie gelangen würden. Das ist keine Option – das ist unser himmlisches Mandat.

Es wäre nicht recht, wenn das Werk Gottes in deinem Leben mit dir beginnen und enden würde. Deine Lebensspanne ist einfach nicht lang genug, um all die Längen und Breiten seiner Vorhaben zu fassen und sie am Stück zu erfüllen, ohne jemandem einen Happen davon anzubieten.

Dieses Vermächtnis muss weitergeführt werden. Und das ist möglich.

Durch dich – an andere.

Das ist der Sinn und Zweck eines göttlichen Vermächtnisses. Es ist das beständige Weitergeben von Werten, Maßstäben, Überzeugungen, Regeln, Prioritäten, Erfahrungen und gelernter Lektionen – nicht nur an die Menschen, die Teil deines Familienstammbaumes sind, sondern auch an jene, die zur Blutsverwandtschaft Jesu Christi gehören.

§ *Falls dieses Kapitel deine Geschichte widerspiegelt, was glaubst du, will Gott dir dadurch speziell mitteilen?*

§ *Fallen dir spontan jüngere Frauen ein, die von einer beratenden Beziehung mit dir profitieren würden?*

§ *Auch wenn dieses Kapitel nichts mit deiner Situation zu tun hat, könntest du trotzdem die Wahrheiten und Erkenntnisse dazu nutzen, unverheiratete, kinderlose Frauen, die du kennst, zu ermutigen und herauszufordern, sich der Verantwortung zu stellen, ein geistliches Erbe zu hinterlassen?*

In Stein gemeißelt

Was bedeuten euch diese Steine?

Josua 4,6

An jedem anderen Ort wären sie einfach nur Steine. Graue, glatte, langweilige und unbewegliche Teile der Schöpfung, die für kaum mehr zu gebrauchen sind, als um die Ecken deiner Picknickdecke zu befestigen oder eine Nuss-schale aufzubrechen.

Doch wenn man diese Steine ans Ufer des Jordanflusses legt, das den Ort bezeichnet, an dem zwei Millionen Hebräer einen Schlussstrich unter ihre vierzigjährige Wanderung durch die Wüste zogen, bekommen diese Steine eine ganz andere Bedeutung. Hier konnten sie trockenen Fußes ins ver-heißene Land einziehen – ein Milch und Honig verheißender Augenblick, auf den sie vierzig Jahre lang gewartet hatten. Nun wurden diese Steine zu wahren Monumenten.

Genau das hatte Gott im Sinn, als er zu Josua sagte:

Nehmt euch aus dem Volk zwölf Männer, einen Mann für jeden Stamm, und gebietet ihnen Folgendes: Hebt euch hier mitten im Jordan von der Stelle, wo die Füße der Priester auf festem Boden standen, zwölf Steine auf, bringt sie mit euch hinüber und legt sie in dem Nachtlager nieder, wo ihr diese Nacht verbringen werdet!
Da rief Josua die zwölf Männer, die er aus den Söhnen Israel eingesetzt hatte, je einen Mann für jeden Stamm. Und Josua sagte zu ihnen:
Geht hinüber vor der Lade des Herrn, eures Gottes, mitten in den Jordan, und hebt euch jeder einen Stein auf seine Schulter, nach der Zahl der Stämme der Söhne Israel, damit dies ein Zeichen in eurer Mitte sei!

Wenn eure Kinder später fragen: Was bedeuten euch diese Steine?
– dann sollt ihr ihnen sagen:
Das Wasser des Jordan wurde vor der Lade des Bundes des Herrn abgeschnitten!
Bei ihrem Durchzug durch den Jordan wurde das Wasser des Jordan abgeschnitten!
Und diese Steine sollen den Söhnen Israel für alle Zeiten zur Erinnerung dienen.

Josua 4,2-7

Steine. Es sind einfach nur Steine. Aber nur so lange, bis sie gesammelt werden, eine Bedeutung bekommen und ganz bewusst zu Gedenksteinen erklärt werden.

Die meisten von uns würden unseren Tagesablauf als eine Reihe alltäglicher, normaler Erfahrungen bezeichnen. Es geht darum, was wir tun und was wir sind. Es geht darum, wie wir von Punkt A zu Punkt B – vom Aufstehen bis zur Schlafenszeit kommen. Guten Morgen – Gute Nacht. Doch eine Frau, die beschlossen hat, ein gottgefälliges Erbe zu hinterlassen, wird erkennen, dass solche Augenblicke mehr bedeuten als nur Termine auf dem Kalender oder alltägliche Ereignisse. Sie bedeuten das fortwährende Testament des Werkes Gottes in ihrem Leben. Sie repräsentieren einzigartige, persönliche Erfahrungen mit ihm, die ebenso bemerkenswert und bedeutsam wie alltäglich und selbstverständlich sind.

Vielleicht handelt es sich nur um gewöhnliche Montage, aber dennoch sind es Gedenksteine.

Deshalb fordere ich dich heute auf, ganz bewusst solche „Steine" zu sammeln und Buch darüber zu führen, was Gott in deinem Leben gerade tut. Anstatt jeden zweiten Abend mit Dingen zu füllen, die dir nur wenig oder gar nichts nützen, solltest du dir viel lieber vornehmen, jeden Abend ein wenig Zeit darauf zu verwenden, zurück zur Mitte des Jordans zu gehen – zurück zu einer Situation, in der du Gott in einer denkwürdigen Weise erlebt hast – und dich an ein paar Erkenntnisse und Einsichten zu erinnern, die dir bei der Errichtung deines geistlichen Erbes behilflich sein könnten. Bist du dazu bereit?

Dein Vermächtnis. Es braucht eine Art Manuskript, dem andere folgen können. Sowohl du als auch andere bedürfen einer Erinnerungshilfe.

Doch bevor ich dir etwas Bestimmtes mitteile, muss ich bekennen, dass ich nicht besonders gut darin bin, Dinge aufzuschreiben. Ich habe letzte Woche ein paar dürftige Bemerkungen in mein Tagebuch geschrieben, und das war mein erster Eintrag seit – was soll ich sagen? – etwa neun Monaten? So viel zu dem Thema Beständigkeit … Ich habe immer Frauen bewundert, die ihr schön gebundenes, echtledernes Tagebuch in der obersten Schublade ihres Nachtschränkchens aufbewahren und es pünktlich jeden Abend hervorholen, um in flüssigen, prosaischen Worten die Erlebnisse des Tages festzuhalten. Ich wünschte, ich könnte das. Vielleicht wird es mir eines Tages gelingen.

Obwohl ich in diesem Bereich nicht besonders zuverlässig war, bin ich dem Herrn dankbar dafür, dass er einen wichtigen Teil meines Lebens aufgezeichnet hat. Ich bin eher der Typ Frau, die aufschreibt, wenn …

- mich etwas stark bedrückt,
- ein bestimmter Meilenstein in meinem Leben erreicht wurde,
- der Herr eine wichtige Veränderung in mir bewirkt hat,
- ich mitten in einer bestimmten Situation bin, die für die Zukunft gravierende Auswirkungen haben wird.

Das betrifft zumeist eher gewöhnliche Tage und Ereignisse. Dennoch ist das Einzige, was sie in Vergessenheit geraten lässt, mein Versäumnis, sie schriftlich festzuhalten.

Umso glücklicher bin ich heute, dass ich das im Lauf der Jahre getan habe. Selbst sporadische Ansichten erwiesen sich als interessante und amüsante Rückblicke. Es gibt nur wenige Dinge, die aufschlussreicher für mich sind, als mich an bestimmte Phasen meines Lebens zu erinnern, wofür ich damals gebetet habe und deutlicher als je zuvor zu erkennen, wie der Herr darauf geantwortet hat. Es ist, als ob du ein Fotoalbum hervorholst, durch die Seiten blätterst und die Szenen noch einmal durchlebst, die du glücklicherweise festgehalten hast, als es dir möglich war. Manche zeugen von großen Augenblicken wie Familienurlauben, Geburtstagen, Weihnachten. Andere hingegen hast du einfach spontan aufgenommen, als du etwas gesehen hast, das du festhalten und bewahren wolltest. Indem du Gottes persönliches Wirken sowohl im Großen als auch im Kleinen festhältst, gibt es dir und anderen die Möglichkeit, auf der Straße der Erinnerung zu wandeln, die uns alle inspiriert … denn es geht um ihn – der in dir lebt.

Und jetzt in Stein gemeißelt.

Denn der Tag wird kommen, an dem sich die Menschen, denen du gerne ein lebendiges geistliches Erbe hinterlassen willst, dafür interessieren werden, wie du mit ganz normalen Augenblicken an einem ganz normalen Morgen umgegangen bist. Sie wollen sehen, wie Gottes Treue, Fürsorge, Schutz und Führung deinen Weg kreuzten und alltäglichen Situationen den Glanz des übernatürlichen Wirken Gottes verliehen. Deine Kinder, deine Enkelkinder und die jüngeren Frauen, für die du dir erhoffst, dass sie durch dein Leben positiv beeinflusst werden – sie alle werden neugierig sein, wie Gott wirkte. Sowohl durch deinen Erfolg als auch durch dein Versagen, durch Höhepunkte ebenso wie durch deine größten Fehler – er wird alles (mit deiner Kooperation) in seine souveräne Gnade einwickeln und sie mit der Tinte dieser einfachen Seiten versiegeln.

So ein „Testament" aufzusetzen, gibt ein gutes Lesematerial.

Ich habe entdeckt, wie wertvoll und lohnenswert es ist, dass ich tatsächlich so ein Tagebuch für jeden meiner Jungs angefangen habe. Immer dann wenn ich sehe, wie der Herr in ihrem Leben wirkt, oder wenn ich merke, dass sie in einem bestimmten Bereich gewachsen sind, öffne ich ihr kleines Büchlein und halte diese Erfahrung schriftlich fest. Selbst wenn ich nur einmal im Jahr an ihrem Geburtstag daran denke, ist es mein Ziel, ihnen das Buch später einmal zukommen zu lassen. Wenn sie dann alt genug sind, eine mütterliche Sichtweise hinsichtlich ihres geistlichen Wachstums und ihrer Entwicklung wertzuschätzen, werden ihre Frauen und Kinder – meine Enkelkinder! – faszinierende, unschätzbare und teilweise sogar höchst amüsante Ereignisse und Erkenntnisse finden. Doch gleichzeitig ist es auch ein Vermächtnis, das sich stetig weiterentwickelt. Ein Vermächtnis, das Generationen verbindet. Gott sei Ehre und Dank dafür.

Wenn du mir hier nicht mehr folgen willst, weil du einfach kein Interesse daran hast, Dinge niederzuschreiben, habe ich dafür volles Verständnis. Meine Geschwister und ich haben einen Vater, dem es genauso geht. Einmal wollten wir ihm zu Weihnachten ein richtig gutes Tagebuch schenken und scheuten keine Mühe, eins mit echtem Ledereinband zu finden – luxuriös und männlich. Es war dazu noch recht teuer, aber wir hielten es für angemessen. Wir hofften, durch diese Brücke die Generationen verbinden zu können. Wir ließen seinen Namen eingravieren und machten viel Aufhebens darum, es ihm zu präsentierten. Wir waren der Meinung, er würde sich freuen, es auf seinem Schreibtisch liegen zu haben und kleine Nuggets für uns aufzuschreiben. Wenn er dann mal etwas Besonderes festhalten wollte, um es seinen Kindern für die Nachwelt zu hinterlassen, würden wir auf diese Weise Aufzeichnungen dieser wichtigen Einsichten und Erkenntnisse haben.

Das war vor fünf Jahren. Das Tagebuch liegt noch immer auf seinem Schreibtisch.

Und es ist noch immer unberührt.

Was ich damit sagen will: Dies ist keine direkte Aufforderung, von jetzt an Tagebuch zu führen. Ich will auch nicht damit sagen, dass es nur so funktioniert. Ich weiß, dass der Griff zur Feder nicht jedermanns Sache ist. Das ist mir schon klar. Aber worum ich dich bitte, ist, dass du einen Weg findest, dein Vermächtnis in irgendeiner Form zusammenzustellen – quasi Steine zu sammeln.

Natürlich ist das Leben, das du tatsächlich führst, viel wichtiger als das, was du aufschreibst. Wie du persönlich ganz praktisch und beständig auf die Herrschaft Jesu Christi reagierst, hat eine viel größere, lebensnahe Bedeutung, als es irgendein Buch von dir wiedergeben könnte. Doch als Frau, die anhand der *Erklärung* gewisse Festlegungen für ihr Leben trifft, hast du anderen gegenüber eine Verantwortung. Es geht nicht darum, ob du etwas gerne tust. Es geht um Prioritäten, Bestimmung und Verheißungen.

Also, benutze deinen Kassettenrekorder. Erstelle deine eigenen digitalen Hörstücke. Stelle eine Videokamera auf. Entwirf eine Art Jahrbuch. Halte die Einsichten aus deiner eigenen stillen Zeit über Bibelzitate oder Gebete schriftlich fest, damit sie für deine Lieben noch lange Zeit, nachdem du nicht mehr da bist, erhalten bleiben. In einem Jahr hatte meine Schwester einfach zu wenig Zeit, um regelmäßig Tagebuch zu führen, also stöberte sie in ihren Twitteraufzeichnungen und auf ihrem Facebookkonto und druckte jeden Eintrag aus, den sie dort gepostet hatte. Durch das Sammeln dieser Aufzeichnungen fand sie einen perfekten Weg, ihre Gedanken und die Ereignisse des letzten Jahres festzuhalten.

Finde einfach den für dich passenden Weg, das zu tun. Aber lass deine Kinder und Enkelkinder nicht zurück, ohne ihnen etwas Sichtbares, Fühlbares, Greifbares und Hörbares zu hinterlassen – etwas, das ihnen zeigt, was Gott in deinem Leben getan hat, um dich und sie selbst an diesen bestimmten Punkt zu bringen. Dadurch entsteht ein Meisterwerk.

Dein himmlischer Vater tut jeden Tag etwas Neues. Er formt und modelliert. Er führt und läutert. Er drillt, schleift und poliert die Ecken und Kanten. Jeden einzelnen Tag. Auch wenn das alles für dich ganz alltägliche Routine zu sein scheint, ist es dennoch Material für dein Vermächtnis. Es geschieht um dich herum. In dir. In der lebendigen Beziehung zu dem Einen, den andere in einer noch tieferen Weise und einem größeren Ausmaß kennenlernen sollen – das ist dein tiefstes Verlangen. Und wenn sie eines Tages zu dir kommen – vielleicht schon viel früher, als du denkst – und von dir wissen wollen: „Was bedeuten diese Steine?", solltest du ihnen etwas zeigen können, und nicht nur davon erzählen.

Du bist eine Frau, deren Geschichte sich lohnt, gelesen und weitererzählt zu werden, denn dein Gott tut Erstaunliches in dir – ob du dir dessen bewusst bist oder nicht. Dinge, die du nicht verstecken oder kleinreden solltest. Dinge, die andere nicht immer wieder lernen sollten. Dinge, die ihnen helfen, das Leben mit einem geistlichen Auftrieb und einem gewissen Vorsprung anzupacken.

Das ist die Kraft, die in dem Vermächtnis einer Frau liegt. In deinem Vermächtnis.

Auf Felsen gebaut. In Stein gemeißelt.

§ *Diese letzte Erklärung bildet den Höhepunkt aller anderen Erklärungen, die wir bisher gemacht haben. Der vorrangige Sinn und Zweck dieser Erklärungen war, dich darin zu unterstützen, ein Erbe zu hinterlassen, auf das du stolz sein kannst. Wenn wir uns jetzt dem Ende dieser Reise nähern, bitte ich dich, diese letzte Abhandlung als Gelegenheit zu nutzen, die anderen Punkte dieses Buches, die du bisher gelernt und für dein Leben übernommen hast, zu einem Gesamtpaket zusammenzuschnüren. Es sind nicht einfach nur Gelöbnisse, damit du ein besserer Mensch wirst. Es geht darum, ein Leben zu führen, das größer ist als du selbst. Ein Leben, das nicht auf die zeitlichen Begrenzungen eines Menschenlebens beschränkt ist. Es geht um Verantwortung und Freude – die Verantwortung, viel in andere zu investieren, und um die Freude, mit anzusehen, wie Gott unsere kleinsten Geschenke in ewige Schätze verwandelt. Ganz gleich wie er dich diesbezüglich führt, er wird dich mit unglaublich viel Gnade und Kraft ausstatten, damit du es bewirken kannst. Wenn du diese Entscheidung triffst, sei dir bewusst, dass du tatsächlich eine dauerhafte Veränderung bewirkst, und dass deine Hingabe an diese dreizehn Erklärungen auch für zukünftige Generationen große Auswirkungen haben wird.*

§ Du wirst – als Frau großartiger Beschlüsse – ein göttliches Vermächtnis begründen.

HINTERLASSE EIN GUTES ERBE

Ich will meine Entscheidungen mit dem Blick auf zukünftige Auswirkungen treffen. Dabei denke ich auch an die, die nach mir kommen.

_____

QUELLENVERWEISE

1. Joshua Harris, *Sex Is Not the Problem, Lust Is* (Sisters, OR: Multnomah, 2003), Seite 120.

2. „*Hosanna*", Words & Music by Brooke Fraser © 2006 Brooke Fraser/Hillsong Publishing (Admin. in the U.S. and Canada at EMICMGPUBLISHING.COM).

3. Gary A. Haugen, *Just Courage* (Downers Grove, IL: InterVarsity, 2008), Seite 1.

4. Shaunti Feldhahn, *For Women Only* (Sisters, OR: Multnomah, 2004), Seite 93.

5. Kay Arthur, Emilie Barnes und Donna Otto, *Youniquely Woman* (Eugene, OR: Harvest House, 2008), Seiten 12–13.

DIE
ERKLÄRUNG

ICH GELOBE feierlich vor Gott, die jetzige Phase meines Lebens anzunehmen und so viel Zeit wie möglich dafür einzusetzen. Ich werde dem Drang widerstehen, diese Phase schleunigst hinter mich zu bringen oder zu umgehen. Stattdessen beschließe ich, in einer Haltung der Zufriedenheit zu leben.

ICH WERDE mich inmitten einer feministisch geprägten Gesellschaft für Gottes Modell von Frausein stark machen. Ich werde es meinen Töchtern vorleben und lehren sowie meine Söhne ermutigen, es zu unterstützen.

ICH WERDE mich über meine gottgegebene Einzigartigkeit freuen und die Besonderheiten wertschätzen, die er in andere hineingelegt hat.

ICH WERDE als eine Frau leben, die Gott verantwortlich ist und seinem Wort die Treue hält.

ICH WERDE danach streben, meine Stärken, meine Zeit und meine Fähigkeiten den vorrangigen Aufgaben zu widmen, die Gott mir in dieser Phase meines Lebens anvertraut hat.

ICH WERDE eine Frau sein, die intensiv zuhört und wohlüberlegt redet. Ich werde mich für die Belange meiner Mitmenschen einsetzen und sie höher achten als mich selbst.

ICH WERDE allen vergeben, die mir Unrecht getan haben, und mich mit den Menschen versöhnen, denen ich Unrecht getan habe.

ICH WERDE keine üblen Einflüsse – selbst wenn sie noch so gerechtfertigt erscheinen – in mir oder meiner Familie dulden, sondern ein Leben in Reinheit anstreben.

ICH WERDE danach streben, das Recht zu halten, liebevoll und barmherzig mit anderen umzugehen und demütig vor Gott mein Leben zu führen.

ICH WERDE meinem Mann treu sein und ihn mit meinem Verhalten und meinen Worten ehren, um dem Namen des Herrn Ehre zu bereiten. Ich werde mich bemühen, meinem Mann eine Partnerin zu sein, die ihm entspricht, und ihm helfen, sein gottgegebenes Potenzial zu entfalten.

ICH WERDE meinen Kindern ganz praktisch zeigen, wie sie Gott mit ihrem ganzen Herzen, mit ihrer ganzen Seele und mit all ihrer Kraft lieben können. Ich werde sie lehren, Autorität anzuerkennen und verantwortungsvoll zu leben.

ICH WERDE für ein friedvolles Zuhause sorgen, wo jeder die Gegenwart Gottes spüren kann – nicht nur durch praktische Liebesbezeugungen, sondern auch durch mein freundliches und dankbares Verhalten.

ICH WILL meine Entscheidungen mit dem Blick auf zukünftige Auswirkungen treffen. Dabei denke ich auch an die, die nach mir kommen.

Ich aber und mein Haus, wir wollen dem Herrn dienen! (Josua 24,15)

Es gibt keine Frau auf der Welt, die nicht schon das ein oder andere Mal den Wunsch hatte, ihren Ehemann gegen einen neuen auszutauschen.

Ist es wirklich möglich, einen Mann zu verändern? JA! Man muss es nur richtig anstellen. Und was noch besser ist: Es besteht keine Notwendigkeit, ihn gegen ein neueres Modell auszutauschen – alles, was er braucht, ist ein Tune-up. Bei konsequenter Umsetzung der Ratschläge des Autors kann die Frau Ansichten, Verhalten und Kommunikationsfähigkeit ihres Mannes positiv verändern.

Dieses „Tuning" kann die wunderbare Kehrtwende herbeiführen, nach der sich (fast) jede Ehefrau sehnt.

Dr. Kevin Leman

SO TUNEN SIE IHREN MANN

Mit Strategie in die Partnerschaft

Paperback · 224 Seiten · € [D] 7,95
Best.-Nr. 561 836 · ISBN 978-3-940158-36-9

herausfordernd – richtungsweisend

Jeder, der schon einmal mit einem willensstarken Kind zu tun hatte, weiß, dass es keine einfache Aufgabe ist, schlechtes Verhalten zu korrigieren.

In seiner humorvollen und ermutigenden Weise bietet Dr. Leman Eltern Hoffnung und praxisnahe, durchführbare Strategien an, mit denen sie die Kontrolle wiedererlangen und zu den Eltern werden, die sie immer sein wollten.

Extrateil „Fragen Sie Dr. Leman": *Wirkungsvolle Ratschläge für über 100 der heißesten Themen für Eltern, einschließlich des Kampfes um die Schlafenszeit, Lügen, streitsüchtigen Verhaltens, Rivalität unter Geschwistern, frecher Antworten und vielem mehr.*

Dr. Kevin Leman

DIE REBELLEN BÄNDIGEN

Mit Strategie in die Kindererziehung

Paperback · 304 Seiten · € [D] 14,95
Best.-Nr. 561 837 · ISBN 978-3-940158-37-6

herausfordernd – richtungsweisend

NEU!

WÄHREND VIELE MENSCHEN MIT GROSSEM BEDAUERN IM HERZEN STERBEN, ENTSCHEIDEN SICH ANDERE, FÜR DAS EIGENTLICHE ZU LEBEN.

Die Autoren des New-York-Times-Bestsellers *40 Tage Liebe wagen* stellen hier ihr neues Werk vor. Es ist der herausfordernde und zugleich ermutigende Entwurf eines Lebens, das durch eine bewusste Weichenstellung ewigkeitsrelevante Bedeutung erfährt.

Schlüsselentscheidungen, um die es in diesem Buch geht, sichern dir langfristigen Erfolg in deiner Familie, hinsichtlich deines Glaubens und deiner Rolle als Vater. Diese Art von Entscheidungen lassen dich die Ketten deiner Vergangenheit sprengen, bringen dir das Vertrauen deiner Frau wieder und schaffen Raum, das Herz deiner Kinder zu gewinnen.

Durch couragierte Verbindlichkeit wirst du in die Lage versetzt, deinen Weg genau zu erkennen und gehen zu können.

WAGE ES, DIESEN WEG ZU GEHEN UND FÜHRE EIN LEBEN DER HINGABE!

Stephen Kendrick und Alex Kendrick

EIN MUTIGER WEG FÜR MÄNNER

Impulse aus dem Film COURAGEOUS

Paperback · 272 Seiten · € [D] 12,95
Best.-Nr. 561 853 · ISBN 978-3-940158-52-9

herausfordernd – richtungsweisend

FILM-EVENT

Machen Sie doch einen Filmabend in Ihrer Gemeinde! Zeigen Sie einen packenden Film, der christliche Werte hervorhebt, und erreichen Sie Menschen, die sonst nicht in einen Gottesdienst gehen!

Ehen und Familien stärken, den Glauben leben ... Dafür sind die vier Filme gedacht, die in der Sherwood Church aus Albany (Bundesstaat Georgia) entstanden sind. Trotz der Besetzung mit einfachen Gemeindemitgliedern (die einzige Ausnahme war der Profischauspieler Kirk Cameron in FIREPROOF), sind fast alle Spielfilme prompt auf Top-Plätzen der beliebtesten Filme in den USA gelandet.

Das Filmstudio PROVIDENT FILMS hat LUQS Verlag mit der Vergabe von Lizenzen zur öffentlichen nicht-kommerziellen Vorführung durch Kirchen/Gemeinden und christliche Einrichtungen der auf der gegenüberliegenden Seite aufgeführten Spielfilme im deutschsprachigen Raum **exklusiv** beauftragt.

LUQS Verlag bietet Ihnen zwei Lizenz-Typen an:

Lizenz für 12 Monate

Falls Ihre Gemeinde weniger als 100 regelmäßige Besucher zählt, bezahlen Sie € 65,- inkl. MwSt. [D und A] bzw. CHF 79.- (für die Schweiz steuerfrei).

Bei einer Besucherzahl von 100 und mehr: € 125,- inkl. MwSt. [D und A] bzw. CHF 159.- (für die Schweiz steuerfrei).

Lizenz für eine Vorführung

Unabhängig von der Besucherzahl
€ 45,- inkl. MwSt. [D und A] bzw. CHF 59.- (für die Schweiz steuerfrei).

Eine DVD (separat erhältlich bei LUQS Verlag) ist nicht Bestandteil der Filmlizenz. Eine Vorführlizenz gilt jeweils nur für einen Film.

 ### Bitte beachten Sie:

Vorführungen von Filmen der PROVIDENT FILMS sind nicht durch eine CCLI/CVL-Filmlizenz gedeckt!

Filme, sowohl als geliehene oder gekaufte DVDs (Videos), sind nur für den privaten Gebrauch vorgesehen und dürfen ohne vorherige Genehmigung des Rechteinhabers nicht öffentlich gezeigt werden. Vor einer öffentlichen Aufführung muss daher eine Filmvorführlizenz erworben werden. In der Rechtsprechung gibt es keine Ausnahmen für Kirchen und Gemeinden, selbst dann nicht, wenn kein Eintritt genommen wird.

Haben Sie Fragen?

Schreiben Sie uns eine Nachricht an **lizenz@LUQS**.de

COURAGEOUS

Vier Männer, eine Herausforderung: sich kümmern und be-
schützen. Die Polizisten Adam Mitchell, Nathan Hayes, David
Thomson und Shane Fuller verrichten ihren Job selbstbe-
wusst und professionell. Privat warten jedoch Aufgaben auf
die Männer, für die sie sich weniger geeignet fühlen ... Ein
tragischer Unfall lässt die vier mit ihren Hoffnungen, Ängsten,
ihrem Glauben und ihrer Rolle als Vater kämpfen. Kann ein
verbindlicher Entschluss den Männern helfen, wieder näher zu
Gott zu finden – und zu ihren Kindern? **Courageous** stellt die
Frage: Was ist Mut?
Ein emotionsgeladenes, actionreiches Drama.

Best.-Nr. DVD: 561897

FIREPROOF

Der Feuerwehrmann Caleb Holt lebt beruflich nach dem alten Ko-
dex, niemals einen Kollegen zurückzulassen. In brennenden Ge-
bäuden zählt dieser Grundsatz zu seinen instinktiven Handlungen,
doch in seiner Ehe sieht die Sache etwas anders aus. Nach sieben Jahren ist die Beziehung zwischen Caleb und seiner Frau Ca-
therine soweit abgekühlt, dass jeder seiner eigenen Wege gehen
könnte. Als sie bereits die Scheidung vorbereiten, macht Calebs
Vater seinem Sohn den Vorschlag, sich auf ein Experiment einzulassen: "40 Tage Liebe wagen"...
Einer der erfolgreichsten Filme der letzten Jahre endlich top syn-
chronisiert in Deutschland. Spannendes und einfühlsames Drama.

Best.-Nr. DVD: 561898

FACING THE GIANTS

Grant Taylor ist seit sechs Jahren erfolgloser Coach des
Football-Teams einer High School in der Provinz. Als die neue
Saison beginnt, trifft ihn ein Schicksalsschlag nach dem anderen. Zuletzt stellt sich heraus, dass Grant und seine Frau
Brooke keine Kinder bekommen können. Das bringt Grant
ins Grübeln. Im Vertrauen auf Gott und in der Unterstützung
von Brooke findet er Halt und überzeugende Antworten für
sein Leben. Es geht ein Ruck durch das Team und die High
School.

Best.-Nr. DVD: 998010

Mehr Infos unter www.LUQS.de/film

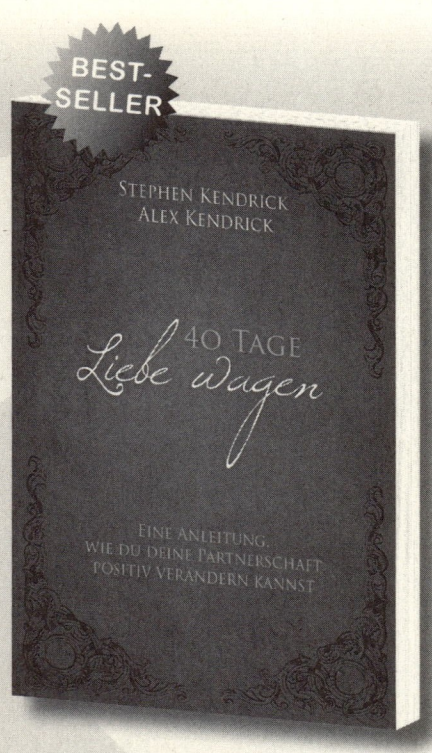

*40 Tage Liebe wagen –
ein Thema, um das es in
dem Film FIREPROOF und
seiner Romanumsetzung
Liebe braucht Helden geht.
Einzelne Ehepartner
werden 40 Tage lang
mit Herausforderungen
konfrontiert, damit
sie verstehen, was
bedingungslose Liebe
bedeutet und was es heißt,
diese zu praktizieren.*

*Ob deine Ehe nun am
seidenen Faden hängt
oder gesund und stabil ist,
40 Tage Liebe wagen ist
eine Reise, auf die du dich
begeben solltest.*

Stephen Kendrick und Alex Kendrick

40 TAGE LIEBE WAGEN

(Bekannt aus dem Film **FIREPROOF**)

*Eine Anleitung, wie du deine Partnerschaft
positiv verändern kannst*

Paperback · 224 Seiten · € [D] 9,80
Best.-Nr. 561 822 · ISBN 978-3-940158-22-2

herausfordernd – richtungsweisend